통찰, 현대대중문화와 예술

김춘규 지음 ─────

통찰, 현대대중 문화와 예술

INSIGHT,
MODERN POP
CULTURE
AND ART 예술

RHK
알에이치코리아

　학문의 영역이 세분화되고 전문화되었다. 그 결과로 자신의 전공 분야에는 지식이 넘치지만 타 학문분야에 대해서는 이해력이 부족한 면이 없지 않다. 달리 말하자면, 학문의 전문화는 학문 활동의 통시간적 의미와 가치에 대한 이해가 결여되어 총체적 시각을 갖지 못하게 한다. 학문을 물화하고 인간을 소외시킴으로써 궁극적으로 학문과 인간을 단절시키는 근본적인 위험성을 안고 있다. 따라서 전공은 물론이려니와 다양한 분야에 항상 개방되어 있는 정신이 필요하다. 전공에 충실하면서도 인접 학문의 문제의식을 도입하여 아주 새로운 창의적인 아이디어를 낼 수 있어야 한다.

　이것은 학계의 고민인 '통섭通涉'과도 밀접한 관련이 있다. 통섭의 사전적 의미는 "사물에 널리 통함, 서로 사귀어 오감"이다. 전문적으로 분화된 대학의 학문이 이제는 서로 소통하고 융합해야 급변하는 미래에 살아남을 수 있다는 반성에서 나온 것이다. 통섭은 지식이 갖고 있는 본유의 통일성을 지향한다. 통섭을 제창한 에드워드 윌슨은 지식의 통일은 서로 다른 학문 분과들을 넘나들며 인과 설명들을 아우르는 것을 의미한다고 말한다. 예를 들면 물리학과 화학, 화학과 생물학, 생물학과 사회과학, 그리고 인문학 모두를 아우르는 것이라

7

고 하면서 지식의 대통합을 제안한다. 통섭론자들은 인간 정신의 가장 위대한 과업은 인문학과 자연과학의 만남이며, 인문학과 자연과학의 성공적인 만남은 결국 모든 학문의 통합으로 이어질 것이라 주장하면서 문과와 이과를 구분하는 원시적인 제도는 이제 과감히 걷어내자고 역설한다. 이것은 21세기를 넘어 다음 세기를 대비하는 후학들에게 어느 분야를 막론하고 기본이 되어야 할 것이다.

그래서 필자는 전공과 교양을 넘어 유기적인 사고와 통섭을 위해 체계적인 교과목을 개발하게 되었다. 교과의 목표는 '교양 있는 전문인' 양성에 두고, 인접 학문에 대해 관심을 가짐으로써 '전문바보'에서 벗어나도록 유도하고자 한다. 그러므로 〈현대대중문화와 예술〉 교과를 통해 익힌 총체적 사유 능력 등은 향후 유연한 사고를 기르는 데 도움을 줄 수 있을 것이다. 게다가 필자가 〈현대대중문화와 예술〉이란 교과목을 강의한 지 벌써 6년이 훌쩍 지났다. 필자는 대중문화의 영역에서 새롭게 나타난 대중문화 형식들이 어디에 위치하고 있는지를 밝히고, 연구를 통해 그 방법론을 모색하고 보완해왔다. 필자가 염두에 둔 것은 통계자료의 제시나 복잡한 이론적 논의는 자제하고 대학의 학부생 수준에서 쉽게 읽고 이해할 수 있도록 친절하게 설명하는 것이었다. 더하여 이 책의 목표는 대학에서 〈현대대중문화와 예술〉을 수강하는 학생들에게 실제적이고 체계적인 도움을 주는 것이다.

새삼 강조할 것도 없지만, 대중문화와 예술은 우리의 일상 속에 깊숙이 들어와 있다. 미처 의식하지 못하는 사이에 무수히 많은 대중문화와 예술의 텍스트들과 만나고 있다. 그렇다. 대중문화와 예술은 어느덧 우리의 일상으로 들어와 의식으로, 관습으로, 실천양식으로 나타난다. 더러는 대중문화와 예술은 우리를 주체로 호명하여 물질적 실천을 이끌어 자본주의 체제를 더욱 공고히 하는 장치가 되기도 한다. 하지만 역으로 우리의 억압된 욕망을 풀어주면서 그 공고한 체제에 틈을 만들기도 한다. 때문에 많은 이들이 '현대대중문화와 예술'에 대한 의미 있는 분석과 해석을 기다리고 있다. 특히 대중문화와 예술의 핵심적인 위치에 있는 예술과 문화이론, 영화, 드라마, 광고, 스토리텔링 관련 분야에 대한 이해의 틀을 넓혀야 한다.

이에 본 교재는 '현대대중문화와 예술'에 대한 다양한 관점을 시발로 하여 보다 깊이 있는 이해를 구성하기 위해 그 이론적 기반을 더욱 공고히 다졌다. 또한 관심사를 대중문화와 예술 전반에 미치도록 하기 위해 필요한 내용들을 한 학기 안에 이루어질 수 있도록 구성하였다.

끝으로 이 책이 나오기까지 그동안 강의실에서 만나 함께 고민해 왔던 학생들, 현명한 조언자인 김길수 교수님께 감사드린다. 또한 책을 출간해준 김영재 사장님, 그리고 각별한 관심을 갖고 필자를 격려해준 모든 분들께 고마움을 전한다.

교과목 개요 및 학습 목표

지식정보화사회로 진입하면서 지식의 생산과 소비의 속도가 빠르게 변화하고 있다. 지식의 양적인 습득보다는 유용한 지식을 선별해 낼 수 있는 능력이나 이를 다원화한 현실에 잘 적용해나가는 능력이 더욱 중요해졌다. 이와 함께 복잡하게 변해가는 현실 속에서 다양한 개성을 지닌 구성원들의 이해와 협조를 얻어야 하기 때문에 의사소통 능력도 중요한 능력으로 부각되고 있다.

실제로 기업과 사회에서 요구하는 신입사원의 자질 중 인성 및 태도와 더불어 우선적으로 언급되는 것은 의사 표현 및 커뮤니케이션 능력이다. 그러므로 필자는 수업 시간에 중점을 두는 것이 있다. 의사소통과 발표 능력의 신장이다. 왜냐하면 현대사회에서 필요로 하는 인재는 특정 분야의 전문가가 아니라, 비판적이고도 창의력인 사고력과 문제 해결 능력, 의사소통 능력 등을 갖춘 멀티multi형 인간이기 때문이다. 물론 대학 교육에서도 두 가지 변화가 일고 있다.

첫째는 지식 교육에서 능력 교육으로의 변화이다. 과거의 교육은 지식 전달 교육이었다. 그러나 정보사회를 맞이하면서 근본적인 변화가 일어나고 있다. 정보의 생산량이 비약적으로 증가하고 빨리 변화함에 따라 정보를 모두 전달하기가 쉽지 않고, 제때에 전달하기도 쉽지 않은 어려움이 발생하고 있다. 게다가 정보에 대한 접근도 쉬워져서 정보 전달 자체가 과연 교육적으로 적절한가에 대해 회의가 일고 있다. 결국 대학 교육도 정보화시대를 맞아 지식 전달 자체보다는 지식을 산출하고 적용할 수 있는 능력을 길러주는 쪽으로 가지 않을 수 없는 상황이다.

둘째는 분과 전문교육에서 총합 일반교육으로의 변화이다. 다원화된 정보사회에서 우리가 접하는 많은 문제들은 특정 지식 분야에 한정된 것이 아니라 여러 분야에 걸쳐 있는 복합적 문제인 것이 현실이다. 따라서 총체적 사유 능력이 중요하며 다학문적, 학제적 능력이 요구된다. 상황이 이렇다 보니 일반교육과 자유교육으로 이루어진 교양교육은 총합 일반교육의 영역으로 재평가되고 있다. 그렇다. 현대사회에서는 그 어느 때보다 교양교육의 비중과 역할이 확대되고 있다. 그럼에도 많은 경우 대중문화 혹은 대중문화적인 것에 기반한 대중예술은 막연한 이야기로 여기는 이가 적지 않다. 이 수업은 대중문화와 예술의 장 안에서 대중예술이라는 장르가 어떤 메커니즘을 갖고 생산·유통·소비되는지를 살펴보는 과목이다.

이를 위해 우선 전반기에는 대중문화와 대중예술 장르에 대한 정의, 대중문화를 둘러싼 담론의 전개과정 등을 개관한다. 이어 후반기에는 개별 대중예술 장르들에 대한 깊이 있는 고찰을 통하여 생산·향유의 메커니즘과 함께 대중문화와 예술의 주체로서 학습자 개인의 안목을 기르게 될 것으로 기대한다. 〈현대대중문화와 예술〉은 대학생(대중)들로 하여금 대중문화와 대중예술의 관계를 바로 이해하게 하고, 대중이 대중예술의 주역임을 깨닫게 함과 동시에 대중이 대중예술의 생산과 향유의 주체임을 깨우치며, 대중의 꿈과 욕망을 중심으로 대중문화 속의 대중예술을 이해하도록 하는 데 그 목적을 두었다.

〈현대대중문화와 예술〉을 통해 비판적이고 논리적인 사고를 신장할 수 있으며, 토론과 발표를 통해 논리적 사고뿐만 아니라 의사소통 능력이 배양될 것이다. 사실 이러한 교육은 중등교육에서부터 충분히 행해져야 한다. 그러나 입시를 중심으로 하는 교육으로 인해 대학에 입학한 학생들의 의사소통 능력은 아주 부족하다. 예들 들자면, 학생들이 제출한 리포트는 인터넷에서 발췌·요약한 것들로 채워지는 경우가 허다하다. 어떠한 자료가 필요하고 중요한지, 각각의 자료가 지닌 차이점이 무엇인지 분별하지 못하며, 과제의 주제에 맞게 자료를 활용할 수 있는 능력도 부족하다. 창의적으로 문제를 제기하고 해결책을 제시하는 능력, 주장과 근거에 논리적 체계성을 갖추는 능력 모두 약하다. 올바른 주제와 어휘를 선택하여 정확하게 발표문을 쓰는 능력 또한 현저히 부족하다. 수업 시간에도 적극적이고도 능동적으로 참여하기보다는 수동적으로 임하는 경우가 많고, 모든 학생들 앞에서 자신 있게 자신의 주장을 말하는 것을 어렵게 느끼고 있다. 이러한 현실 상황을 감안할 때 〈현대대중문화와 예술〉의 수업에 발표수업은 매우 절실하다고 할 수 있겠다.

　끝으로 필자는 학생들에게 도움을 주고자 부록을 만들었다. 부록은 자기소개서를 작성할 때 도움이 되는 이론적 정보와 실질적 기술을 제공하는 데 그 목적이 있다.

2017년 7월

김춘규

제1장

대중문화와
예술을 어떻게
이해할 것인가?

INSIGHT,
MODERN POP
CULTURE
AND ART

1. 문화란 무엇인가

사전적 정의로는 자연 상태에서 벗어나 삶을 풍요롭고 편리하고 아름답게 만들어가고자 사회 구성원에 의해 습득·공유·전달되는 행동양식이다. 혹은 높은 교양과 깊은 지식 또는 세련된 아름다움이나 우아함, 예술풍의 요소 따위와 관계된 일체의 생활양식으로 풀이할 수 있다. '문화文化'의 '文(글월 문)'은 글을 뜻한다. 그러나 이 글자는 본래 '紋(무늬 문)'에서 왔다. 그러므로 문화란 결국 자연을 본래의 모습대로 수용하는 것이 아니라, 그 자연에 여러 가지로 무늬를 그려넣고 색을 칠하는 행위를 통하여 시작되었다고 볼 수 있다. 서양에서도 '문화Kultur, culture'란 단어는 'colere(가꾸다, 키우다, 육성하다, 경작하다)'라는 라틴어에서 기원한다. 그러니까 이 말은 "땅을 갈아 작물을 재배하고 키우는 일"이라고 할 수 있다. 이것이 나중에는 교양/예술을 지칭하는 용어로까지 확대되었다. 문화라는 말은 일반적으로 "인류의 지식이나 사상, 나아가 행동양식" 등의 총체적 개념으로 이해된다.

이처럼 문화를 단순히 자연을 개작함에 있다고만 한다면, 문화는 인간 삶에만 국한되는 어떤 의미라기보다는 생명체 전체의 그것일 수 있을 것이다. 그러므로 문화의 본질은 인간이 스스로를 노동으로부터 해방시키고 나아가 다른 생명체에게서는 발견할 수 없는 '여분의 삶'을 누리도록 하는 데에 있다고 보아야 한다. 그리하여 문화는 인간의 삶을 생존의 차원으로부터 예술과 오락의 영역으로까지 넓혀놓았다고 볼 수 있다. 나아가 이런 즉물적인 차원에서 문화화된 인간 능력은 고등 사고 기능으로 확장된다.

사변적인 인간의 특징은 단순한 실천에 머무르는 것이 아니라, 이론과 이념에 따라 행동의 방향을 따지고 이를 바탕으로 실천에 나선다는 점이다. 이때 사변적인 인간의 사변 행위는 일정한 매체를 통하여 이루어지는데, 그 매체의 가장 두드러진 도구가 바로 문자이다. 그래서 동일한 문자권에서 인간은 일정한 문화적 동질감을 갖게 되고, 이 문화적 동질감은 다시 인간 집단을 통합하거나 개별화하는 기능을 수행한다.

문자는 곧 로고스(logos ; 고대 희랍에서 철학의 기본 개념으로 말言, 사물의 본질 존재 등을 의미하는 말이었으나, 근래에 이르러 주로 '이성'이라는 뜻으로 사용된다)이므로, 이성을 세우는 일은 문화의 뿌리를 내리는 일이며, 나아가 합리성을 바탕으로 하는 어떤 기준을 갖는 일은 문화의 양태를 결정짓는 일이기 때문이다. 문화의 보편성이란 바로 이런 차원의 의미이다.

하지만 보편이라는 이름으로 문화의 우열을 구분하고 어느 일방이 다른 일방에 그것을 강요하는 사태가 벌어진다면, 얼마 지나지 않아서 인류의 문화는 획일화되어 더 이상의 발전을 기대할 수는 없을 것이다. 우리는 이 장에서 문화적 다원주의 혹은 상대주의에 대해 살펴보고, 매체를 중심으로 문화의 변천을 지역적·시대적인 차원에서 함께 고찰할 것이다. 또 '중심과 주변'이라는 틀을 통하여 문화 정체성의 문제에 대해 생각할 기회를 갖게 될 것이다. 그러나 문화를 규정하는 것은 그리 간단한 일이 아니다. 개념 정의에 '가치판단'의 의미가 적용되느냐 그렇지 않느냐에 따라 여러 견해가 있을 수 있기 때문이다.

한편 문화의 가장 본질적인 두 가지 요소는 '사회성'과 '학습성'이다. 이는 문화 개념의 출발이 결국 인간이 다른 동물들과는 달리 사회를 형성하고 사는 데 있기 때문이다. 문화는 오랫동안 인위적인 노력에 의해 축적된 한 사회의 집단적 습관인 것이다. 따라서 개인에게 정형화되어 굳어진 일정한 유형의 행동양식은 문화라기보다는 습관이라 볼 수 있으며, 저절로 생겨난 현상이나 형태는 자연의 결과라고 규정할 수 있다. 이처럼 자연과 대립되는 의미로만 본다면 문화는 "자연 상태의 어떤 것에 인위적인 어떤 작용을 가하여 그것을 변화시키고 새로운 것을 창조하는 과정"이라고 정의할 수 있을 것이다.

2. 미디어와 대중문화의 관계

대중문화는 미디어에 의해 매개되는 문화이다. 그래서 대중문화는 미디어문화라고 정의되기도 한다. 미디어가 제공하는 오락은 우리의 일상과 여가를 '거의' 독점적으로 지배하고 있다. 그러나 이들 미디어가 제공하는 정보들은 '날것'이 아니다. 미디어는 정보를 자신들의 의도나 입맛에 맞게 변형·조작하기 때문이다. 다시 말하자면, 미디어는 의미를 만들어내는 실천, 즉 문화적 행위의 강력한 도구이자 주체이다. 달리 표현하면, 권력은 "한 사람이나 집단 등이 자신의 이익을 위해 다른 사람이나 집단 등에게 그렇지 않았으면 하지 않을 일을 하도록 의도된 영향력"이라고 정의할 수 있다.

그렇다. 현대사회에서 가장 대표적인 권력체계로 꼽히는 것은 국가, 자본, 그리고 언론이다. 토플러A.Toffler는 위 세 가지 권력체계를 연상시키는 방식으로 무력, 금력, 지식이라는 권력 유형을 제시한 바 있다. 그에 따르면 무력이 가장 저품질의 권력이다. 무력의 행사는 노골적이며 쉽게 인지할 수 있기 때문에 저항을 불러오기 쉽다. 또

무력은 보상을 제공해줄 수 없고 단지 응징이나 처벌로 용도가 국한된다. 반면에 지식은 고품질 권력이다. 무력과 금력은 쓰면 쓸수록 줄어들지만, 지식은 그렇지 않다. 지식은 무한 권력이며 권력이 행사되는 대상을 미리 설득해서 반발이나 저항을 아예 생겨나지 않도록 할 수 있다. 봉건사회에서 혁명을 꿈꾸기 어려웠던 가장 큰 이유는 무장된 군인들의 총칼이 아니라 국왕에게 충성을 다해야 한다는 담론이 널리 퍼져 있었기 때문이다.

말 그대로 펜은 칼보다 강하다. 그런데 언론권력은 선출되지 않은 권력이다. 선출되지 않았고 선출할 수도 없는 권력, 언제 어디에나 편재해 있고 평생을 우리 곁에 머무르는 권력, 은밀하게 대중을 상대로 조작을 펼치고 지배 이데올로기를 전파함으로써 저항의 씨앗조차 말라붙게 하는 권력, 이 고품질의 지식으로 무장한 강력하고 효과적이며 은밀한 언론권력의 민주화는 오늘날 우리 사회에서 가장 절박한 과제의 하나이다. 그러나 미디어는 단순히 저널리즘 차원에서만 한정적으로 그 영향력을 행사하지 않는다. 의미 생산과 공유를 둘러싼 모든 인간 활동 영역에서 작용한다. 결국 대중문화를 이해하고 분석한다는 것은 권력의 구조와 작동을 해석하는 것이다. 그러니까 문화의 보편성과 다양성에 대해 이해할 수 있다. 더불어 문화의 본질을 따지는 일이 결국 인간 본질에 대해 이해하는 일임을 알 수 있다.

그러나 한편으론 대중들이 현실에 관심을 갖고 현실 모순을 발견하며 이를 시정하기 위한 어떤 실천에 나서지 못하도록 하는 방편으로도 이용된다. 예를 들면, 정부에서 의도적으로 스포츠, 방송, 영화, 성 관련 산업을 장려하거나 육성하는 정책 등이 그렇다. 소위 말하는 3S정책이다. 이는 대중을 환상과 마법의 세계로 이끌어 현실 모순을 은폐하고 현실의 힘겨움을 잊게 하기도 하지만, 스스로가 상상할 수 있는 이상적인 세계를 그리며 설계하는 계기를 마련하기도 한다. 텔레비전이 제공하는 헤픈 웃음이 삶의 진지함을 앗아 가는 것처럼 보일지도 모르지만 반대로 엄숙하게 폼 잡는 것들의 권위를 비틀어 기존의 체제에 틈을 내기도 하는 것이니까 말이다.

오늘날 대중문화가 본격적인 학문 연구의 대상으로 자리 잡게 된 것은 '문화연구the Cultural Studies'를 통해서이다. [1] 이 문화연구는 영국 버밍엄대학 현대문화연구소를 중심으로 1964년 무렵부터 시작된 인문사회과학 분야의 학제 간 연구로부터 비롯되었다. 문화연구의 출현은 두 가지 중요한 변화를 반영한다. 우선 문화연구는 지금까지 공공연하게 혹은 암묵적으로 지탱되어온 위계 구조를 무너뜨리려고 한다. 즉, 고급문화와 대중문화 사이의 경계를 허물고 그러한 문화적 실천 모두가 학문적으로 진지하게 연구될 필요가 있다는 사실을 전제하는 것이다. 이제까지 학문적 관심사는 엘리트문화를 선호하고 대중문화를 폄훼하는 데 놓여졌다.

이에 따라 문화연구는 예술과 삶 사이의 구분, 즉 사회적 실천의 다른 형태로부터 예술과 문화를 분리하는 것에 저항하고 대중의 평범한 일상적 삶의 과정에 주목할 것을 촉구했다. 특히 문화연구는 권력을 재현하는 담론 체계의 일부로서 문화를 보고자 했다. 이런 문화연구의 맥락에서는 문화를 억압과 지배로부터의 해방을 위한 정치투쟁과 결부해, 문화 속에 드러나는 지배와 저항의 힘들을 분석하고자 한다. 문화연구의 이런 태도는 비판이론의 고전적인 입장과도 어느 정도 유사하다. 문화연구에서는 오늘날 노동계급의 혁명적인 의식이 점점 쇠퇴해가고 있다는 사실을 수용하고 대중문화가 자본주의 헤게

1) 박만준, 『대중문화와 문화연구』, 경문사, 2002, p.7.

18

모니의 새로운 양식을 형성한다고 보기 때문이다.

오늘날 대중문화는 대기처럼 우리의 일상에 스며들어 있다. 미처 의식도 하지 못한 채 우리는 아침에 일어나서 저녁에 잠들 때까지 무수한 대중문화의 세례를 받고 있다. 대중문화는 수많은 대중문화적 현상text 안에 도사리고 있다가 밖으로 튀어나와 대중과 하나가 된다. 그리하여 대중문화는 대중을 둘러싼 사회적 현상 안에도 있고, 어느덧 대중 안에 들어와 대중 자신이 되었다가 대중의 의식으로, 관습으로, 행동양식으로 나타난다. 대중문화는 때로 대중을 주체로 호명하여 물질적 행위를 낳기도 하고, 때로는 대중들의 억압된 욕망을 풀어주어 그토록 견고한 사회적 지배 체제에 틈을 낸다. 대중문화에는 이 사회적 지배 체제의 이데올로기들이 마치 피부처럼 둘러 있다. 대중문화는 비단 대중의 의식 안에만 머물러 있지 않는다. 대중문화에 깃든 지배 체제의 이데올로기적 장치들은 대중의 다양한 행동양식으로 나타나곤 하는 것이다.

대중문화의 장은 지배 블록과 피지배 블록 간의 헤게모니가 충돌하는 장이다.[2] 많은 대중이 광고를 통해 스스로 이제 중산층이 되었다고 생각한다. 자신의 경제적 능력을 벗어나는 과잉 소비에도 별다른 저항 없이 반응한다. 한 걸음 더 나아가 자신을 가진 자와 동일시하여 가진 자의 이데올로기를 내면화한다. 때문에 자기 계급의 이해와 동떨어진 보수정책에 지지를 표명하기도 하고 사회 변화에 부정적인 태도를 드러내 보이기도 한다. 물론 모든 대중이 그런 반응을 보이는 것은 아니다. 다른 한편의 대중들은 대중문화 속의 여성들로

---

2) 이도흠, 「왜, 어떻게 대중문화를 낯설게 읽을 것인가?」, 기호학연대, 『대중문화 낯설게 읽기』, 문경, 2003, p.35.

부터 자유로움을 발견하고 지배 이데올로기로서의 가부장적인 의식과 틀에 균열을 만들기도 한다. 또 다른 관점도 있다. 대중문화 속에 내재된 변화에의 에너지를 국가주의적 이데올로기 장치로 소비하는 경우도 있다. 2002년 월드컵 시기의 경험은 대중들이 가진 이런 유의 에너지를 국가주의와 결합시키면서 공동체 안에서 억압되었던 욕망을 표출할 수 있도록 했다. 국가와 언론은 이를 더욱 부추기면서 대중들의 애국심을 소환하고 강화하여 사회적 통합의 계기로 삼고자 했다. 그래서 대중들은 '같은 공간' '같은 시간'에 서로 다른 경험과 기억들을 갖게 되는 것이다.

우리 사회의 일각에 대중은 언제나 야만적이고 우매하기만 하다는, 그래서 지배 이데올로기에 쉽게 조작당하기만 한다는 생각이 있다. 다른 한편에는 대중들은 자기 나름의 주체성을 가지고 자기 앞에 펼쳐진 세계에 대응하는 존재라는 생각이 있다. 대중 스스로가 대중문화를 받아들이는 데 있어 주체적 수용자라는 생각이 그것이다. 확실히 문화는 억압인 동시에 해방이기도 하다.[3] 여기 '한 청소년'이 있다. 그가 입시 경쟁에 찌든 자신을 해방시킬 출구로 대중문화 ─ 그것이 K-POP류의 대중음악이든 영화든 무엇이든 ─ 를 자신의 억눌린 욕망의 분출구로 삼았다면, 그에게 대중문화는 자신의 삶에 한 줄기 빛으로 느껴질 것이다. 하지만 그 해방의 경험이 말 그대로 잠시 잠깐에만 그치고 만다면, 그래서 다시 교실로 돌아가 공교육의 억압을 받아들인다면 그에게 그 해방은 어떤 의미일까?

오늘날 문화는 그것이 어떤 계층 계급의 것이든 간에 그 자체로서 중요한 경제행위이며 하나의 이데올로기이다. 문화 영역, 특히 대중

---

3) 이도흠, 앞의 책, p.49.

문화는 사물에 대한 개인적 선호나 소비에 따른 개인적 쾌락이 실현되는 장場이면서 이데올로기가 작동하는 장이다. 대중문화는 의도적으로 생산된 문화상품이 소비되는 장소이면서 새로운 소비상품이 생산되는 장소이기도 하다.

대중문화와 이데올로기의 관계를 살피는 일은, 정치적 이해관계나 경제적 이해관계를 중심에 놓고 살피는 이데올로기적인 방식과 대중 스스로 가지고 있는 욕망의 자율성을 중심에 놓고 대중들이 가진 욕망에 대한 이해가 만나게 하는 일이다. 이데올로기에 대한 비판 없이 욕망의 자율성을 이야기하는 것은 부질없는 일이다. 역으로 욕망의 자율성에 대한 이해 없이 이데올로기를 비판하는 것도 부질없는 일이다. 자칫 대중들 개개인이 갖고 있는 감성적 욕망의 차이를 무화시킬 위험이 상존하기 때문이다. 이런 차원에서 이데올로기와 욕망은 서로가 서로에게 구성적인 요소로서 작용한다고 볼 수 있을 것이다. 이데올로기에 대한 관심이 대중을 기만하는 자의 비도덕성을 고발하는 것이라면, 욕망에 대한 관심은 기만당하는 자의 욕망을 분출함으로써 얻어지는 해방의 즐거움을 드러내는 작업이다. 문화가 이데올로기화하는, 의미화하는 것에 대한 사회적 산물이자 하나의 행동양식이기 때문이다. 우리가 이 수업에서 살펴야 할 것은 "왜 특정한 의미가 일정한 방식대로 특정한 문화적 텍스트나 행동양식에 따라 구성되며, 나아가 이에 따라 상식의 지위를 획득하고 합당한 질적 판단을 받게 되는가?"에 대한 것이다. 이는 이데올로기 그 자체이기 때문이다.

노동에 지친 고단한 노동자가 그 노동 현장으로부터 돌아와 집에 오면 그는 주말 동안 흔들의자에 앉아 캔맥주를 마시며 스포츠 경기를 즐길 수도 있다. 그는 스스로를 마치 중산층이 된 것으로 착각할

지도 모른다. 또 어떤 서민 주부는 별 볼 일 없이 가난한 여자 주인공이 좋은 남자를 만나 상류층의 행복을 누리는 텔레비전 드라마를 보며 대리만족을 얻기도 한다. 어떤 사람은 늘씬한 남녀가 나오는 음료수 광고를 보면서 냉수 대신 음료수를 찾고, 나아가 그 광고 속의 선남선녀가 된 것처럼 착각하기도 한다. 이처럼 대중문화에 마취된 대중 가운데는 과잉 소비를 일삼으면서 더욱 가난의 수렁에 빠져들어가는 이도 있다. 자본가들은 큰 힘을 들이지 않더라도 더 많은 상품을 팔아 더 큰 이득을 얻을 수 있다. 노동자는 자신이 이처럼 착취당하고 있으면서도 이를 깨닫지 못하고, 노동자로서의 자신의 존재를 잊고 살아간다. 스스로를 중산층이 된 듯 착각하면서 계급 갈등과 불만을 잊고 변화에의 열망을 잊어버리는 것이다. 이렇게 지배층은 안정된 체제 속에서 지배의 영속화를 꿈꿀 수 있게 된다.

자본주의 체제 속에서 대중예술은 자율성을 잃고 상품으로 전락해 시장에서 '소비'된다. 이제 상품으로 전락한 예술의 사용가치는 후면으로 물러나고 교환가치만이 전면에 부각된다. 이 뒤집힘 속에서 감상자가 "저 작품이 나를 얼마나 자유롭게 했는가!"라거나, "저 작품이 나에게 어떤 의미를 던졌고, 어떤 비전을 제시했노라!"라고 하면 많은 사람들은 선뜻 이해하지 못한다. "저 작품은 얼마짜리다"라고 해야 비로소 고개를 끄덕이는 것이 현실이다. 소위 예술 작품과 감상자 사이에 물화(物化, reification)가 개입되는 것이다. '물화'는 루카치가 사용한 개념이다. 루카치는 『역사와 계급의식』(1923)에서 근대자본주의 인간관계의 탈인격적 성격을 가리키는 개념으로 이 말을 사용하였다. 물화 개념에 따르면 인간 존재가 상품이나 물건처럼 사고 팔리는, 그리하여 모든 것이 사물의 관계로 나타나는 전도된 양상을 드러낸다. 루카치는 "노동력의 '소유자'인 노동자는 제 자신을 상품으로 생각할 수밖에 없다. 노동력이 자신의 유일한 재산이라는 것이 바로 노동자의 특수한 지위인 것이다. 이렇듯 인간의 한 기능이 상품이 된다는 사실에서, 탈인간화되고 또 탈인간화시키는 상품 관계의 성격이 극명하게 드러난다"라고 했다. 이런 사회에서 인간은 "인격의 유기적 통일체"가 아니라 "마치 외부 세계의 온갖 대상들과 마찬가지로 인간이 '소유'할 수도, '내다 팔' 수도 있는 '사물'로 나타난다"고 보기 때문이다.

그렇다. 대중문화 '산업'이 만들어내는 역기능은 더 무섭다. 이때의 대중문화는 대량생산과 분배를 통해 이윤을 극대화하고자 하는 문화산업의 결과물이자 자본의 지배를 영속화하려는 이데올로기적 수단에 지나지 않는다. 자본주의 체제 속에서 문화산업은 예술의 자율성을 통째로 앗아 가기 때문이다. 과거의 예술가들은 돈이나 명예, 권력과 관계없이 오직 예술적 완성도만을 위해 고통스런 창작의 길을 걸었다. 반면에 문화산업가들은 오로지 이윤을 추구하기 위해 예술에 간섭하고 심지어 이를 자신의 의도에 맞춰 변형한다. 게다가 문화산업가들은 연예인과 감독, 작곡가와 매스미디어, 기획사, 유통사 등을 하나로 묶어 카르텔을 형성하고 더 많은 이윤을 만들어낼 수 있는 대중예술을 양산하거나 확대재생산하는 것이다.[4] 더구나 그들은 더 많은 이윤을 위해 대중들의 정서와 감정, 취향과 무의식마저 자신들의 의도에 맞게 변형하고 조작한다. 나아가 문화산업은 가족을 대체하고, 현존하는 정치·사회질서에 대해 침묵하고 복종하며 전면적인 동참만이 행복의 길이라고 설파한다.

이런 구도 속에서 대중들은 자신의 사회적 존재를 자각하지 못하

---

4) 이도흠, 앞의 책, p.26.

고 자본가, 문화산업가의 의도대로 소비하고 자신이 중산층이 된 것처럼 '거짓 행복'에 젖어 대중문화가 만들어준 일상의 행복을 탐닉한다. 대중문화의 왜곡과 조작으로 인해 대중은 원자화되고 부품화되어 이질적·고립적·비조직적 속성을 지니게 되는 것이다. 영리 추구를 위해 조직된 기업에 의해 이루어지는 대중문화는 대중에게 영합할 수 있는 동질적이고 규격화된 문화를 만들어낸다. 이에 따라 각종 매스미디어에 실린 대중문화는 표준화, 규격화, 보수성, 허구, 조작된 소비성 등의 특징을 지니게 된다. 지배층은 대중문화를 통해 자신들의 이데올로기를 마구 주입하면서 대중들을 자신들의 의도대로 조작한다. 대중은 '비판적이고 계몽적인 이성'을 상실하고 '일차원적 인간'으로 전락해 부정의 욕망을 거세당한 채 순종적으로 변한다. 당연히 사회는 전체주의화한다. 베냐민(Walter Benjamin, 1892-1940) 등이 대중문화가 대중을 조작해 전체주의로 가는 지평을 열었다고 비판하는 이유가 여기에 있다. 이런 비평이 상당 부분 타당한 이유는 그들의 그런 우려가 현실화되고 있기 때문이다.

그러나 그들의 생각은 일면 타당한 주장이면서도, 다른 한편에서 보면 전혀 타당하지 않다. 그들은 대중을 그저 '수동적'이기만 한 존재로 보고 있기 때문이다. 대중은 수동적이기만 한 존재가 아니다. 그들은 조작당하는 동시에 새로운 역사를 창조하기도 한다. 대중들은 기계적이고 수동적으로만 대중문화를 소비하지 않는다. 영화나 드라마 속의 주인공을 따라 하며 그들이 된 듯한 착각에 빠지는 이도 있지만, 반대로 반감을 갖는 이도 많다. 또 그들은 대중들이 지닌 문화 해석의 자율성도 간과했다. 대중들은 대중문화 속에서 작가 또는 제작자의 의도나 지배계급의 이데올로기만 수용하는 것이 아니다. 대중들은 다양한 세계관과 이념적 스펙트럼을 갖고 대중문화를 수용하며, 때론 그들의 이런 세계관이나 이념적 스펙트럼은 작가나 제작자가 드러내는 것들과 일치하지 않을 수도 있다.

주체적 수용자로서 대중은 주어진 문화 체계 안에서 대중문화 속에 감춰진 약호들을 해독하고 일정한 의미 작용을 불러일으킨다. 주체로서의 대중은 자신이 지닌 취향이나 사회적 처지, 이데올로기, 의식, 태도, 의미 전달자와의 관계 등을 종합적으로 고려해, '지시적 가치', '문맥적 가치', '표현적 가치', '사회·역사적인 가치', '존재론적 가치'를 지향한다. 윌리엄슨은 광고가 '호명'이라는 메커니즘을 통해 대중을 부르고, 이들을 소비 시민으로 구성한다는 이론을 펼쳤다.[5] 그에 따르면, 광고는 우선 '당신'이라는 호칭으로 대중을 호명함으로써 욕망의 공간으로 대중을 초대한다고 한다. "역사에 남으려고 애쓰기보다 역사가 남기려고 하는 사람"이라든가, "대한민국 1%가 타는 차"라는 광고의 문구에는 당신으로 호명된 주체의 욕망을 자극하는 기제가 담지되어 있다. 광고가 '당신'을 호명하고, 대중은 그 광고가 호명하는 주체로서 광고 안의 스타나 상품과 동일시된다. 대량으로 생산된 제품이 개개인에게 의미 있는 상품으로 소구되기 위해 광고가 구사하는 전략은 이처럼 대중을 주체로서 부르고, 대중은 다시 그 광고에 의해 호명됨으로써 자신만의 개성과 정체성을 획득하게 된다고 생각하도록 설득하는 것이다.

그렇다면 왜 대중은 이러한 광고의 부름에 대답하고, 광고 안에 들어가 기꺼이 광고의 주체가 되고자 하는가? 그것은 다름 아닌 대중이 지닌 욕망 때문이다. 대중이 광고를 보면서 느끼는 것은 낡고 누

---

5) 주디스 윌리엄슨, 박정순 역, 『광고의 기호학 : 광고 읽기, 그 의미와 이데올로기』, 커뮤니케이션북스, 2007, p.81.

추한 현실과 광고 속에 펼쳐진 눈부심 사이의 간극이다. 세련되고 풍요롭고 아름다운 광고 속의 모습은 대중들의 결핍을 드러낸다. 그리고 광고는 그 결핍을 광고 속에 등장하는 상품들로 채울 수 있다고 유혹하는 것이다. 광고와의 일치를 통해 결핍을 메우려는 노력, 즉 대중의 욕망이 바로 광고의 원동력이다.

존 버거John Berger는 현대 광고에서 '관찰자―대상―관객'의 시각과 그 함의에 대해 설명한다. 그에 따르면, 유화油畵와 광고의 이미지는 다르다고 한다. 유화가 보여주는 이미지의 대상은 '당신이 소유한 것이 당신'[6]이라는 가치를 재현한다. 이미지와 현실이 일치하는 것이다. 그러나 광고가 보여주는 이미지는 내가 소유한 것이 아니다. 그것은 현실의 나와는 다른―대개는 더 나은―생활을 대상으로 다룬다. 그리고 현재의 삶을 광고가 제시하는 이상적 삶에 비해 결핍된 것으로 격하한다. 대신 광고는 대부분 '상품을 구입함으로써 당신도 더 나은 삶을 살 수 있다'는 점을 암시한다. 그래서 광고를 수용하는 거짓 주체로서의 대중은 광고가 "쾌락의 실제적인 대상을 제공할 수 없"[7]다는 사실을 망각하고 자신의 삶을 광고의 암시에 따라 변화시킬 수 있다고 믿는 것이다. 대중은 의식 속에서 스스로 '역사가 남기려고 애쓰는 인물'이라는 정체성을 구성한다. 대중문화적 주체 호명과 소비 행위가 대중의 의식에 일정한 변화를 불러오는 것이다. 그러나 상상은 상상일 뿐 실제로 자신 앞에 펼쳐진 현실이 변화되는 것은 아니다. 본질은 본인과 광고, 그리고 상품 소비라는 대중문화적 실천이 결합하면서 빚어낸 가상적 착각이기 때문이다.

---

6) 존 버거, 최민 역, 『다른 방식으로 보기』, 열화당, 2012, p.161.
7) 위의 책, p.153.

이렇듯 대중문화가 호명하는 주체는 허구이다. 자본주의 체제 속에서 대중에 대해 대중문화가 만들어내는 주체 호명은 스스로를 특별하다고 착각하게 해서 물질적 실천의 주체로 만들기 위한 함정인 경우가 많다. 당연히 이는 자본의 이윤을 위한 것이다. 대중은 자신의 대중문화적 실천 행위가 스스로의 판단에 의해 자의적으로 이루어졌다고 생각할 테지만, 실은 자본주의 구조가 만들어놓은 이데올로기적 그물망 안에서 사고하고 행동한 것에 불과하다. 구조는 이데올로기를 만들고, 대중은 이 이데올로기에 주체로서 부름 받아 행동하고, 그 행동으로 인해 구조와 이데올로기는 더욱 견고해진다.

3. 대중문화의 수용

앞에서 토플러A. Toffler가 제시한 세 가지 권력 체계(무력, 금력, 지식) 유형을 소개한 바 있다. 그렇다면 지배계층의 피지배계층에 대한 지배는 어떻게 유지될까? 피지배층이 지배의 정당성에 의구심을 갖게 된다면 지배 블록이 가장 유용하게 동원하는 전략은 무엇일까? 그건 '폭력'이다. 이른바 "모든 권력은 총구에서 나온다"는 마오쩌둥(毛澤東, 1893-1976)의 명제가 그것이다. 그러나 지배계층이 이 '날것'의 폭력을 행사하는 순간, 지배의 정당성은 더욱 흔들리는 아이러니가 발생한다. 폭력에 의존하는 권력이란 헤게모니의 장에서 항상 열위劣位에 있기 때문이다. 피지배계층은 지배계층이 휘두르는 폭력을 두려워하기도 하지만, 폭력에 맞서 저항하기도 한다. 지배계층은 이런 사실을 누구보다 잘 알기 때문에 보다 교묘하게 저항받지 않고 대중

위에 군림하고자 한다. 그것은 주로 헤게모니를 둘러싼 투쟁에서 우위를 확보하는 방식을 통해 이루어진다.

그렇다면 대중은 언제나 그 구조 안에 종속되기만 하는 것일까? 그렇지 않다. 구조를 형성하는 것 또한 주체로서의 대중이기 때문이다. 문화나 이데올로기가 단순히 생산관계의 사회적 관계만을 재생산한다면, 이데올로기 지배 체제의 구조는 너무도 확고하기 때문에 사회 변화의 가능성은 전혀 없을 것이다. 더군다나 '이데올로기적 국가기구ideological status apparatus'가 대중을 조작하는 데 언제나 성공하는 것도 아니다. 알튀세르(Louis Althuser, 1918-1990)의 주장에 따르면, 억압적인 국가기구로서의 국가와 구분되는 개념으로 이데올로기적 국가기구가 존재한다는 것이다. 억압적 국가기구는 국가의 통제에 사용되거나 직접 국가 통제하에 있는 억압적이고 규제적인 세력의 복합체이다. 여기에는 형벌제도, 경찰, 군, 입법 및 행정기관 등이 포함된다. 이들은 대중이 원하건 원치 않건 간에 명령을 내릴 수 있는 합법적 권위를 갖는다. 반면에 이데올로기적 국가기구는 국가와 대응되는 사적인 영역으로서의 시민사회 안에서 발생하는 다양한 사회제도들이다. 이들 역시 규제적인 기능을 수행하며 국가를 대신하여 이데올로기를 재생산한다. 여기에는 교육, 가족, 종교, 법률제도, 정당정치제도, 문화와 커뮤니케이션 등이 포함된다. 덧붙이자면, 이데올로기적 국가기구가 아무리 견고한 동맹 관계에 있다고 해도 대중의 자율성이 끼어들 여지는 있기 마련이다. 그래서 대중문화의 장은 지배계급이 '헤게모니hegemony'를 얻고자 하는 시도와 이에 대한 대중의 저항이 맞부딪치는 장이다.

그럼 그람시(Antonio Gramsci, 1891-1937)의 개념을 살펴보자. 그의 이론에 따르면, 지배계급rising class은 정치적·군사적·경제적 힘에 의해 직접 지배domination할 뿐만 아니라 지적이고 도덕적인 지도력을 통해 다른 모든 사회계급 위에 지배의 권위hegemony를 설정한다고 한다. 지배계급은 피지배계급이 자발적으로 지배계급의 이익에 동의하도록 설득하고 타협을 통하여 이를 조정하기도 한다. 오늘날 대중문화는 지배계급이 구사하는 이데올로기적 국가기구와 유사한 기능을 수행하는 가장 강력한 도구 가운데 하나이다.

이런 조건에서 대중문화는 지배 이데올로기를 위한 체제보전적인 성격과 함께 대중의 저항이 응집된 저항문화적 성격을 동시에 지닌다. 지배 블록과 마찬가지로 대중들 역시 각자 자신들이 처해 있는 정치·경제·사회문화적 입장에서 대중문화를 수용하고, 나름의 의미를 형성하고, 이를 관철하기 위해 투쟁한다. 그러나 그람시의 지적처럼 '오직' 지배계급만이 동의/설득을 통하여 대중에 대한 설득력을 획득하는 것일까? 적어도 현대사회에서 대중문화는 더 이상 역사가 정지한, 그리고 정치적 조작이 강요한 문화가 아니다.

물론 엘리트주의자들의 생각처럼 사회적 쇠퇴와 타락의 징후를 의미하지도 않는다. 대중문화는 스토리John Storey의 지적처럼 "위나 아래, 상업이나 정통 양측 모두에게 비롯된 것이고, 저항과 합병의 힘들 사이를 움직이는 저울의 추"[8] 같은 것이다. 그렇다. 대중은 신자유주의와 세계화를 개혁과 동일한 것으로 착각하는 바람에 이후 헤게모니 장에서 더욱 코너에 몰리게 된 것이다. 그러나 반담론은 사라지지 않는다. 이후 반세계화, 반신자유주에 대한 저항 담론의 형성은 그것을 증명한다. 대중은 무지하고 야만적이고 대중매체에 쉽게 조작당하는 우중이다. 동시에 대중은 나름의 주체성을 갖고 자기 앞에

---

8) 존 스토리, 박이소 역, 『문화연구와 문화이론』, 현실문화연구, 1999, p.175.

펼쳐진 세계와 대응하고 문화와 예술 텍스트를 주체적으로 읽어내기도 한다. 대중은 원자화하고 부품화되는 이질적·고립적·비조직적 개체이자 타자이지만, 동시에 스스로 강한 유대 속에서 자신의 삶을 구현하고 조직을 형성하면서 공동체를 추구하는 구성원이기도 하다. 대중은 지배 이데올로기에 휘둘리는 대상이자, 저항의 헤게모니 담론을 강화하는 실천 집단인 것이다.

한편, 대중문화 수용에서 우리가 주목해야 할 것은 취향과 감성, 스타일 등 '감성의 차이'에서 오는 갈등 관계이다. 이는 특히 대중음악에서 극명하게 드러난다. 90년대 이후 우리나라 청소년층에 수용된 랩 음악을 사례로 들어보자. 랩 음악은 원래 미국 대도시 슬럼에서 출발한 흑인들의 민속적 문화양식이자 커뮤니케이션 수단이었다. 도심의 흑인 청소년들과 빈민들이 지닌 정치의식과 시대적 좌절감, 집단 정체성, 미적 감수성 등을 표현하는 가장 적절한 표현형식이라 볼 수 있다. 그런데 이 랩 음악은 점차 백인 음악가와 메이저 음반사들이 가세하면서 변하기 시작했다. 이후 랩은 철저히 상업적인 기획에 의해 만들어지고 이전의 흑인 대중이 지녔을 저항적인 정치의식은 희석되었다. 일탈적인 하부문화 양식으로서 점차 체제내화되고 탈정치화되며 상품화되는 등 경향성이 더 두드러지게 된 것이다. 우리나라에 유입된 랩은 일면 '흑인적인 것'의 형식적 차용에 가깝다. 그렇지만 한국의 랩 음악은 애초의 인종적 성격을 상실한 대신 청소년 집단의 의식과 감성 구조를 반영하는 전혀 새로운 상징적 대중문화적 실천 행위를 반영한다. 그래서 이들 랩 음악에 대한 우리 사회 주류 집단의 반발은 거세다. 그들의 생각은 외국의 '못된 습관'이 우리나라에까지 흘러들어 와 '돼먹지 못한' 저질 문화를 만들었다는 것이다. 우리에게 랩은 이미 본토의 그것처럼 '인종적' 기호가 아니다.

자본의 의도와 신세대 욕망이 전략적으로 타협함으로써 만들어진 전혀 새로운 하부 대중문화 양식이다.

하지만 주목해야 할 사실은 '그럼에도 불구하고', '오히려 그래서' 더욱 기존의 전통을 유지하는 랩이 등장하고 있다는 점이다. 백인사회에 대한 노골적인 적대의식, 집단적인 정치적 메시지를 담은 가사, 우울하고 무거운 비트를 통해 '흑인 게토niggers ghetto'의 삶을 담아내고 있는 것이 그것이다. 백인들에 의해 주도되는 문화산업에서 체제 내화하려는 노력과 이로 인해 상업화되는 부분적인 경향성에도 불구하고, 체제 내부에서 보수 통제적인 힘과 하부 집단의 저항적인 힘이 마주치는 장이 새로이 형성되고 있는 것이다.

본래 '게토'는 유대인이 모여 살도록 법으로 강제한 도시의 거리나 구역을 가리킨다. 13세기에 모로코에서 처음 등장했다고 알려져 있으며, 2차대전 당시 나치가 부활시켜 유태인을 몰아넣은 거주 구역으로 이용, 악명을 떨쳤다. 오늘날에는 주로 빈민 거주 구역으로 그 의미가 제한되고 있다. 특히 미국 등지에서 '흑인 밀집 빈민가'를 지칭하는 용어로 고유명사화되었다.

4. 예술의 보편성

예술의 보편성에 대해 살펴보자. 예를 들면 시인이 있다. 시인의 임무는 실제로 일어난 일을 이야기하는 데 있는 것이 아니다. 일어날 수 있는 일, 즉 개연성 또는 필연성의 법칙에 따라 가능한 일을 이야기하는 데 있다. 역사가와 시인의 차이점은 운문을 쓰느냐, 산문을 쓰느냐 하는 점에 있지 않다. 한 사람은 실제로 일어난 일을 이야기하고 다른 사람은 일어날 수 있는 일을 이야기한다. 따라서 시는 역사보다 더 철학적이고 중요하다. 왜냐하면 시는 보편적인 것을 말하는 경향이 더 강하고, 역사는 개별적인 것을 말하기 때문이다. '보편적인 것을 말한다' 함은 다시 말해 이러이러한 성질의 인간은 개연적으로 또는 필연적으로 이러이러한 것을 말하거나 행하게 될 것이라고 말하는 것을 의미한다. 비록 시가 등장인물들에게 고유한 이름을 붙인다 하더라도 시가 추구하는 것은 보편적인 것이다.

희극의 경우 이는 이미 명확해진 사실이다. 왜냐하면 희극에 있어서는 개연적 사건에 의하여 플롯이 구성된 후에야 비로소 거기에 맞는 임의의 이름이 등장인물들에게 붙여지기 때문이다. 이것은 풍자 시인들이 특정한 개인에 대하여 시를 쓰던 것과는 다른 수법이다. 그러나 비극의 경우는 기존 인명에 집착하고 있다. 그 까닭은 가능성이 있는 것은 설득력이 있기 때문이다. 즉, 우리는 일어나지 않은 일의 가능성은 아직 믿지 않지만 일어난 일은 가능성이 있음이 명백하다고 생각하는 것이다. 불가능한 일이었다면 일어나지 않았을 테니까. 그러나 비극에 있어서도 유명한 이름은 한둘 정도고 나머지는 모두 가상적인 이름뿐인 작품들이 있는가 하면, 유명한 이름이라고는 아예 하나도 나오지 않는 작품들도 있다.

위에서 말한 여러 가지 사실들로부터 명백한 것은 시인은 모방하기 때문에 시인이요, 또 그가 모방하는 것은 행동인 이상 시인은 운율보다도 플롯의 창작자가 되지 않으면 안 된다는 점이다. 그리고 그가 실제로 일어난 일을 소재로 하여 시를 쓴다 하더라도 그는 시인임에 틀림없다. 왜냐하면 실제로 일어난 사건 중에도 개연성과 가능성의 법칙에 합치되는 것이 있을 수 있고, 그런 이상 그는 이들 사건의 창작자[9]이기 때문이다.

　그럼 또 다른 예를 들어보자. 현대미술의 표현 기법의 하나를 가리키는 용어 중 '레디메이드'가 있다. 이는 예술 작품화 된 일상 용품에 붙여진 용어로, 프랑스의 미술가 마르셀 뒤샹이 처음 만들어낸 미적 개념이다. 그의 첫 번째 작품인 〈자전거 바퀴Bicycle Wheel〉(1913)는 나무 의자 위에 바퀴를 올려놓은 것인데, 이로써 그는 예술 작품에 대한 과대한 의미 부여에 항거했다. 그는 대량생산된 흔해빠진 물건을 선택함으로써 예술 대상은 독특해야 한다는 관념을 깨려 했고, 이러한 반미학적 행위로 인해 당대의 주도적인 다다이스트가 되었다. 로버트 라우션버그, 앤디 워홀, 재스퍼 존스 등이 이 표현 기법을 받아들였다. 뒤샹이 레디메이드 사물들을 포착한 이유는 정확히 그것들이 미적으로 별다른 특징을 가지고 있지 않기 때문이었다. 그리고 그는, 만약에 이것들이 예술이긴 하되 아름답지는 않다면, 아름다움이 예술의 정의적인 속성을 형성할 수는 없다는 점을 증명했다. 이 사실을 인정한다는 것이 전통적인 미학과 오늘날의 예술철학 및 예술실천 사이에 명확한 경계선을 긋게 될 것이다. 물론 이 경계선은 뒤샹이 독립예술가협회의 1917년 전시회에 가짜 서명을 하고 〈샘〉이라는 제목을 붙여서 변기 하나를 전시하고자 했던 당시에는 거의 일반적으로 의식되지 않았다.

　월터 아렌스버그와 같이 뒤샹과 아주 가까웠던 사람들조차 뒤샹이 변기의 하얗고 번쩍이는 아름다움에 주목하고 있다고 생각했다. 그러나 1962년에 뒤샹이 한스 리히터에게 보낸 편지에 쓰여 있던 "레디메이드를 발견했을 때, 나는 미학을 낙담시킬 작정이었다. (……)

9) 아리스토텔레스, 천병희 역, 『시학』, 문예출판사, 2002, pp.62−65.

나는 벽걸이와 변기를 하나의 도전으로 그들의 면전에 집어 던졌는데, 이제 그들은 이것들이 미적 아름다움을 가지고 있다고 찬탄을 보내고 있다"라는 말은 많은 생각을 하게 만든다.

물론 지난 30년 동안 이런 유형의 탐구에 전혀 관여하지 않았던 훌륭한 예술가들도 많은데, 미술사의 철학들이 보여주었던 그 배타적인 정신을 적용한다면 이들도 역사의 경계 밖에 놓여 있다고 말할 수 있을 것이다.

이제 모든 것이 가능하고, 어떠한 것도 미술이 될 수 있다. 그리고 현재의 상황이 아직 본질적으로 구축되지 않았기 때문에, 그것에 어떤 거대 이야기를 끼워 맞춘다는 것이 불가능하다. 지난 30년 동안 아무 일도 일어나지 않았다고 말한 그린버그는 옳았다. 아마도 이것이 지난 30년의 미술에 관해 말할 수 있는 가장 중요한 점이 될 것이다. 그러나 현 상황은 그린버그가 외친 "데카당스!"가 암시하는 바와는 달리 황폐한 것과는 거리가 멀다. 19세기 말 프랑스와 영국 등 유럽에서 유행했던 문예 현상인 데카당스는 병적인 감수성, 탐미적 경향, 전통의 부정 및 비도덕성 등이 특징이다. 어쩌면 현 상황은 미술이 여태까지 누려본 적이 없는 가장 위대한 자유의 시대를 열어주고 있는 것인지도 모른다.

그렇다. 미술사의 시작 이전에는 미술과 공예 사이에 차별적인 구분 따위가 없었으며, 공예가 예술로 진지하게 받아들여지려면 그것을 조각으로 취급해야 한다는 주장을 할 필요도 없었다. 예술가는 필히 전문화되어야 한다는 강제적인 명령 따위도 없었으며, 탈역사적 시대를 가장 잘 예증하고 있는 예술가들—모든 매체와 양식들을 동등하게 합법적인 것으로 받아들이는 게르하르트 리히터, 지그마르 폴케, 로제마리 트로켈 등의 예술가들—에게서 발견하는 동일한 다

방면의 창조성을 우리는 레오나르도와 첼리니에게서도 발견[10]하는 것이다.

5. 기술복제시대의 예술 작품

원작Original의 시간적·공간적 현존성은 원작의 진품성이라는 개념의 내용을 이룬다. 어떤 청동 작품의 녹청을 화학적으로 분석하는 일은 이 작품의 진품성 여부를 확인하는 데 도움을 줄 것이다. 이와 마찬가지로 중세의 어느 특정한 필사본이 15세기의 서고에서 나왔다는 증거 또한 그 필사본의 진품성 여부를 확인하는 데 도움을 줄 것이다. 이처럼 진품성의 모든 영역은 기술적인—물론 기술적인 것만은 아니지만—복제 가능성을 배제한다. 일반적으로 진품성은 손으로 이루어진 복제에 대해서는 이를 위조품으로 낙인찍어서 자신의 권위를 완전하게 유지할 수 있지만, 기술적 복제에 대해서는 그러지 못한다. 그 이유는 두 가지이다. 첫째, 기술적 복제는 원작에 대해서 수공적 복제보다 더 큰 독자성을 지닌다. 예컨대 기술적 복제는, 사진의 경우 자유롭게 조정할 수 있는 렌즈로는 포착되지만 인간의 육안에는 미치지 못하는 원작의 모습들을 강조해서 보여줄 수 있다. 또 확대나 고속 촬영 같은 기계적 조작의 도움을 받아 자연적 시각으로는 포착할 수 없는 이미지들을 포착할 수 있다. 기술적 복제가 독자성을

---

10) 아서 단토, 이성훈·김광우 역, 『예술의 종말 이후』, 미술문화, 2004. 부분 발췌 인용.

지니는 첫 번째 이유가 바로 여기에 있다. 둘째, 기술적 복제는 원작이 처할 수 없는 상황 속에 원작의 모상模像을 가져다 놓을 수 있다. 기술적 복제는 원작을 사진이나 음반의 형태로 바꾸어서 수용자들에게 접근 가능한 것으로 만든다. 사원은 제자리를 떠나 예술 애호가의 작업실에서 볼 수 있고, 음악당이나 노천에서 연주된 합창곡은 어떤 집의 방 안에서 들을 수 있는 것이다.

그 밖에도 예술 작품의 기술적 복제품이 처하게 되는 제반 사정은 예술 작품의 존속에 아무런 손상을 입히지 않을 수도 있다. 그러나 그러한 제반 상황은 어떤 경우에도 예술 작품의 시간적·공간적 현존성에 손상을 입힌다고 보아야 할 것이다. 이러한 점은 비단 예술 작품에만 해당되는 것이 아니라, 이를테면 관객의 눈앞을 스쳐 지나가는 영화의 자연 풍경에도 그대로 해당된다. 따라서 이러한 과정을 통해서 예술의 대상은 가장 민감한 핵심 부분이 손상을 입게 되는데, 어떤 자연 대상도 이렇게 손상되기 쉬운 부분을 갖지는 않는다. 이를 간단히 말하면 이런 경우 손상을 입게 되는 것은 예술품의 진품성이다. 어떤 사물의 진품성이란, 그 사물의 물질적 지속성과 함께 그 사물의 역사적인 증언 가치까지 포함하여 그 사물의 원천으로부터 전승될 수 있는 모든 것의 총괄이다. 사물의 역사적인 증언 가치는 사물의 물질적 지속성에 그 바탕을 두고 있기 때문에 복제의 경우 후자가 사라지면 전자, 다시 말해 사물의 역사적인 증언 가치 또한 위험한 상황에 놓이게 된다. 물론 이렇게 해서 위험한 상황에 놓이게 되는 것은 사물의 권위이다.

복제에서 빠져 있는 예술 작품의 유일무이한 현존성을 우리는 분위기Aura라는 개념을 가지고 다음과 같이 요약해서 말할 수 있을 것이다. 즉, 예술 작품의 기술적 복제 가능 시대에 위축되는 것은 예술 작품의 아우라이다. 이러한 과정 자체는 징후적인 것이지만, 이러한 과정이 지니는 의미는 예술의 영역을 훨씬 넘어서 있다. 복제 기술은—우리는 일반적으로 이렇게 표현할 수 있다—복제된 것을 전통의 영역으로부터 분리한다. 복제 기술은 복제품을 대량생산함으로써 일회적 산물을 대량 제조된 산물로 바꾼다. 복제 기술은 그때그때의 개별적 상황 속에서 수용자가 복제품과 대면할 수 있게 만듦으로써 그 복제품을 현재화한다. 이 두 과정, 즉 복제품의 대량생산과 복제품의 현재화는 결과적으로 전통적인 것을 마구 뒤흔들어놓았다. 이러한 전통의 동요는 현재의 인류가 처해 있는 위기와 변혁의 또 다른 이면이기도 하다. 그리고 이러한 위기와 변혁은 오늘날의 대중운동의 가장 강력한 매개체이다. 영화의 사회적 의미는 그 적극적인 양상에서도 찾아볼 수가 있다. 그리고 바로 이러한 적극적 양상 속에서—여기에는 파괴적인 면까지도 포함된다—영화의 카타르시스적인 면모, 다시 말해 문화적 유산이 지니는 전통적 가치의 청산이 생각될 수 있는 것이다. 이러한 현상은 위대한 역사영화에서 가장 두드러지게 나타난다. 이러한 현상에는 점점 더 많은 요소들이 가세하고 있다. 1927년 아벨 강스Abel Gance가 "셰익스피어, 렘브란트, 베토벤이 영화화될 것이다. (……) 모든 전설, 모든 신화, 모든 종교의 창시자, 모든 종교까지도 필름을 통해 부활될 날을 기다리고 있으며, 또 모든 영웅들이 영화의 문전에 몰려들고 있다"라고 말했을 때, 그는—물론 그가 그런 뜻으로 말한 것은 아니지만—광범위한 전통의 청산에 우리를 초대했던 것이다.

예술 작품의 유일무이성은 그것이 전통의 상관관계 속에 깊숙이 들어가 있다는 것을 뜻한다. 전통 자체는 물론 무엇인가 살아 있는 것을 의미하고 또 무엇인가 변화할 수 있는 것을 의미한다. 고대의 비너스상을 예로 들어 보더라도 그리스인들은 전혀 다른 전통의 상관관계 속에 있다고 할 수 있는데, 왜냐하면 중세의 승려들이 불길한 우상으로 보았던 비너스상을 그리스인들은 종교적 숭배의 대상으로 삼았기 때문이다. 그러나 그들이 공통적으로 마주 대했던 것은 그 비너스상의 유일성, 달리 말해 그것의 아우라였다. 전통의 상관관계 속에 깊이 들어가 그 일부가 된 예술 작품 본래의 모습이 잘 나타나고 있는 것은 종교의식 속에서이다.

주지하다시피 가장 오래된 예술 작품은 처음에는 마술적 의식, 다음으로는 종교의식에 봉사하기 위해 생겨났다. 그런데 여기서 결정적으로 중요한 의미를 지니는 것은, 예술 작품의 이러한 아우라의 존재 방식이 한 번도 제의적인 기능과 분리된 적이 없었다는 점이다. 달리 표현하면 '진정한' 예술 작품의 유일한 가치는, 그것에 제일 먼저 본래적 사용가치가 주어졌던 종교적 제의祭儀에 근거를 두고 있다. '진정한' 예술 작품의 유일한 가치는, 제아무리 간접적으로 매개되어 있다고 하더라도, 아름다움에 대한 가장 세속적인 숭배라고 하더라도 세속화된 제의로서 그 모습을 드러내고 있다.

르네상스에서 형성되기 시작하여 그 후 300여 년 동안 줄곧 지속되었던 세속적 아름다움의 숭배가 그 본래의 근거를 드러내 보이기 시작한 것은, 이 기간이 지난 후 처음으로 세속적 아름다움의 숭배가 위기를 맞이하면서부터이다. 즉, 최초로 혁명적이라고 이름할 수 있는 복제 수단인 사진술이 등장하면서부터 (그리고 동시에 사회주의가 대두하면서부터) 예술은 위기가 다가오고 있음을 느꼈다. 이 위기는 그 후 100여 년 동안 눈에 띄지 않게 서서히 진행되다가 20세기에 와서는 마침내 예술의 신학이라고 할 수 있는 예술 지상주의라는 이론으로써 이 위기에 대처했다. 이 이론으로부터 생겨난 것이 '순수'예술의 이념이라는 형태를 띤 일종의 부정적 신학이다. 이 부정적 신학은 예술에 있어서의 일체의 사회적인 기능, 그리고 대상과 소재에 의한 일체의 제약을 거부한다.(시에서 이러한 입장에 제일 먼저 서게 된 사람은 말라르메이다.)

이러한 제반 상관관계를 충분히 고려하는 일은, 기술복제시대의 예술 작품을 고찰하는 데 필수불가결한 요건인데, 왜냐하면 그것은 다음과 같은 매우 중요한 인식을 제공해주기 때문이다. 즉, 예술 작품의 기술적 복제 가능성은 세계 역사상 처음으로 예술 작품으로 하여금 지금까지 종교의식 속에서 살아온 기생적 삶의 방식으로부터 벗어나도록 했다. 복제된 예술 작품은 날이 갈수록 점점 더 복제를 겨냥해서 제작되는 예술 작품의 복제품[11]이 되어가고 있다. 예를 들면 사진의 원판으로는 여러 개의 인화가 가능하다. 어느 것이 진짜 인화냐고 묻는 것은 아무런 의미가 없다. 그런데 예술 생산에서 진품성을 판가름하는 척도가 그 효력을 잃게 되는 바로 그 순간, 예술의 모든 사회적 기능 또한 변화를 겪게 된다. 종교의식적인 것에 그 근거를 두고 있던 예술의 사회적 기능의 자리에 또 하나의 다른 사회적 실천, 즉 정치에 그 근거를 두고 있는 예술의 다른 사회적 기능이 대신 들어서고 있는 것이다.

11) 발터 벤야민, 반성완 역, 『발터 벤야민의 문예이론』, 민음사, 1999, pp.204–206.

제2장

대중문화와 예술을 둘러싼 다양한 관점들

1. 예술의 본질

예술은 인간을 송두리째 의식적으로 위반하고자 하는 데서 탄생한다. 말하자면, 예술적 상상력은 잔인하게도 인간 자체의 상상력을 넘어서고자 하는 데서 출발한다. 그래서 세잔은 "문명은 예술의 적이다"라고 외쳤다. 또한 "풍경이 내 속에서 자신을 생각한다. 나는 풍경의 의식이다"라며 예술을 정의했다. 이는 만물의 영장 운운하면서 문명의 주체임을 자처하는 인간을 바탕에서부터 무너뜨리는 발언이다. 아니나 다를까 그의 그림들에서 인간의 시선은 물끄러미 사물의 세계 속으로 빠져들고 있고, 인간은 그저 주변의 사물들과 똑같은 하나의 사물로서 감각의 전체적인 리듬 속으로 스며들고 만다.

세잔보다 더욱 잔인한 위반을 실행한 예술가는 마르셀 뒤샹이다. 뒤샹은 세잔이 그나마 간직하고자 했던 예술적 인간미마저 파기하고자 했다. 무예술 혹은 비예술을 주장하면서, 그는 "나는 예술품이 아닌 작품을 만들고 싶다"라고 말한 바 있다. 그 유명한, 소변기를 작품으로 제시한 〈샘Fountain〉(1917)은 일체의 인간적 규정들을 벗어버린 채 사물 자체를 향해 곤두박질친 것이었다. 문명에 의한 인간뿐만 아니라 예술에 의한 인간마저 바탕에서부터 위반해버리고자 한 것이다.

이렇듯 금기의 경계선은 위반을 요구하고 심지어 위반을 유혹한다. 위반하는 상상은 늘 유혹에 시달리고, 유혹을 느낄 때 감각적인 전율을 예감하면서 과감하게 금기의 경계선을 향해 내달리고자 하는 것이다. 예술적 상상력은 극한의 상상을 마다하지 않는 데서 성립한다. 극한의 상상은 마지막 금기의 경계선인 죽음을 향해 한없이 다가갈 뿐 쉽게 넘어서지 않고 강도 높은 감각의 흐름을 풀어놓기 때문이다. 그런데도 많은 예술가들이 스스로 목숨을 끊고 만 것은 극한의 상상을 넘어 극단적 위반인 파국의 상상을 노렸기 때문일 것이다.

1 | 예술과 공예

고대 그리스인들은 수많은 사물들을 그에 딱 맞는 말로 이름 붙여 구별했지만 사실상 우리가 순수예술이라고 부르는 단어는 없었다. '예술art'은 라틴어 '아르스ars'처럼 오늘날 '공예craft'라 부르는 많은 것들을 포함하는 테크네techne였다. 테크네/아르스는 목공예와 시, 구두 만들기, 의술, 그리고 조각과 말 조련술만큼이나 다양한 일들을 포함했다. 사실 이 두 단어는 어떤 대상이 한 부류를 지칭한다기보다 무언가를 만들고 행할 수 있는 인간의 능력을 일컫는 말이다.

따라서 우리는 플라톤과 아리스토텔레스 두 사람 모두 회화, 조각, 건축, 시, 음악을, 따로 구분할 수 있는 하나의 뚜렷한 범주에 속하는 것으로 생각하지 않았다는 사실을 언급하며 시작해야겠다. 물론 당시에도 인간의 예술 행위를 개념적으로 조직화하여 하위 그룹으로 분류하고자 하는 많은 시도[1]가 있었다. 그러나 그 가운데 순수예술 대 공예로 분리한 근대적 개념에 부합하는 것은 찾아볼 수 없다. 고대예술의 관행 가운데 순수예술의 전조로 늘 인용되는 것은 회화, 서사시, 비극을 모방예술mimesis로 다뤘다는 정도다.

이 장에서는 예술 대 공예의 분리와 저항/동화의 과정들 사이의 상호작용이 낳은 몇몇 역설과 왜곡에 대해 생각해볼 것이다. 또한 이러한 결과들을 '원시' 또는 '부족'예술, '예술로서의 공예' 운동, 건축에서의 '예술'과 '기능' 사이의 갈등, 붐을 일으킨 예술사진, 대중음악과

---

1) 래리 쉬너, 김정란 역, 『예술의 탄생』, 들녘, 2007, pp.38−39.

영화에 관한 논쟁, 예술과 생활을 다시 함께 모으려는 세계의 다양한 몸짓들, 그리고 논란이 된 대중예술 작품들과 연관해 살펴볼 것이다.

20세기 초 유럽의 예술가들은 '문명화되지 않은' 모든 것에 매료됐다. 어린이, 소박한 아마추어, 정신병자, 소작인, '원시'민족들의 예술이 그 예이다. '원시예술'은 20세기 중반까지 순수예술 제도 안으로 안전하게 흡수되었다. 그러나 1980년대 '원시'라는 용어가 함축한 의미에 대한 비난이 일자 이 단어는 박물관이나 책 표지에서 거의 사라졌다. 그러나 차별적인 용어를 없애는 일은 단순히 또 다른 용어로 대체하는 것으로 우리의 사고를 바꿀 수 있다는 환상만을 낳을 수 있다. 일부 선의의 비평가들은 '원시적'이란 용어가 기분 나쁜 자민족중심주의로 들리니 쓰지 않는 편이 좋다고 믿었다. 한편에선 '예술'이라는 용어는 칭찬이자 보편적인 것이며 민족지정학적인 물건들에 '작품의 고양된 위상'을 부여하는 것이기 때문에 계속 사용해야 한다고 주장했다.

그러나 이러한 것도 유럽의 순수예술 개념에 적합한 것들에 한해서 장려하는 경향이 있었고, 그 외 나머지는 공예의 지위로 격하했다. 예술 대 공예의 양극화는 두 가지 중에 하나를 선택할 것을 강요한다. 즉, 원시예술을 (순수)예술의 틀에 맞추어야 할 것인가, 아니면 단순한 공예로 취급해야 할 것인가의 문제이다.

오늘날 외부인들을 위한 의식용 춤과 음악 공연, 조각, 직물, 도자기 생산은 많은 소규모 공동체들의 주수입원이 되었다. 이러한 태도에 있어 개념상으로 흥미로운 점은 '예술'로 의도되지 않은 조각품이나 기능적인 물품들이 '진정한 부족예술'로 간주된다는 것이다. 반면에 주로 외양 감상을 목적으로 판매할 '예술품'으로 제작된 조각품들은 공예의 지위로 떨어졌다. 실용적인 가공품은 예술의 지위로 격상

되고 비실용적인 가공품은 공예의 범주로 격하된 것이다.

특히 '예술로서의 공예 운동' 지지자들은 순수예술 대 공예 사이의 장벽을 뒤엎자고 주장했다. 그러나 이 운동의 실제적인 결과는 스튜디오 공예 자체를 예술과 공예 학습법으로 분리했을 뿐이다. 공예 매체가 순수예술로 동화되기 시작한 것은 1950년대 말이었으며 이것은 두 방향에서 이루어졌다. 한쪽은 공예 재료를 받아들이기 시작한 예술가들이었고, 다른 한쪽은 순수예술의 비기능적인 목적과 스타일을 받아들이기 시작한 공예가들이었다.

1950년대 후반에 이르자 네오다다와 팝아티스트들은 목재, 점토, 섬유, 송진, 합성수지 등을 가지고 실험하기 시작했다. 페미니스트들의 특별한 후원 덕분에 퀼트 역시 예술로서의 공예 운동에 포함되었다. 휘트니미술관이 1971년의 전시에 아메리칸 퀼트를 올리자 다른 주요 미술관들도 곧 이를 따라 했다.

순수예술과 공예 세계 양쪽에서의 수많은 저항에도 불구하고, 예술로서의 새로운 공예 방식은 곧 주요한 공예 조직체들과 잡지뿐 아니라 미술대학의 공예학과까지 지배하게 되었다. 1970년대 비평가 존 페로John Perreault가 언급했듯이, 예술과 공예를 가르는 선은 '점선'이 되었던 것이다. 그러나 넓어진 공예 세계가 예술로서의 공예를 만장일치로 받아들인 것은 아니다. 1980년대와 1990년대의 공예 잡지에는 한 달이 멀다 하고 이 문제에 대한 논의가 계속 실렸다. 친예술파는 전통적인 공예가들을 단순한 기술자들로 무시하는 경향이 있었다. 반면에 친공예의 견해에서는 가구나 퀼트 작품에서 비롯된 의미나 기쁨은 단지 자기지시적이 아니라 인간적인 관련성과 깊이 연결되어 있다고 보았다.

1980년대와 1990년대 예술계의 최첨단을 걷는 예술가와 비평가들은 대체로 예술로서의 공예에 무관심했으며, 그것은 그래도 잘 만들어진 아름다운 것이라고 생각했다. 1990년대 초반에는 공예 기술의 가치가 매우 하락했다. 정신/육체, 남성/여성, 흰색/검은색의 양극성이 역사적으로 한쪽 개념에 다른 한쪽이 종속하는 관계로 존재해왔듯이 예술/공예 또한 그러했다. 그러나 '우월한' 쪽을 그대로 놔둔 채, 종속적인 용어의 몇몇 '가치 있는' 표본들을 융화시키는 것으로 그러한 양극성을 극복할 수는 없다. 공예 작품을 단순히 '순수예술의 조건에 맞춰 순수예술로' 흡수하는 것밖에는 되지 않기 때문이다.

2. 예술로서의 건축

인류의 역사는 그 발생과 발전에 있어서 건축의 역사와 동일하다. 인간을 문화적 동물로서 규정하는 징표인 건축은 두 가지 측면에서 철학과 양면적 관계를 맺고 있으며 이러한 양면적 관계는 '철학'이라는 개념의 두 가지 의미와 논리적으로 얽혀 있다.

철학은 주체적 사유의 한 형태이다. 철학적 사유의 특징은 모든 사물 현상에 대한 가장 철저한, 즉 가장 투명하면서도 가장 포괄적인 반성이며 초월적이라는 데 있다. 철학은 피상적 기호를 넘어 실체를 찾고 상대적 해석을 추월하여 보편적 진리를 추구하고 정보 교환의 궁극적 의미를 추적한다.[2]

철학은 한 사람 혹은 한 사회가 갖고 있는 어떤 '원칙' 혹은 '총괄적

---

2) 박이문, 『문명의 위기와 문화의 전환』, 민음사, 1996, p.122.

신념 체계'를 뜻한다. 사상, 세계관, 이데올로기와 같은 의미로 사용되는 철학은 모든 건축물과 뗄 수 없는 관계를 맺는다. 다양한 필요 충족을 목적으로 어떤 기능을 하던 간에 건축은 그것을 제작한 건축가 개인이나 그 사회의 신념, 바람, 그리고 가치관, 즉 세계관을 음양으로 그리고 필연적으로 반영한다. 이런 점에서 모든 건축은 필연적으로 철학적 의미를 갖는다.

또 다른 의미로 철학은 어떤 대상에 대한 신념 체계, 즉 모든 차원에서의 담론이 제기하는 언어적 의미를 분명히 하고 담론의 논리를 해명함을 뜻한다. 이는 개념을 투명하게 하자는 것이며 인식적·윤리적 혹은 행위적 담론 간의 논리적 구조의 차이를 가려내자는 것이다. 이러한 철학은 '건축' 그 자체의 개념, 건축과 관계하는 '예술', '건축가의 의도', '사회', '기능' 따위의 개념, 제작품으로서 건축물의 복잡한 개념적 관계를 밝혀주는 작업이거나 아니면 건축사의 대상과 서술에 대한 논리적 관계를 고찰하는 작업이다.

이처럼 철학은 두 가지 측면에서 건축과 연계되어 두 가지 의미로서의 '건축 철학'을 말할 수 있도록 하는데, 첫 번째 건축 철학은 건축과 세계관의 인과관계를 밝혀냄을 목적으로 경험적 사실의 서술을 그 방법으로 삼게 되는 것이며, 이와 달리 두 번째 건축 철학은 어떤 사실을 개념적 차원에서 논리적으로 반성하고 비판적으로 평가하는 규범적 작업이 된다. 그래서 후자의 경우 건축 철학은 건축에 대한 직접적 담론이 아니라 '담론에 대한 담론', 즉 메타건축학meta-architec-ture이다. 달리 말해서 건축은 한편으로 어떤 세계관 혹은 이념 혹은 사상을 표상하는 점에서 '철학적' 고찰의 대상이 되고, 또 다른 한편으로 그와 관련된 개념들의 의미를 밝히는 '분석철학적' 작업, 즉 '메타 작업'의 대상이 된다.

또한 철학적 표현으로서의 건축은 인간의 세계관을 반영한다. 모든 개별적 행위란 세계관 혹은 인생관이라는 큰 이념적 테두리를 떠나서는 그 의미를 지닐 수 없다. 이와 마찬가지로 철저히 의도한 작품인 건축물은 필연적으로 어떤 세계관 혹은 인생관을 반영한다. 즉, 철학적 의미가 담겨 있다.

다양한 용도를 위한 건축물은 어느 사회, 어느 시대를 막론하고 언제나 있었다. 모든 건축은 무엇인가의 목적 수행을 담당한다는 점에서 한결같이 '실용적'이지만 종류에 따라 그 실용성의 밀도에 차이가 있으며, 그것이 원래 의도한 목적에 따라 사상적·철학적 표상의 밀도가 달라진다.

건축은 그 시대의 물리적 여건과 완전히 분리할 수 없으며, 그 사회의 문화적 전통을 결코 무시할 수 없다. 인간의 다른 활동이나 작품과 마찬가지로 '건축'이라는 작업과 작품은 그것이 위치한 시대와 문화적 공간을 초월하지 못하고 그것을 반영하거나 그것들로부터 결정적인 영향을 받는다. 그러나 이러한 의식은 건축이 그 사회의 문화가 가지고 있는 세계관을 수동적으로 반영한다는 뜻이 아니다. 건축을 통해 주어진 여건을 극복하고 전통적 유산을 능동적으로 재창조함으로써 전통적인 세계관을 비판하고 개선해간다는 의미로 인식해야 한다.

특히 '건축'이라는 개념이 제기하는 가장 중요하며 동시에 어려운 문제는 '예술'이라는 개념과 맺고 있는 관계이다. 즉, '건축'이라는 것이 '예술'이라는 범주에 소속되는지가 문제시된다. 건축은 일종의 완전한 건축 형태 속에서 리얼한 시대가 실제로 그리는 사회의 상황을 표현하고 나타낸다. 건축은 자신의 기준 속에서, 자신의 합목적성 속에서, 자신의 용도 속에서, 자신의 양식 속에서, 자신의 방식 속에서, 실재의 한계를 넘어서서 존재한다. 그렇다면 예술의 개념은 어떻게 정의할 수 있는가? 반대로 그렇지 않다면 지금까지 쓰인 예술사와 건축물들이 그것들의 실질적 용도와는 전혀 상관없이 미적 감상의 대상이 된 사실을 어떻게 설명할 것인가?

건축의 본질적 속성의 하나인 '구조적 관계성'은 예술의 본질적 속성인 '조화'와 일치한다. 모든 예술이 그러하듯 모든 건축도 구조적 요소와 다양한 구성 요소 간의 관계를 전제하고 그것으로부터 산출되는 조화를 지향한다. 그러한 조화는 그 형식적 구조 자체만으로도 미적 감상의 대상이 될 수 있을 뿐만 아니라 그것들이 자연적 혹은 문화적 공간에서 차지하고 있는 위치나 구조적 조화라는 측면에서도 미적 감상과 평가의 대상이 된다. 모든 건축물이 미학적 감상의 대상이 될 수 있을 뿐만 아니라 그렇게 되기를 지향한다면 건축을 조각과 마찬가지로 예술의 한 장르로 봐야 할 것 같다.

그러나 건축은 어디까지나 건축이지 결코 예술이 아니다. 건축의 존재 양식과 예술의 존재 양식이 동일하지 않기 때문이다. 예술 작품을 예술 아닌 다른 작품과 구별하는 것은 '비도구성', 즉 '실용적 무용성'에 있다. 하지만 모든 건축은 반드시 무엇을 위한 도구적 역할만을 하는 걸까? 건축물은 그 자체가 목적으로 존재하지 않고 다른 무엇인가의 가치를 위해 건축된다. 더하여 건축이 예술일 수 없는데도 많은 건축가들이 예술사에서 언제나 중요한 위치를 점유하는 이유는 그 자체로서는 예술일 수 없지만 미적 감상의 대상이 될 수 있고 그렇게 되기를 지향하기 때문이다. 미학적 가치는 모든 인간의 본질적 가치이다. 예술 작품으로 분류할 수 없는 것이라도 미학적 감상의 대상이 될 수 있고 그렇게 될 수 있는 제조물의 가장 좋은 예가 건축이다. 또한 스튜디오 공예를 갈라놓은 미학과 기능 사이의 충돌은 건축에서도 계속되었다. 1960년대와 1970년대에 건축가가 설계한 현대적 주택이나 아파트는 그 자체가 '예술 작품'이었다. 제2차세계대전 직후에 모더니즘이 부딪힌 저항이 무엇이었든지 간에 기업의 간부들이나 부동산 개발업자들은 모더니즘 건축양식인 직사각형 강철과 유리로 된 덮개, 단순화된 외관, 탁 트인 넓은 층을 선호했다.

1970년대에는 포스트모더니즘 운동이 전개되면서 외관 장식, 기둥, 뾰족한 지붕, 둥근 천장, 돌을새김, 색채 등이 다시 주목받았다. 특히 미술관은 순수예술의 현대적 체계 구축에 매우 중요한 역할을 했다. 20세기 중반 이후 라이트Frank Lloyd Wright의 뉴욕 구겐하임미술관(1959)에서 프랭크 게리Frank Gehry의 빌바오 구겐하임미술관(1997)에 이르기까지 미술관 건축은 그 소장품들을 압도하는 '예술 작품'으로 만들기 위한, 건축가들에게 특별한 유혹의 대상이었다. 예술 작품의 근본적 속성의 하나는 '표상성'에 있다. 예술 작품은 그냥 사물로서가 아니라 무엇인가를 표상하는 일종의 '언어'로서 존재한다. 예술은 필연적으로 무엇인가를 '의미'한다. '예술적'이기를 지향하는 건축은 그것이 전달하는 의미가 깊고 분명한 것이어야 한다.

예술의 또 하나의 본질인 '조화'는 형식에 관한 개념이다. 모든 건물은 구체적 공간과 시간의 맥락 속에 위치해 있다. 그러므로 하나의 건물은 그것이 서 있는 물리적 환경, 즉 그 건물이 세워진 사회의 특정한 역사와 건축양식과의 조화도 아울러 고려해야 한다. 건축의 미학은 한 개별적 건축물을 그 밖의 전체와 유기적인 관점에서 고찰해야 한다. 그리고 이제부터는 인간의 존재가 그러해야 하듯 건축도 '생태학적' 시각에서 고찰해야 한다.

생태학적 세계관은 세계를 전체적으로 보는 하나의 시각이다. 다시 말해 인간도 자연을 구성하고 있는 고리 중에 하나이며 일부에 지나지 않는다고 보는 것이다. 그런데 인간은 자연을 파괴하고 있다.

궁극적으로 이러한 행위는 인간 자신의 죽음까지 초래할 수 있다. 생태학적 세계관에서 말하고자 하는 것은 인류 자체와 자연과의 관계이다. 인류 전체의 문제와 관계에 대한 문제를 재검토하자는 철학적인 방법론의 문제이다. 인류와 자연을 조화시키는 문제가 중요하다는 것을 강조한다. 자크 모노의 견해처럼 인간이란 존재가 생겨난 것은 우연이다. 우연히 태어났지만 운명적으로 태어난 것이고 우리 자신은 인간의 운명뿐만 아니라, 지구의 운명, 자연의 운명, 인류의 운명을 통제할 수 있는 능력이 있다.[3]

예술의 또 다른 중요한 속성은 '창의성'이다. 모든 예술은 언제나 필연적으로 '새로운' 것, 아주 '유일한' 것이 되고자 한다. 건축도 마찬가지다. 건축이 예술적·미학적으로 보다 큰 의미를 지니려면 그것은 조화를 잃지 않으면서 독창적이어야 한다. 참다운 독창성을 갖는 건축을 위해서는 건축의 전통, 즉 그 건물이 세워질 문화권의 건축 전통에 대한 깊은 지식이 필요하다. 참다운 독창성은 무정부적 모험성이나 이질성을 의미하지 않는다. 그것은 전통에 대한 새로운 '조명'과 그렇게 조명된 전통과의 새로운 '조화'를 의미한다.

건축물은 다양한 방법으로 인간의 삶을 풍요롭게 하는 데 공헌하는 삶의 공간이며 도구적 기능과는 별개로 철학적 그리고 미학적 기능을 아울러 한다. 건축은 개인의 세계관, 집단적 인생관, 인간적 품위를 나타내는 얼굴이다. '건축'은 '집'으로 인간화되고 '생명'을 갖는다. 때문에 우리가 짓는 모든 건축물은 정신적으로 깊이와 무게와 품위가 있어야 한다.

---

3) 박이문, 『더불어 사는 인간과 자연』, 미다스북스, 2001, pp.292-295.

1 | 거처로서의 둥지

'거처'는 자연 속에서 혹은 자연 그 자체로 동물이나 인간에 의해 만들어진 제품이다. 다 같은 거처이면서도 동물의 거처를 '둥지'라고 부르는 것과 달리 인간의 거처를 '집'이라 부름으로써 두 거처 사이의 차이를 지각적으로 알 수 있다. 그러나 그러한 지각적 차이는 첫째, 우연적이며 피상적인 차이를 근본적·본질적인 차이로 착각해서는 안 된다는 점(거처로서의 기능과 구조를 가졌다는 점에서 동물의 거처와 인간의 거처는 본질적으로 똑같다), 둘째, 인간의 거주지라는 이유로 집을 발달된 둥지로 규정하고 둥지의 기능과 구조가 집에 비추어서만 설명되고 가치평가되는 것은 잘못이라는 점에서 주의할 필요가 있다.

거처는 의미가 담긴 제품이다. 거처는 주체적·역동적 생명체로서 인간을 포함한 동물과 그 이외의 존재 관계를 떠나서는 이해할 수 없으며, 그러한 관계의 중심에는 역동적 주체의 욕망과 의도가 자리하고 있다. 거처로서의 둥지와 집에는 동물과 인간이라는 역동적·주체적 생명체의 이상적 삶에 대한 꿈이 담겨 있고 그것을 실현하는 지혜가 배어 있다. 달리 말하자면, 둥지가 거처로서 집의 모델이 될 수는 있지만, 집이 둥지의 모델이 될 수는 없으며 그렇게 되어서는 안 된다고 믿는다. 또한 거처의 탁월성이라는 측면에서는 집에 비해 둥지의 구조적 우월성을 증명하지는 못하지만 그럼에도 불구하고 둥지의 건축학은 거처로서 집의 건축학보다 역시 월등하다고 볼 수 있다.

인간을 비롯한 대부분의 동물은 생존해야 하고 생명을 위협하는 여러 가지 위험으로부터 스스로를 보호해야 하고, 그러자면 잠정적이나마 안전한 거처가 필요하다. 그러나 생존, 안전, 번식, 번영을 실천하기 위한 거처의 구조라 할지라도 그 이외의 무수한 다른 동물들,

더 나아가서는 모든 생명의 공동 원천인 생태계, 자연의 균형을 깨뜨리거나 파괴하지 않는 한계 내에서만 기획되어야 한다. 그러나 동물들과는 달리 인간은 문명을 발전시키고 자연을 지배하게 되면서부터 점차적으로 균형을 잃은 욕망을 키워왔고 이런 과정에서 인간이 지은 집들은 다른 사람들, 생태계, 자연, 그리고 지구 전체와의 균형을 점차적으로 깨뜨리고 궁극적으로는 자연, 지구를 파괴하는 형태로 그 구조가 변형되어왔다.

둥지는 생태학적·자연적·미학적 관점에서 인간의 거처인 집에 비해 보다 높은 건축학적 우월성을 지닌다. 둥지는 자연 아닌 자연인 동시에 문화 아닌 문화라 부를 수 있고, 우리는 둥지에서 자연과 문화의 가장 원천적 차별과 관계, 생명체와 비생명체, 동물과 그 존재 조건, 주체와 객체로서 모든 대상 간의 가장 원초적 대립과 화해, 즉 생태학적 균형을 읽어낼 수 있다.

생태학적 세계관은 거시적 입장에서 미시적 입장에 갇혀 있는 인간 중심적 세계관의 포기를 의미한다. 자연은 인간의 욕망 충족을 위한 도구나 자료가 아니라 인간의 근원적 모체이며 조화를 찾아야 할 대상이다. 인간 외의 생물체는 정복과 약탈의 대상이 아니라 인간과 공생할 권리를 가지고 있다. 생태학적 이념은 자연에만 적용되지 않는다. 그것은 여러 차원과 측면에서 나타나는 모든 인간관계에도 다 같이 적용되어야 한다. 물질적 가치를 가장 존중하고 인간의 이기심을 전제한 자본주의적 이념이나 개인의 자유를 억압하는 모든 전체주의적 이념은 생태학적 이념과 배치된다.[4]

---

4) 박이문, 앞의 책, pp.127−128.

2 | 둥지로서의 환경과 예술

둥지는 지성의 이지적 인식 대상인 동시에 감성의 미학적 감상 대상이다. 둥지가 우리의 미학적 감성을 자극하고 매료하는 것은 바로 둥지의 특이한 존재론적이고 건축학적인 구조 때문이며 그 특징은 '생태학적'이라는 데 있다. 둥지는 일종의 비언어적 예술 작품이며 집의 원형인 동시에 환경 조성의 모델이다. 그러나 환경과 예술 작품의 관계를 분명히 파악하고자 한다면, 다 같이 둥지의 존재론적 범주에 속하더라도 환경과 예술 작품으로서의 둥지를 구별할 필요가 있다. 그 구별은 환경이 몸의 거처로서 '사물적 둥지'인 데 반해서 예술은 마음의 거처로서 '언어적 둥지'라는 사실에서 찾을 수 있다.

더구나 '환경'은 객관적으로 발견할 수 있는 존재가 아니다. '환경'은 동물이나 인간이 지구와 우주에 출현하기 이전에는 존재하지 않았던 것으로 진화적 과정에서 지구의 일부로서 출현한 동물이나 인간의 특수한 관계를 지칭한다. 동물이나 인간은 넓은 뜻에서 주체적이라고 말할 수 있고 주체로서의 동물이나 인간과 그 밖의 모든 존재들과의 관계는 의도적이며, 목적론적이고 창조적이며 유기적이다. 주체적 존재로서 동물과 인간은 자신에게 주어진 물리적 혹은 문화적 여건을 자신의 특정한 의도, 목적, 계획에 따라 주체적으로 변형, 재구성, 개조한다. 환경은 동물이나 인간의 창조적 활동에 의해서 새롭게 조정된 모든 여건들과의 새로운 관계인 동시에 결과이다. 환경은 동물이나 인간과 같은 주체자가 자신의 거처, 즉 주어진 자연 여건들을 자신의 생존과 번영이라는 보편적인 목적을 실현하기 위해 재구성하여 만들어낸 물리적 조건들의 유기적 총체이다. 이런 점에서 환경은 거처, 즉 둥지이기는 하지만 그 둥지는 어디까지나 '존재의 둥지'이다.

환경은 생명체에 의존하는 상대적 존재이다. '환경'이라는 개념은 생명체 중심적 개념으로, 비생명체인 돌이나 흙, 물이나 공기에게는 무의미하다. 환경은 오직 풀이나 나무, 버러지나 새, 짐승이나 인간 등과 같은 생명체의 관점에서만 존재한다. 한마디로 '환경'은 서술적이 아니라 평가적 개념이다. 환경이라는 말은 어떤 객관적 대상을 가치중립적으로 그냥 지칭하는 말이 아니다. 환경은 한 생물체, 더 정확히 말해서 그 생물체의 생존과 번영이라는 가치의 관점에서 본 어떤 대상과의 관계를 지칭한다. 환경은 객관적으로 존재하지 않는다. 그것은 존재 개념, 평가 개념으로 어떤 종류의 주체성을 가진 생명체에 비추어서만 비로소 의미를 갖는다.[5]

환경은 객관적 혹은 물리적으로 존재하는 것들의 재조합을 지칭하며 동물이나 인간에 의한 존재와 자연의 창조적 재구성이며 이런 점에서 환경은 동물과 인간의 거처로서의 둥지이되 그것은 언어의 둥지, 즉 관념적 둥지로서 예술 작품과는 달리 어디까지나 존재의 둥지, 즉 '실질적 둥지'이다.

3 | 둥지의 건축학

인간을 포함한 모든 동물의 궁극적 목적은 행복의 추구이다. 행복은 종족 번식을 통한 생존과 번영을 전제하며 이러한 전제들은 각기 동물들이 주어진 환경에서 자신의 생물학적·역사적 조건에 맞게 적응할 것을 요구한다. 모든 생물에 있어서 개체적 삶이란 각자 자신에

---

5) 박이문, 『환경철학』, 미다스북스, 2002, pp.69-70.

게 주어진 여건을 자신에게 가장 바람직한 환경으로 재구성하는 전략적·기술적 발명과 적응 과정으로 볼 수 있다. 동물들이 트는 둥지나 인간이 짓는 집은 다 같이 생물학적으로 결정된 조건에 따라 자신들의 궁극적 목적 달성을 위해서 불가피하게 스스로 고안해야 할 거처이며 생존 조건인 동시에 전략이다.

그러나 동물들의 거처인 둥지 양식이 시간과 장소를 초월하여 거의 변하지 않는 것과는 달리, 인간이 사는 집과 도시의 양식은 장소에 따라 다르고 시대에 따라 변하며 개인에 따라 각양각색이다. 인간의 거처로서 영원불변하는 고정된 모델은 존재하지 않는 것 같아 보인다. 새로운 집을 지어야 할 경우 건축가나 집주인은 각기 자신의 구체적·지리적·역사적·기술적·경제적·기능적·미학적·사회적으로 유일무이한 조건과 요청의 상황에서 가장 알맞은 양식의 집을 자의적으로 고안하고, 발명하고, 설계하고, 건설해야 한다. 그렇다면 어떤 집, 어떤 도시가 꿈의 집, 꿈의 도시일 수 있는가? 건축물에 대한 합리적 평가는 가능한 것인가? 건축물을 측정할 보편적 잣대는 존재하는가?

달리 말하자면, 보편적 건축 모델과 평가 잣대의 문제이다. 또한 '둥지'의 구조가 모든 인간의 집을 비롯한 모든 건축의 보편적 모델이 될 수 있고, 그 모델에 깔려 있는 '생태학적 조화', 즉 '둥지의 건축학'의 기본적 원리가 모든 건축물에 대한 평가의 보편적 척도가 될 수 있다고 적극적인 주장을 하는 입장도 있다. 그렇다면 건축 평가의 잣대가 존재하는가의 문제이다. 예술 작품을 비롯해서 모든 작품과 행위는 평가의 대상이 된다. 평가의 이유와 근거는 다른 사람들이 다 같이 인정하는 평가 기준이 될 수도 있을 것이며, 실제로 어느 정도 그렇기도 하다. 시대와 장소를 초월하여 건축사학자 및 건축가들이 상대적이지만 다 같이 통시적이며 공시적 관점에서 뛰어난 것으로 공감하는 선별된 건축물이 있고, 건축가들의 이야기를 담은 건축사가 쓰였고 현재도 계속 쓰이고 있다는 사실에서 그 근거를 찾을 수 있다.

예술 작품에 대한 평가가 그러하듯이 건축 작품에 대한 평가도 보편적이고 객관적 근거에 바탕을 두는 것이 아니다. 궁극적으로 그것은 평자의 기호의 표현에 지나지 않으며 따라서 주관적 사안에 속한다. 그러나 건축 평가에 대해 나름대로의 이유나 근거를 반성적으로 제공할 수 있으며 절대적 차원에서 보편적이고 궁극적인 근거를 댈 수는 없어도 몇 가지 하위적인 서로 다른 근거들이 있을 수 있고 실제로 많은 경우 건축의 가치평가는 그러한 근거에 의해서 뒷받침되었다.

건축물에 대한 평가는 냉정한 합리적 논리에 의한 사유, 객관적 사실들에 근거한 계산의 산물이다. 인간의 행동 판단은 완전히 무의식적·즉흥적일 수 없으며 그것에는 어떤 합리적 사유가 반드시 작용한다. 수많은 종류의 건축물과 수많은 건축가들에 대한 주관적 기호, 즉 선호도의 경우도 따지고 보면 기분의 산발적인 표현이 아니라 나름대로의 합리적 근거가 무의식적 차원에서나마 마련되어 있는 것이다. 건축물에 대한 좋음/나쁨, 성공/실패, 아름다움/추함 등을 둘러싼 담론은 이런 맥락에서 전혀 무의미하지 않다. 그렇다면 건축물의 평가에 적용된 잣대의 다양성을 알아보자. 가치평가는 반드시 어떤 관점에서 가능하나 평가 대상의 성격에 따라 평가적 관점은 바뀐다. 건축의 경우, 평가적 관점이 좀 더 복잡하다. 건축 평가에 있어서 어떤 관점들이 고려되어야 하는가?

첫째, 기능적 관점이다. 모든 건축은 의도된 목적을 따르지 않은 기능이 존재할 수 없는 만큼, 한 건축물의 평가는 목적을 떠나서는 말할 수 없다. 둘째, 미학적 관점이다. 건축물은 필연적으로 공동체의 모든 구성원들의 시각적 경험 대상이 되고 그것들은 인간의 미학적 가치에 대한 요구를 가능하면 최대한 충족할 수 있어야 한다. 건축이 도구로서 머물지 않고 내재적 가치를 지닌 '예술 작품'으로도 취급됨으로써 미학적으로 감상되고 평가되어 예술사의 중요한 일부를 차지하게 된 것은 우연이 아니다. 셋째, 공간적 관점이다. 건축은 물리적으로 존재하며 한 건축물이 차지하고 있는 물리적·사회적·문화적·역사적 공간은 건축물 자체와 떼어서 생각할 수 없는 건축물의 일부가 된다. 넷째, 사회·경제·정치적 관점이다. 건축은 기술적 활동일 뿐만 아니라 그와 동시에 사회·경제·정치적 활동이다. 건축은 지리 공간적인 동시에 사회·경제·정치적 맥락의 산물이며 그러한 공간과 맥락을 떠나서는 존재할 수 없기 때문이다. 다섯째, 역사적 관점이다. 인간의 욕구, 필요성, 건축 자료와 기술이 시간의 경과에 의해 달라졌기 때문에 똑같은 양식의 건축도 과거와 똑같은 평가를 받을 수 없다.

하지만 건축 평가의 실상은 위와 같은 몇 가지 관점들을 적용하는 데 있어서 합리성에 대한 문제를 크게 발생시킨다. 건축에 대한 요청이 사람마다 다르고 또한 그것이 시대와 사회마다 끊임없이 유동적이며 다섯 개의 관점 간의 관계가 실질적으로 상충하거나 논리적으로 쉽게 정리되지 않기 때문이다. 우리는 객관적이고 보편적인 '옳은' 건축의 가치를 판단할 수 있는 하나의 통일되고 총괄적인 잣대, 즉 근거를 포기해야 할 것 같다. 모든 이들이 공감할 수 있는 건축 평가의 잣대, 원칙, 근거는 정말 존재하지 않는가? 그러나 객관적인 현실은 다르다. 여러 시대와 사람들을 통해서 끊임없이 새롭게 쓰인 건축사가 존재한다. 이러한 사실은 무엇인가 건축의 가치를 평가할 수 있는 어떤 보편적인 기준, 근거가 아직도 존재할 수 있음을 암시한다.

특히 건축학에서의 창의성은 모든 영역에서 중요한 덕목이지만 현대미술에서 특히 그러했고 20세기 후반의 건축에서 각별히 그렇다. 건축의 균형, 조화, 견고성, 기능성, 호화성보다는 건축관의 참신성이 하나의 건축이나 한 건축가를 평가하는 핵심적 근거로서 거론된다. 그러나 새로운 건축 개념이 자동적으로 옳은 것은 아니며 설사 옳다고 하더라도 좋은 건축을 측정하는 만족스러운 잣대는 아니다. 한 건물의 창의성을 인정한다는 것이 곧 그 건물의 우월성을 인정한다는 말은 아니라는 뜻이다. 어떤 단 하나의 보편적 건축 이념이 건축 평가의 척도가 될 수는 없다. 여러 가지 건축 평가의 관점과 잣대들이 아무리 옳고 중요하더라도 그것들은 건축의 가치를 궁극적으로 평가하는 보편적이고 유일한, 그리고 영원불변하는 단 하나의 총체적 잣대가 아니라 그러한 평가에 기여할 수 있는 여러 가지 다양한 잣대들의 한 부분에 지나지 않는다. 아울러 둥지를, 건축의 백미로서 모든 건축가들에게 있어서 이상적 모델하우스로 인식하고 앞으로 인간이 지어야 할 집은 물론 모든 개별적 주택과 도시 만들기의 기본적 패러다임으로 삼아야 할 것이다.

앞에서도 언급했지만, 동물이 만드는 거처를 둥지라고 부르고 사람이 만드는 거처를 집이라고 부른다. 동물의 둥지는 사람의 집에 해당되며 인간의 집은 동물의 둥지에 해당된다. 오늘날 인간의 거처는 편의를 제공하지만 답답함, 외로움, 삭막함과 같은 불편, 불만을 느끼게 한다. 우리는 인공적 세계에서 해방되어 밖으로 나와 열린 공간과 만나고 자연과 더불어 호흡하고 싶어 한다. 자연이 문명의 영원한 고향으로 다시 찾아가고 싶은 마음의 고장이라면, 둥지는 모든 거처의 변하지 않는 원형으로서 다시 그 원형대로 짓고 그 속에 살고 싶은 꿈의 집이다. 둥지는 집의 전형적인 거처, 집의 모델이다.

　기술적·구조적·미학적으로 다양한 둥지들이 있지만, 모든 둥지에 적용되는 공통적이고 근본적인 건축학적 특징은 두 가지로 요약할 수 있다. 첫째, 둥지의 구조 목적의 단순성과 확실성이다. 둥지의 목적은 외부의 위험으로부터 벗어나 삶의 행복과 의미를 찾는 것에 있다. 이러한 둥지의 목적을 극명하게 규정할 때, 둥지에서 근본적으로 불필요한 건축 요소들은 거추장스러운 존재로서 제거된다. 둥지의 전체적 단순성, 소박성, 그리고 미학적 매력은 바로 위와 같은 둥지의 특성에 근거한다. 둘째, 동물이 트는 둥지의 건축학적 구조적 원리가 '생태학적'이라는 것이다. 둥지가 집에 비해 존재론적으로 자연과 보다 깊은 연속성을 갖고 있다는 점에서 그것은 생태학적이다. 둥지들과 그것들이 위치한 주변 자연환경 간에는 정확한 경계가 없이 연속적이어서 그것들 간의 경계선을 정확히 그을 수 없다. 둥지는 보기에 따라 자연의 일부일 수 있고 문화의 일부일 수도 있으며 자연도 문화도 아닌 중간점에 있는 것으로 볼 수 있다. 둥지는 자연의 흐름을 깨지 않고 자연과 더불어 자연 속에서 자연의 원리에 따라 끝까지 일부로서 존재하고 숨 쉬며, 자연과 유기적으로 조화로운 관계를 유지하려고 한다. 이런 점에서 둥지는 집에 비해서 자연과 '생태학적' 관계를 갖고 있는 것이 분명하다. 생태학적 공존주의의 구체적 대책은 사유, 인식, 가치관의 혁명이다. 시각을 미시에서 거시로, 근시에서 원시로, 부분에서 전체로 사유 방식과 관점을 전환해야 하며, 인간이 자연의 일부에 지나지 않는다는 사실을 명심하고, 인간 중심에서 자연 중심적 세계관으로 '코페르니쿠스적' 인식의 전환을 해야 하며, 아울러 물질적·외면적인 데서 정신적·내면적 가치관으로 전환해야 한다.[6]

둥지는 그것의 재료에 있어서나 구조적 양식에 있어서 주변의 모든 것들과 순응·화해의 원칙에 따라 구성된다는 점에서 '환경친화적'이다. 둥지의 구조 원칙은 존재론적 및 구조적 차원에서 '모든 것과의 조화', 즉 각기 주어진 모든 물리적·기술적·경제적·역사적·자연환경적 여건들과 총체적으로 가장 적절하다고 생각되는 원칙을 본질로 삼는다. 지금까지 보편적 원칙과 잣대로 생각되었던 것들이 하나같이 만족스럽지 못하더라도, '조화'의 원칙을 함축하는 '생태학적 잣대'는 시간적으로나 공간적으로 유일한 존재 양식인 건축의 담론에 유용할 것이라 믿는다.

3. 예술로서의 사진 붐

1839년 다게르의 발명 이래로 사진을 예술로 볼 것인가 말 것인가에 대한 논쟁이 벌어졌다. 이런 논쟁은 예술에 대한 근대적 담화의 양극성 안에서 다루어졌는데, 이를테면 레이디 이스트레이크는 사진사는 기계에 복종하고 사진은 실용적 목적에 따르므로 사진은 순수예술로 인정받기 어렵다고 주장했다. 카메라라는 도구는 그때까지 예술 창작에 사용했던 도구와는 달리 자체의 기계적 능력에 의해 스스로 작품을 제작한다. 이는 예술 작품은 인간이 혼신의 힘을 기울여 만들어가야 한다는 전근대적 사고로는 쉽게 받아들일 수 없는 점이었다. 그러나 인간이 손, 즉 인간의 능력으로 직접 해야 할 일을 기계

6) 박이문, 『자연, 인간, 언어』, 철학과현실사, 1998, p.83.

에 맡김으로써 창작 과정에서 작품을 정신적으로 통제하는 '사고思考' 의 중요성이 부각되었다. 철저히 관념화된 현대예술이 기술문명시대 의 예술인 사진이 본궤도에 오른 20세기 초반부터 시작된다는 사실 은 우연이 아니다.[7]

사진가와 비평가들은 이런 근대적 대립 구조를 공격하는 대신, 어 떤 사진은 '예술'에 속한다고 주장했다. 사진사는 '단지 기계의 실행 자'라는 이스트레이크의 비평에 대해 스티글리츠Alfred Stieglitz는 사진 이 기계적 처리가 아닌 조형적 처리 과정을 거친다며 반박했다. 또한 예술사진의 대가들은 보통의 사진과 구별되는 독특한 사진들을 만들 었다. 순수예술 매체로서의 사진을 주장한 사람들은 19세기 말의 회 화주의 운동에 관심을 기울였고, 표현과 독창성을 내세웠다.

보충하자면, 회화의 생산 원칙, 생산과정이라 여겨지는 것을 사진 의 생산 규범으로 삼으려 한 회화주의는, 기계적 매체이며 저급한 장 르로서의 사진이 고상한 매체이며 고급 장르로 진화하기 위한 문예 사조적 의미의 운동, 움직임movement이었다. 사실 어떤 저급문화나 군소 장르가 고급문화, 상위 장르에 이르기 위해 상급문화의 원칙, 규범을 자기 것으로 삼은 예는 사진의 회화주의뿐이 아니었다. 회화 역시 고상한 장르, 고급문화로 사회적으로 인정받기까지는 비슷한 역사적 과정을 경험했다. 15세기 이후의 회화는 문학이 사회적으로 인정받는 고상함, 숭고함을 제 것으로 삼기 위해 300여 년 동안이나 문학의 생산 원칙을 회화의 생산 규범으로 삼으려 했다. 회화도 문학 과 같은 지성과 상상력, 교양의 산물이라는 사회적 승인을 받고자 한 것이다. 회화주의, 개인적 표현, 유일한 예술사진이 강조되자 값싼

7) 정한조, 『사진 감상의 길잡이』, 시공사, 2006, pp.20-21.

카메라와 필름은 대중의 오락거리로 전락했다. 예술 대 공예, 예술가 대 장인의 양극성 속에서 예술사진이 일반 사진에서 분리되었다. 이런 사진의 움직임은 역으로, 회화에서의 변화를 불러일으키기도 했다. 만약 카메라가 화가의 어떤 붓보다도 사실적일 수 있다면 리얼리즘이란 목표에 매달릴 필요가 있는가? 회화란 화가가 보거나 상상한 세계에 관한 것이 아니라, 본다는 행위 또는 그린다는 행위 자체에 관한 것일 수도 있지 않은가? 캔버스 위에서 펼쳐지는 빛의 변화와 붓질이 그저 방법에 불과한 것이 아니라 회화의 주제일 수는 없는 것일까? 새로운 예술을 찾기 위해 자신을 증발시키려 했던 보들레르처럼, 몇몇 화가들은 그림을 실제처럼 보이게 그린다는 목표를 포기하고 있었다. 그 대신, 그들은 새로운 예술적 사실성을 탐구해 나아갔다.

모네와 인상주의 화가들은 회화를 완전히 해체했다. 자연과 똑같아 보이는 그림을 그릴 수 있도록 화실 안에서 빛을 조절해가며 작업을 하는 대신, 그들은 야외에서 그림을 그리며 빛의 하늘거리는 패턴을 포착해내려고 했다. 만약 화가가 '사실적으로' 그릴 필요가 없다면, 화가는 심리적 진실을 담기 위해 어떤 형태의 것이든 과장하거나 왜곡할 수 있을 것이다. 만약 색이 자연을 모방하기 위한 방편으로 선택되지 않을 수 있다면, 색은 그 감정에 충실한 이야기를 들려줄 수 있을 것이다. 화가가 자신의 그림을 위한 자신만의 규칙을 만들고 있다면, 사람이나 사물을 한꺼번에 여러 다른 각도에서 보여주는 것도 가능하지 않을까?[8]

예를 들자면, 〈사진 예술 160년전〉(1997, 호암미술관)이 가져다준

---

8) 마크 애론슨, 장석봉 역, 『도발』, 이후, 2002, pp.50-60.

또 하나의 역사적 의의는 사진의 절대적 위상 강화였다. 한국에서 사진이 미술과 동격을 이루기 위해서는 무엇보다 미술계의 인식 변화가 중요했다. 미술이 사진을 현대미술의 맥락에서 선뜻 받아들이고 싶지 않았던 것은 컬렉션 때문이었다. 사진은 컬렉션의 대상이 아니었다. 그래서 사진에 대한 생각을 변화시키는 일은 호암미술관과 같은 보수적 미술관의 사진에 대한 절대적 신뢰가 필요했다. 오늘날 사진이 꽃을 피울 수 있었던 것은 갑작스런 일이 아니다. 호암미술관을 비롯하여, 선재아트센터, 금호미술관, 한림미술관, 가나아트센터 같은 미술관들이 사진을 능동적으로 수용했기 때문이다. 사진이 순수예술이 되려면 예술 기관들의 인정이 필요했다.[9] 회화주의 사진이 1890년대 일련의 성공적인 전시회들을 이끌었다. 버펄로의 올브라이트미술관은 1910년 스티글리츠가 기획한 〈국제 회화적 사진 전시회〉를 개최했다. 이로써 사진은 순수예술로 동화되기 위한 준비를 마쳤다.

특히 1940년에 이르러 주요 미술관들은 예술사진을 인정했다. 1955년에는 역사상 가장 성공적인 사진 전시회라 할 만한 〈인간 가족The Family of Man〉이 뉴욕현대미술관에서 열렸다. 예술사진의 영역을 확장함에 있어 보다 중요한 기여를 한 것은 예술사진을 찍는 사진작가들이 아니라 사진을 작품에 활용하기 시작하면서 스스로를 예술가라고 생각한 사람들이다.(앤디 워홀, 신디 셔먼, 셰리 레빈, 안드레 세라노) 이제 사진은 두 가지 방식으로 미술관에 입성했다. 하나는 순수하게 '사진적인' 독특함과 진정한 걸작으로서의 격을 지닌 한 매체로서의 사진이고, 다른 하나는 포스트모더니즘 예술가들이 멀티미디어

---

9) 진동선, 『한국 현대사진의 흐름』, 아카이브북스, 2005, pp.178-179.

를 사용한 실험의 일부분으로 제작한 사진이다.

예술로서의 사진에 대한 열광은 1970년대와 1980년대에 정점에 달했다. 물론 미술관과 예술사가들이 모든 사진을 순수예술로 받아들인 것은 아니다. 순수예술로 인정된 사진들은 단지 특정한 미학적 항목에 적합한 것이어야 했다.

4. 대량예술

대중소설, 음반, 라디오, 텔레비전, 영화는 오랫동안 '진지한' 문학, 음악, 연극의 생존을 위협해온 경쟁 상대였다. 19세기의 작품, 관객, 제도의 분리는 20세기 전반에도 광범위하게 자리하고 있었다. 그러나 영화, 라디오, 녹음, 인쇄된 사진의 팽창과 진보는 순수예술과 대중예술의 관계를 점차 변화시켰다. 새로운 매체는 고매한 예술 작품을 쉽게 해석해 대량 배포를 가능하게 했지만 그린버그 같은 비평가들은 '중간층의 눈높이에 맞춘' 문화를 비웃었다.

새로운 매체에 호의적인 많은 비평가들은 영화와 재즈 내부에 순수예술 대 공예의 분리를 적용하며 이전에 소설과 사진에 이용되었던 패턴을 따라갔다. 접근하기 쉬운 소설이나 사진과는 동떨어진 복잡하고 실험적인 형식이나 대담한 주제를 지닌 '예술소설'이나 '예술사진'이 있었던 것처럼 '예술영화'의 전통 역시 그렇게 발전해 나갔다.

예술음악이나 예술영화, 대중작품들 사이의 경계는 그 어느 때보다 흐려져 이들 사이에는 경계선이 있다기보다는 연속체에 가까웠다. 대중예술의 위상을 고정하기 매우 어려운 한 가지 이유는, 대중예술이 역사적으로 다양한 정치적·문화적 문제들의 교차점이었으며 때로 놀라운 결과를 낳았기 때문이다.

　오늘날 많은 비평가와 철학자들은 한탄하는 대신에 순수예술과 대중예술 사이의 공정한 구분을 가능하게 해줄 예술의 순수한 분류상의 정의를 추구함으로써 순수예술과 대중예술을 화해시키고자 노력하고 있다. 순수예술이 전통의 지식으로 강하게 연결된 감상자들의 작은 공동체를 창조하는 반면에 대중예술은 우리를 흥미 위주의 광범위한 공동체들에 느슨하게 연결시킨다고 테드 코언Ted Cohen은 주장한다. 아서 단토는 매체에 대해 진술하기 위해 그 매체를 사용하는 한 전통적으로 상업적이거나 대량예술이라고 분류된 것의 상당량을 인정하고자 한다.

　발터 베냐민은 『기술 복제 시대의 예술품』(1936)에서 이전의 예술작품이 지녔던 '아우라'가 20세기 복제품을 생산해내는 사진·영화·음반 같은 새로운 대중매체에 의해 차차 사라져갔다고 했다. 베냐민이 '아우라의 붕괴'를 강조한 것도 파시즘 방송에서 그리고 더 심하게는 뉴스영화, 리펜슈탈의 작품에서 형상화된 모습, 즉 히틀러와 히틀러에 최면된 대중들이 불행하게도 아우라화된 것에 대해 저항하려는 것이었다. 베냐민이 첨단 예술 테크닉들이 갖는 진보적 정치 경향들을 고집하는 것 역시 미래파 예술가들이 첨단 예술 테크닉을 '전쟁의 미학'을 위해 사용하려는 것을 막으려는 의도에서였다.[10]

　베냐민이 이 새 매체들을 20세기의 중요한 예술 형식이라고 본 까닭은 이 매체들이 예술을 미적 고립에서 해방시키고 예술의 정치적·

---

10) 베른트 비테, 안소현·이영희 역, 『발터 벤야민』, 역사비평사, 1994, p.153.

정보적 기능을 수행한다는 이유에서였다. 또한 그는 『생산자로서의 작가』(1934)에서 "'노동자―기고자'라는 인물 속에서 작가와 대중 사이의 구별은 사라지기 시작하며 독자는 항상 작가가 될 준비가 되어 있다"라며 전문적인 예술이 아니라, 일상적인 일로서의 글쓰기에 대해 논의를 펼치기도 했다. 베냐민은 자신이 처한 사회적 상황을 개념화하며 세계사적 위기 상황을 말해주는 특징을 발견한다. 세계사적 위기 상황이란 인류의 구원 혹은 몰락이 결정될 상황이다. 이러한 위기 상황에 직면해서 예술가와 예술에도 새로운 기능이 주어져야만 한다. 그리하여 베냐민은 『기술 복제 시대의 예술품』(1936), 『생산자로서의 작가』(1934)의 강령적 명제들 안에다 전통적인 작품 개념과 궁극적으로 결별하는 새로운 미학 이론의 범주를 만들어놓았다.

자율적이며 관조적인 수용 대상이었던 전래의 예술품들은 애초부터 신학적인 함의를 보존해왔다. 베냐민은 이러한 전래 예술품의 성격을 '아우라'라고 지칭하며 '아우라'를 '아무리 가까이 있을지라도 멀게만 느껴지는 일회적 현상'이라 정의 내린다. 이러한 표현으로 베냐민은 전래의 예술을 '언제나 존재해왔지만 언제나 이해되지 않았던 것', 즉 '세속화되었지만 불명확한 신적 현상'으로 파악한다. 이러한 전래의 예술 개념에 대항하여 베냐민은―브레히트의 서사극, 채플린의 영화를 예로 들며―예술을 온전히 현세적인 매체로, 다시 말해 정치혁명의 매체로 제시하려는 주장을 펼친다.

베냐민은 성분과 형태가 최초로 완벽하게 기술 복제 수단에 의해 결정되는 영화를 예로 들며 예술적 생산방식과 수용방식의 극단적인 변화를 분석한다. 영화는 집단적인 노력에 의해서 생산된다. 배우는 더 이상 관객을 직접 대하지 않는다. 영화제작 기계 뒤에는 전문가 집단이 숨어 있다. 베냐민은 영화 관람을 특징짓는 동시적인 집단 수용 방식에서 관객이 스스로를 조직화하고 통제하는 싹을 찾아내는 데, 웃음과 쇼크 효과가 바로 그것이다.

베냐민은 영화의 이러한 수용 과정이 바로 정치적 카타르시스 효과라고 여긴다. "사디즘적 환상이나 마조히즘적 정신병이 급작스럽게 진행되는 것을 보여주는 영화는 이러한 정신병적 징후들이 대중들 사이에서 자연스럽고 위험하게 숙성되어가는 것을 방지할 수 있다. 이런 유의 대중심리가 치유되면서 미리 폭발하는 것이 집단적 웃음이다"라고 힘주어 주장하고 있는 것은 이러한 미학적 현상들이 지니고 있는 '예견적 가치'이다.

그에게 중요한 것은 역사적 급변의 시기에 "현 생산 조건 아래서 예술 발전이 띠는 경향들에 대해서" 진술하는 것이다. 『생산자로서의 작가』에서 베냐민은 작가의 목표를 "삶의 제반 관계들을 문학화하는 것"이라 정의 내렸고, 누구라도 글을 쓸 수 있어야 할 것이라는 말이 뜻하는 바는, 인간과 인간의 대립이 그렇듯이 사회적인 대립도 폭력이 아니라 글쓰기라는 이성적 담화를 통해서 해결되어야 한다는 것이다.[11]

독일의 유대인 집안에서 태어난 베냐민은 20세기가 낳은 독창적인 철학자이자 문예비평가이며 탁월한 에세이스트이기도 하다. 그가 펼쳐 보인 독특한 사유와 개성적 글쓰기의 사례들은 20세기를 빛낸 많은 사상가 가운데서도 유독 그의 존재를 돋보이게 만들고 있다. 그가 살았던 삶 자체는 짧고 불행한 것이었지만 그가 남긴 다양한 성격의 글들을 통해 베냐민의 존재는 여전히 인류의 과거와 현재, 그리고 미래에 대한 암시를 던져주고 있다. 일찍이 예언자적인 통찰력으로 파

---

11) 베르튼 비테, 앞의 책, pp.150-152.

악해낸 이미지와 매체에 관련된 이론들, 오늘날의 상황을 역설적으로 되비추고 있는 신학과 유물론에 관련된 사유가 특히 그렇다.

이 책에 실린 그의 글들은 '자전적 프로필', '문예비평', '문예이론', '언어철학과 역사철학'이라는 주제 아래 각각 묶여 있다. 먼저 '자전적 프로필'의 경우 베냐민의 에세이들을 모아놓았다. 베냐민의 에세이 스타일의 글들은 그가 구사하는 특유의 문체를 잘 보여준다. 이 글들은 무엇보다 '짧다'는 데 그 특징이 있다. 베냐민의 글은 매우 함축적이다. 그리고 이 함축성은 이지적인 뉘앙스를 가진 능란한 비유적 표현에 의해 뒷받침된다. 「성에 눈뜰 때」「거지와 창녀」「글을 잘 쓴다는 것」 등의 글에서 우리는 지극히 정확하면서도 풍부한 울림을 거느리고 있는 베냐민 특유의 마력적인 문장들과 만날 수 있다.

그의 '문예비평'은 주로 작가/작품을 다루고 있는데 성격상 실제비평으로 분류될 수 있는 글들이다. 여기에는 프란츠 카프카에 대한 두 편의 글과, 프루스트, 보들레르, 그리고 서사극, 현대의 소설가를 다루고 있는 글들이 묶여 있다. 탁월한 비평가로서의 안목을 드러내고 있는 이 글들 역시 베냐민 특유의 함축적인 문장, 비유를 통한 핵심 파악, 개념과 논리의 명징성 등의 특징을 잘 보여준다. 카프카에 대한 두 편의 글을 동시에 읽는 것도 흥미로운 경험이다. 특히 "카프카의 작품들은 멀리 떨어진 두 개의 초점이 있는 타원과 같다. 그 초점들 가운데 하나는 우선 무엇보다도 전통에 관한 경험이라고 할 수 있는 신화적인 경험이고, 다른 하나는 현대의 대도시인의 경험이다"라는 구절에서 시작되는 「좌절한 자의 순수성과 아름다움」을 찬찬히 읽어볼 필요가 있다.

고대 '이야기꾼의 시대'로부터 고독한 개인이 주인공이 되는 현대 '소설의 시대'로의 이행 과정을 설명하고 있는 「얘기꾼과 소설가」는 베냐민의 예리한 통찰력을 잘 보여주는 경우이다. 그는 소설 장르의 대두와 그것이 가진 가치를 다음과 같이 적고 있다. "소설이 의미를 갖는 것은, 소설이 이를테면 제3자의 운명이, 그 운명을 불태우는 불꽃을 통해서 우리들 스스로의 운명으로부터는 결코 얻을 수 없는 따뜻함을 우리에게 안겨주기 때문이다. 독자가 소설에 대해 흥미를 갖게 되는 것은, 한기에 떨고 있는 삶을, 그가 읽고 있는 죽음을 통해 따뜻하게 할 수 있다는 희망인 것이다."

'문예이론'은 영화와 사진 등을 대상으로 현대예술의 문제를 다루고 있다. 성격상 이 글들은 원리비평으로 분류될 수 있을 것이다. 베냐민에 의하면, 화가가 보여주는 그림은 '아우라'를 가진 하나의 전체이지만, 카메라맨의 영상은 단편적인 이미지들을 편집을 통해 다시 조립한 것이다. 정신분석을 통해 충동의 무의식 세계를 알게 되듯이, 카메라의 개입을 통해 우리는 시각에 잠겨 있는 무의식의 세계를 알게 된 것이다. 과거의 감상자들이 미술 작품 앞에서 정신을 분산시키는 침잠에 잠겼다면, 오늘날의 관객은 움직이는 영상에 정신을 분산시키는 오락을 기대한다.

그는 예술 작품의 기술적 복제 시대에 나타나는 아우라의 상실 현상이 현대라는 사회·역사적 조건에서 비롯되고 있음을 주장한다. 기술 복제 시대는 사람들에게 과거와 다른 지각 방식을 요구하며, 현대의 대중은 복제를 통해 모든 사물의 일회적 성격을 극복하려는 성향을 띠게 된다. 대상을 감싸는 껍질로부터 떼어내는 일, 분위기를 파괴하는 일은 현대의 지각 작용이 가지는 특징이다. 아우라의 몰락은 예술의 몰락이 아니라 새로운 예술, 그러니까 대중예술의 도래를 의미하는 것이다. 오늘날의 문화적 성향을 떠올리게 만드는 이런 구절들 속에서 우리는 베냐민의 시대를 뛰어넘는 통찰력을 새삼 실감하게 된다.

'언어철학과 역사철학'에는 철학적 논구에 해당하는 글들을 싣고 있다. 이 가운데서도 특히 「역사철학 테제」는 사상가이자 철학자로서의 베냐민의 모습을 뚜렷이 보여준다. 베냐민의 사상은 신학적 사유와 유물론적 사유의 갈등과 융합 과정으로 특징지을 수 있기 때문이다. 그의 역사철학은 '계시'의 순간을 기다린다. 과거와 미래의 연결을 통해 역사가 자신의 생명을 회복하고 그 모습을 드러내는 계시의 순간은 '혁명의 시간'이다. 베냐민의 사유 가운데서 특히 마르크시즘과 유대교는 이렇게 불꽃을 일으키고 있다.

베냐민의 짧고 함축적인 문장들은 난해하기로 정평이 나 있다. 전문가조차 베냐민의 글을 제대로 이해하고 번역하기 위해 많은 노력을 기울여야 한다고 한다. 그를 정확히 이해하기 위해서는 문장을 조밀하게 이어가는 논리적인 맥락과 그가 구사하는 여러 가지 개념들과 이론들을 미리 충분하게 파악하고 있어야만 한다. 이런 전제들이 충족되었을 때 베냐민과 함께 떠나는 우리들의 지적 여행은 대단히 행복한 것이 될 수 있을 것이다. 행간과 행간 사이에서 갑자기 솟구쳐 오르는 물고기처럼, 번뜩이는 통찰의 아름다움이 우리의 눈을 뜨게 만들 것이기 때문이다.

실러, 헤겔, 니체, 루카치, 아도르노 등 독일철학과 미학의 맥락 위에 서 있는 그는 제2차세계대전 당시 나치를 피해 국경을 넘던 중에 길이 막히자 스스로 목숨을 끊었다. 자살이라는 방법을 통해 삶을 끝낸 베냐민의 불행한 삶조차 그가 탐구했던 현대사회의 여러 문제들을 떠올리게 한다. 그러니까 베냐민은 그의 존재 전부가 하나의 '텍스트'임을 오늘날의 우리에게 역설하고 있는 것이다. 바로 이런 점 때문에 많은 이들이 "베냐민은 내게 영감의 근원이다"라는 고백을 하는 지도 모른다.

덧붙이자면, 기술은 온 세상을 물화reification시킨다. 기술 복제의 시대에 있어서 아우라는 너무도 평범한 체험이 되었다. 즉, 우리의 세계는 더 이상 순수하지 않다. 모든 상품에 적당히 예술(성)이 반영되어 있고, 대부분의 예술에도 얼마간의 상품(성)이 들어가 있다. 그렇다면 아우라가 사라진 시대의 문화 예술이 지닌 긍정적인 지점은 무엇일까? 아마도 그것은 대중문화의 긍정성과 맞물려 있지 않겠는가? 실제로 베냐민은 앞의 저서에서 사진 기술의 발달을 통해 예술의 대중성이 확보된 것은 좋은 일이라고 하면서도, 정치 집단들이 이를 이용해 대중의 선동이나 지배 이데올로기를 정당화하려 드는 것에는 신랄한 비판을 가하고 있다. 학생 각자가 자신의 생각들을 정리하여 돌아가면서 발언해보게 하는 방식도 적절한 한 방식일 수 있겠다. 게다가 현대문화와 현대예술이 과거의 그것과 다른 지점은, 본문 제시문과 연관하여 볼 때, 기술 복제의 가능성이라는 데에 이의가 있을 수 없겠다. 그렇다면 이제 문화와 예술이 어떤 맥락에서 생산되고 소비되는가 하는 소통 방식에 대한 고민이 필요할 것이다. 구스타프 클림트의 전시회가 있은 후 우리나라에서 클림트 열풍이 일어나고, 심지어 홈쇼핑 채널에서 그의 그림들이 복제품으로 팔려 나가는 현실을 목도하면서 예술의 소비가 어떤 변화를 불러일으키는지에 관해 관심을 두지 않을 수 없다. 여러 가지 토론이 가능한 주제이지만 특정한 부분에 맞춰 진행하는 것이 효율을 높일 수 있는 형식이라고 생각한다.

특히 제2차세계대전 이후 모더니즘과 형식주의가 승리를 거두었다. 미국에서는 모더니스트적 실험 양식이 부활하여 사회문제에 대한 몰두나 묘사적 양식이 문학, 회화 양쪽에서 냉대를 받았다. 더불어 형식주의 이론이 문학가, 미학자들 사이에서 각광을 받았다. 시각 예술은 추상표현주의를 지지하고 사실주의 작품을 부정했다. 문학에서는 신비평이 주류가 되었고 음악적 아방가르드 지도자들은 조성음악 작곡가들을 뒷전으로 내몰았다.

1950년대에는 냉전이 모더니즘과 형식주의를 뒷받침했다. 모더니즘과 형식주의는 반전체주의의 상징물로 떠올랐다. 뉴욕현대미술관은 공산주의의 폐쇄적인 검열과 정체와 대조되는 미국의 창조적 자유와 예술적 지도력의 상징으로 추상적인 표현주의 회화를 지원했다. 다름슈타트의 '새로운 음악을 위한 여름학교'에 참석한 아방가르드 작곡가들은 형식주의 음악에 대한 소련의 비판에 무심할 수 없었다. 서유럽의 전위음악은 공식적인 지원을 받으며 자리를 잡았고, 미국의 전위음악은 대학 안에 안착했다.

덧붙이자면 1950년대 중반, 뉴욕은 예술의 세계적 중심지였다. 미국의 예술가들은 국제적인 명사였고, 대학의 문학·음악·연극·미술 학과의 프로그램은 확장되었으며 등록률이 치솟았다. 도자기, 직물, 사진, 영화 같은 매체를 다루는 전공이 생겼다. 낙관적인 사회·경제적 환경 안에서 새로운 장르와 새로운 예술은 순수예술 기관들로 흡수된다. 1964년 연방예술기금은 예술이 마침내 한 나라에서 공적으로 인정받게 되었음을 확인해준다. 이런 상황에서 팝아트는 생활 속에서 예술이 차지하는 비중을 보여준다. 앤디 워홀은 광고, 뉴스 사진에서 가져온 실크스크린 이미지로 '독창성'의 개념을 희화화했고, 자신의 스튜디오를 '공장'이라고 불렀다.

아서 단토는 워홀의 첫 전시회가 열린 1962년을 특별한 해로 기억한다고 말한 바 있다. 그에게 워홀의 등장은 전후 2차 '모던'의 종언, 그리고 이른바 '포스트모던'의 개막을 알린 하나의 '사건'이었다. 모더니즘은 끝없는 혁신을 통해 '새로움'을 추구했다. 그리하여 같은 이미지의 반복조차 '차이'를 생성하기 위한 것이었다. 예를 들어 마그리트의 작품에 등장하는 사물들은 일상적인 지각으로 보는 것과 '다르게' 나타난다. 하지만 워홀과 더불어 상황은 달라진다.

보드리야르는 "차이의 생산이 극한에 달하면 반대물로 전화한다"라고 지적한 바 있다. 1960년대에 이르러 자본주의적 현대는 새로운 단계에 도달한다. 반복이 더 이상 차이를 생산해내지 못하고 그저 '동일자의 무한 증식' 상태에 빠져든 것이다. 워홀은 바로 그런 시대의 증인이다.

워홀은 일상적 사물을 더 일상적으로 보이게 함으로써 사물의 아우라를 파괴하고, 그것을 철저하게 평범함banality로 끌어내리려 한다. 이어서 그는 아우라의 파괴를 예술가의 인격으로까지 확장시킨다. 워홀은 베냐민이 아우라적 지각의 특징으로 든 '창조성, 비의성, 영원성'을 의식적으로 거부한다. 대부분의 사물이 대량생산으로 만들어지고 대부분의 이미지가 대중매체를 통해 전달되는 조건하에서도, 예술만은 '유일물'을 생산하는 장인적 생산의 영역으로 남아 있었다. 워홀은 실크스크린과 같은 복제의 기술을 원작의 생산에 도입함으로써 시뮬라크르적 생산의 방식을 마지막 남은 유일물의 생산에까지 확장시킨다. 파괴되는 것은 이미지의 아우라만이 아니다. 작품에서 인격의 흔적을 지움으로써 워홀은 예술가의 아우라마저 파괴한다. 워홀은 자신을 '기계'라고 부르고, 자신의 아틀리에를 '공장'이라고 명명하며, 자신의 작업을 '비즈니스'로 이해했다.

그는 자신의 그림은 "누구나 그릴 수 있는 그런 그림이어야 한다"라고 말했으며, 종종 자신의 그림을 만드는 데에 자신이 전혀 관여하지 않았다고 공공연히 밝히곤 했다. 이미지 속에서도 그는 철저하게 자신의 인격의 흔적을 지우고 그것을 철저하게 익명적으로 보이게 만들려 했다. 워홀에게서 보는 것은 아우라가 벗겨진 새로운 예술가의 상이다.[12] 그러나 근본적인 순수예술 대 공예의 양극성은 계속해서 예술의 생산과 수용을 왜곡했으며 이제는 동화와 저항의 과정에 의해 더욱 복잡해졌다.

더구나 20세기의 그 어떤 움직임도 마르셀 뒤샹의 〈샘〉이 떨친 악명과는 비교할 수 없다. 뒤샹(Marcel Duchamp, 1887-1968)은 프랑스 루앙의 중산층 가정에서 성장했다. 공증인이었던 아버지는 아들이 예술을 하겠다고 했을 때 흔쾌히 뒷바라지를 해주었다. 뒤샹 외에도 큰형, 작은형, 누이동생까지 모두 예술가가 되었다. 뒤샹이 살던 시대는 미술사에 있어서 유례없이 많은 사조와 이즘이 난무하던 시대이다. 이러한 상황은 뒤샹이 걸어간 길만 보아도 쉽게 알 수 있다. 15살에 뒤샹은 〈블랭빌성당L'Eglise du Blainville〉이라는 제목의 인상주의 그림을 그렸다. 그리고 1907년부터 1910년까지는 야수주의에 속했고, 1910년 이후에는 입체파로 전환했다.

1912년 2월 살롱 앙데팡당에서 열린 입체파 전시에서 뒤샹은 자신의 작품 한 점을 걸게 되는데, 이는 당시로서는 가장 획기적인 그림이었다. 〈계단을 내려오는 누드〉라 명명된 이 작품은 그가 사진집에서 보았던 에티엔 쥘 마레의 기록사진이 움직이는 모습에서 아이디어를 얻은 것이라고 한다. 그런데 이 작품은 널리 알려진 1917년 작〈샘〉이라는 작품보다 당시 미술계에 더 큰 충격파를 던진 작품이라고 한다. 좀 더 정확히 말하자면, 〈샘〉이 한순간의 해프닝에 가까운 충격을 던졌다면, 이 작품은 1940년대 이후 미국을 중심으로 한 '추

12) 진중권, 「팝에서 디지팝으로」, 《월간미술》, 2007년 4월호, pp.110-113.

상표현주의abstract expressionism'의 성립 과정에서 일종의 바이블로 소개되며 오랜 시간 동안 주목을 받았다는 것이다. 1913년 뉴욕의 '아모리 쇼Armory Show'에서 발표되었으며, 이 작업을 필두로 현대미술의 중심지가 유럽에서 뉴욕으로 옮겨 올 수 있었다는 극단적인 평가까지 받는다. 입체파(큐비즘, cubism)의 작업 방법론을 차용하고 뒤튼 듯한 이 작품은 미술의 회화성을 부정하고 조형성만을 극단적으로 강조하고 있는데, 입체파 그림의 출발점으로 평가받는 피카소의 1907년 작 〈아비뇽의 처녀들〉과 비교해보면 더욱 재미있다. 이미지를 창조하거나 개념화했다기보다는 영화의 스틸컷들을 연속적으로 배치해놓은 듯한 조형물이라는 느낌이 강한 작품이기 때문이다.

아무튼 이 작품은 뒤샹이 의도했든 아니든 간에 유럽 미술에 주눅 들어 있던 뉴욕 미술계에 새로운 바람을 일으킨 것은 분명하다. 그의 작품에서 방법론을 차용한 여러 작품들이 연이어 소개되면서 뉴욕을 중심으로 하는 추상표현주의라는 흐름이 만들어졌기 때문이다. 뒤샹의 이 작품은 피카소와 칸딘스키에 주눅 들지 않는 미국만의 추상표현주의의 세계를 구축하면서 뒤샹의 신화를 만들어내는 데 결정적인 기여를 하게 된다. 후일 추상표현주의는 J. 폴록, M. 로스코 등 소위 밀리언셀러 화가들의 활약 속에 현대미술사의 큰 흐름을 형성하며, 가장 미국적인 현대미술이라 불리는 팝아트, 미니멀아트의 형성에 큰 영향을 끼친다. 이로써 미술관과 갤러리, 평론가들 사이에서 족보가 빈곤한 미국 현대미술의 콤플렉스를 메우는 데 뒤샹이 매우 큰 역할을 했다고 볼 수 있겠다. 바야흐로 미술의 흐름이 작가의 창조적 활동에서 갤러리와 평론가들이 주도하는 '시장'으로 진입한 것이다.

"나는 모든 회화 경향에 더 이상 관심을 갖지 않게 된 것이다. (……)

76

나는 회화 작업 속에서는 근원적인 만족을 느낄 수가 없었다. 어쨌든 나는 1912년 이후로 직업적 의미에서 화가라는 직업을 그만두기로 했다."

〈샘〉으로 대표되는 그의 작품들은 레디메이드로 통칭된다. 레디메이드란 '기성품'이라는 뜻이다. 즉, 원래의 용도로 쓰이지 않고 '작가의 선택'에 의해 전시장에 놓임으로써 그 기성품은 이미 원래의 의미를 잃어버린 다른 '무엇(작품)'이 된다. 작가는 작품을 처음부터 끝까지 직접 제작해야 한다는 고정관념을 깨고 이미 만들어진 것을 작품의 일부로 혹은 전체로 이용할 수 있다.

"단지 변기를 오브제로 선택했을 뿐이다. 일상적인 평범한 물건을 택하여 새로운 제목을 정하고 새로운 시각을 불어넣음으로써 변기에 대한 기존의 의미를 없애고 새로운 개념을 창안해낸 것이다."

변기는 더 이상 화장실의 변기가 아니라 어디까지나 작품이 된 것이다. 파리의 초현실주의 화가들은 그에게 다다이스트들보다 더 많은 존경과 경외심을 보였고, 초현실주의의 지도자 앙드레 브르통은 그를 당대의 가장 위대한 미술가로 평가했다. 이후 뒤샹은 파리와 뉴욕을 오가며 계속 그의 실험 정신을 불태웠다. 그의 작품들은 점점 비싼 값에 팔려 나갔고, 그에 관한 저술들은 젊은 예술가들에게는 바이블이 되었다.

"나는 모든 것을 그대로 수용하기보다 모든 것에 회의를 갖는다. 모든 것에 회의를 가지면서 전에 없었던 무엇, 이전에 생각하지 못했던 그 무엇을 찾아내야만 한다. 나는 어떤 생각이 떠오르면 그 생각을 우회시켜 다른 각도에서 생각해보려 한다. 예술은 습관성 마약과 같다. 예술은 성실성이라든가 진실처럼 절대적으로 존재하는 것은 아니다."

1945년 뉴욕 초현실주의 화가들의 전문지는 그에 관한 신화로 도배를 했고, 1958년에 미셸 사누이에가 펴낸 그에 관한 대담집, 59년에 로버트 레벨의 연구서, 60년에 조지 허드 해밀턴의『녹색 상자』가 연이어 출간되는 등 뒤샹의 인기는 말 그대로 대단했다. 1963년 파사데나미술관에서 개최된 회고전에서 뒤샹은 20세기 미술의 대가로 인정받았다. 이로부터 5년 뒤 뒤샹은 81세로 숨을 거둔다. 뒤샹이 숨을 거둔 1968년, 미국은 또 다른 뒤샹을 만나 흥분해 있었다. 변기, 삽, 자전거 바퀴는 이제 아무것도 아니다. 앤디 워홀은 캠벨 수프 통조림을 들고 나와 예술이라 외쳐댔던 것이다.

1917년 뉴욕 독립예술가협회 전시회에 출품하기 전에 'R. Mutt'라는 서명을 한 이 작품은 원래 남성용 소변기였다. 작품의 외형은 20세기 초기의 것이지만 작품이 함축하고 있는 의미에 대한 뒤샹의 해석과 그 영향력은 1950년대 이후 가장 중요한 것이 되었다. 뒤샹은 제설용 삽, 병걸이, 휴대용 빗, 소변기 등을 순수예술로 바꾸어놓음으로써 순수예술의 토대를 무너뜨렸으며, 예술과 일상생활 사이의 구분을 지워버렸다. "그가 일상생활의 평범한 물품에 새로운 제목을 붙이고 새로운 시각으로 바라보자 물품이 지녔던 기능의 의미는 사라졌다. 그는 대상에 대한 새로운 생각을 창조했다." 예술과 생활을 결합한다는 것은 케이지 이전의 뒤샹이나 이후의 개념론자들처럼 공예 기술이나 기능에 높은 가치를 부여하겠다는 의미가 아니었다. 그보다는 예술과 그 주변 세계를 새로운 방식으로 바라보라는 요구였다.

1960년대 이후 시각예술에서는 상당량의 팝아트, 개념예술, 행위예술, 설치예술, 대지예술이 순수예술 체계를 좁히려고 노력했다. '행동하는 문화'는 예술의 본질에 대해 어려운 질문을 던졌다. '행동하는 문화'의 개별적인 프로젝트들 가운데 일부는 상상력이 풍부한 일반 대중의 정치적 활동가들이 행한 일들과 거의 구별할 수 없었다. 예술은 일상생활로 단순하게 통합되지는 않지만 하나의 뚜렷한 활동 속으로 사라진다. 예술을 일상생활에 용해하기 위해 우리가 그렇게까지 나아가야 하는지는 여전히 해결하지 못한 과제로 남아 있다.

제3장

광고산업이란
무엇인가?

INSIGHT,
MODERN POP
CULTURE
AND ART

1. 광고의 어제와 오늘

현대사회 속에서 광고 이미지는 가장 자본주의적인 예술이자, 가장 영향력 있는 미디어라는 사실에 대해 부인할 사람은 많지 않을 것이다. 근대적인 광고의 효시인 세창양행 광고가 1886년 2월 22일 〈한성주보漢城周報〉에 실린 것이 그 첫걸음이라 할 수 있다. 우리나라 최초의 광고 강좌는 조선일보사 주최로 1937년 5월 16일 조선일보사 대강당에서 개최되었다.

1906년 우리나라에 진출한 조선전보통신사朝鮮電報通信使에 의해 주도된 광고산업은 일제강점기, 한국전쟁 등을 거치면서 성장을 거듭하여 현재 세계 10위권의 광고 소비국으로 성장하였으며, 2016년을 기준으로 연간 광고비가 10조 원을 넘어서고 있다. 이처럼 한국의 광고산업은 큰 성장과 변화를 거듭해오고 있다. 더구나 1970년대 후반 이후 평균 20% 이상의 높은 성장률을 보여왔다. 특히 1990년대 이후 디지털 뉴미디어의 등장으로 광고산업은 다시 한번 급격한 변화의 시기를 맞고 있다. 광고 커뮤니케이션 전략과 뉴미디어들이 등장하게 된 것이다. 여기에서 주목할 만한 사실은 온라인 광고(인터넷 광고)와 모바일 광고를 비롯한 스마트미디어 광고 시장이 확장되고 있다는 점이다.

기술의 초고속 발전에 의한 스마트미디어 시대에서 수용자는 달라지는 미디어의 형태만큼이나 새로운 미디어 소비 형태를 보이고 있다. 매장에 방문하지 않아도 텔레비전 프로그램 또는 텔레비전 리모컨을 이용해 광고물을 선택하여 추가 정보를 요청하거나 상품의 견본이나 할인권 같은 프로모션 활동에 참여할 수 있고, 직접 뉴미디어를 통해 상호작용성과 개인 맞춤형이라는 두 가지 특성의 광고를 구현할 수 있다. 게다가 스마트폰이 급속히 보급되면서 기존의 블로그에 편의성과 신속성을 가미한 SNS Social Network Service는 기업의 광고 활동이나 PR 활동에도 적극적으로 활용되고 있다. 스마트미디어는 이용의 편리성, 접근의 용이성, 전파력이 강한 네트워크 확장성이라는 특징 때문에 개방과 참여 및 공유로 대변되는 현대의 젊은 소비자들에게 매우 중요한 미디어로서 영향력을 발휘하고 있다.[1]

이렇듯 소비자들은 스마트폰·모바일 기기·태블릿PC 같은 스마트(디지털)미디어를 하나 이상 소유하게 되면서 미디어 이용이 점차 개인화되고 있다. 다중미디어 환경에서 소비자들은 다양한 미디어를 선택해 미디어를 동시적으로 이용하거나 비동시적으로 이용한다.

또한 수용자들이 자신들의 콘텐츠를 생산해내는 능동적 수용자로 바뀌고 있다. 현재는 수백 개의 방송 채널과 뉴스 사이트가 콘텐츠를 제공하고 있는 것이 현실이다. 변화의 흐름은 광고 플랫폼의 변화로 이어지고 있다. 미디어의 독자적인 힘만으로는 많은 수용자에게 광고를 전달하기 어려운 환경이 된 것이다. 따라서 새로운 광고 플랫폼이 활성화될 것으로 전망된다. 앞으로 계속될 텔레비전의 스마트화는 기존 플랫폼에서 흡수하지 못했던 영역에서 새로운 광고advertising·커머스commerce 시장을 창출할 것이기 때문이다. 예컨대 스마트TV는 광고·커머스 플랫폼에서 기존의 방송광고와 인터넷과 모바일 광고 메시지를 단순히 텔레비전 스크린에 전송하는 데 그치지 않는다. 스마트TV와 같은 일련의 스마트미디어는 기존의 방송광고 범위를 확장하는 동시에 콘텐츠와 커머스를 연계해, 기존의 인터넷이나

---

1) Boyd, D. M. and Ellison, N. B., *Social Network Sites : Definition, History, and Scholarship. Journal of Computer-Mediated Communication*, 2008, pp.210-226.

모바일 광고 환경에서 불가능했던 새로운 시장을 창출해나갈 폭발력을 지니고 있다.

2. 광고의 기능

광고는 긍정적 기능과 부정적 기능을 동시에 가지고 있다. 우선 광고의 긍정적 기능들을 살펴보면 다음과 같이 지적할 수 있다. 첫째, 경제적 기능이다. 즉, 광고된 상품을 사고 싶은 욕망을 자극하고 소비를 촉진하여 생산을 증대한다. 둘째, 사회·문화적 기능이다. 광고는 소비자에게 다양한 정보를 제공하여 상품 선택의 폭을 넓혀준다. 셋째, 대중매체 육성의 기능과 물질적 기반을 제공하는 일이다. 이는 소비자에게 정보 수용 가격을 낮춰주는 기능이기도 하다. 넷째, 정보 제공 기능이다. 광고는 상품에 대한 정보를 제공하고, 상품에 대한 기억을 증진한다. 다섯째, 소비 문화적 기능이다. 상품 및 서비스를 즐길 수 있도록 도와주고 광고 그 자체를 즐기게 하기도 한다.

광고는 다음과 같은 부정적인 기능을 수행하기도 한다. 첫째, 물질주의를 조장한다. 과도한 소비심리를 자극하고 향락과 낭비, 사치를 조장하는 것이다. 둘째, 문화 수준을 획일화한다. 이는 모방심리를 이용하여 쾌락 지향적인 생활 방식을 자극하거나, 이상적인 인간형에 대한 그릇된 가치관을 갖게 하는 방식으로 나타난다. 셋째, 문화나 풍속에 악영향을 끼친다. 광고는 흔히 외설·폭력 등 사회 도의에 어긋나는 내용을 다루는 경우가 많기 때문이다. 이는 개인의 차원에서 그대로 드러난다. 넷째, 경제적인 차원에서 역기능을 수행하기도 한다. 과도한 광고 경쟁은 결국 제품의 가격을 인상하는 요인으로 작용하여 그 부담을 소비자에게 온전히 전가한다. 이는 결국 사회적 낭비 요인이 되기도 한다. 이는 불필요한 상품을 구매하도록 자극하는 것에서도 잘 드러난다.

3. 광고 속의 섹슈얼리티

1 | 배경

광고는 기업이나 제품의 이미지를 높이고 제품 판매에 기여하는 것이 기본 임무이지만, 다른 한편으로는 소비자의 가치관 형성 및 새로운 문화를 창조하는 역할을 하기도 한다. 뿐만 아니라 우리 사회의 부정적인 고정관념을 전파하거나 고착화하기도 하는데 그중의 하나가 여성의 성 상품화sexual objectification에 관한 것이다. 최근 들어 여성의 권위가 신장되고 있음에도 불구하고 여전히 여성의 성을 상품화하고 있다는 주장들이 제기되고 있다. 광고에서 여성을 성 상품화한 것은 아주 오래전부터의 일이며, 최근 들어 더 광범위하고 다양하게 이루어지고 있다. 그 이유는 여성에 대한 사회적 편견 혹은 고정관념 때문이기도 하지만, 다른 한편으로는 그러한 광고가 소비자들의 관심을 집중시키고, 제품에 대한 흥미를 유발하며, 구매를 자극한다고 믿고 있기 때문이다. 그 결과 많은 사회적 비판에도 불구하고 섹슈얼리티 광고는 여전히 줄어들지 않고 있다.

더구나 광고를 성공시키려면 '3B'를 이용하라는 말이 있다. 여기서

3B란 아기Baby, 미녀Beauty, 귀여운 동물Beast로, 이 세 가지 요소를 이용한 광고는 친숙도와 주목률이 높기 때문에 실제로 광고를 만드는 많은 사람이 3B를 고려하고 있다. 예전 광고량이 적었던 시기에는 소비자가 광고 자극에 대해 단순하게 반응했기 때문에 광고 자극 자체에 대한 물리적 속성이 지각을 결정했으나, 광고량이 많아진 지금에 와서는 소비자 스스로의 보호의식이 팽창되어 의식적으로 혹은 무의식적으로 이러한 광고 자극에 대해 차단 현상이 나타나고 있다. 하지만 보통 3B에 해당되는 비주얼에 대해서는 우호적이거나 선의적이며 도전적인 심리 상태가 되지 않는다고 한다.

앞서 3B에서 두 번째 자리를 차지하고 있는 미녀Beauty는 광고에서의 성性의 역할이 어떠한 작용을 하는지 보여주는 극단적인 예라고 할 수 있다. 여기서 미녀는 단순히 '아름다운 여자'의 개념이 아니라 아름다운 혹은 잘생긴 남성까지 총칭하는 의미로 사용되어 '아름다운 외모를 가진 사람'을 뜻한다. 즉, 광고에서 바라보는 성 역할은 사람의 내적인 아름다움이나 내면의 가치를 살펴보는 것이 아닌 일종의 '섹슈얼리티sexuality'를 반영하는 것이다. 달리 표현하자면, 섹슈얼리티는 그 사회의 욕망과 시대상을 반영한다. 섹슈얼리티는 단순한 여성/남성의 이분법적 구도가 아니라, 여러 사회관계들 속에서 도출되는 성적 정체성과 성 담론, 성의 정치적 의미 등을 모두 아우르는 개념이기 때문이다. 따라서 섹슈얼리티는 고정된 것이 아니라, 그 사회의 변화에 따라서 끊임없이 재구성되고 있는 현재진행형의 어떤 것이다. 여성상과 남성상 역시 이러한 섹슈얼리티를 반영하며, 이는 단순히 이상형이 변했다기보다는 사회적 욕망 자체가 변화한 것으로 보아야 한다.

그렇다면 변화하는 섹슈얼리티의 모습을 가장 빠르게 살펴볼 수 있는 방법은 무엇일까? 그것은 바로 대중문화의 모습을 살펴보는 것이다.

인터넷과 같은 영상미디어를 통해서 우리는 섹슈얼리티의 시대적 변화의 양상을 관찰할 수 있다. 여러 미디어에 의해 재현된 섹슈얼리티는 그 사회에 영향을 미치고 또한 변화한 현실은 미디어에 영향을 미친다. 아직까지는 미디어에서 재현되는 이미지와 현실 사이에 차이가 있기 때문에 많은 사람이 드라마/영화와 현실은 다르다고 생각하지만, 그럼에도 불구하고 미디어는 우리의 고정관념을 뒤흔들 수 있을 정도로 강력한 영향력을 가지고 있다. 이렇게 영향을 주고받는 속도는 점점 빨라져서 머지않아 현실과 미디어 사이의 시차는 거의 사라질 것으로 예상된다.

산업화가 시작된 이후 자본 이데올로기가 팽배해지면서 점차 많은 것들이 상품화되고 있고, 그중 우리 사회와 실질적으로 가장 밀접한 관계를 맺고 있는 섹슈얼리티가 그 상품화의 핵심적 요소 중 하나라고 생각하게 되었다. 한편 현대의 가장 영향력 있는 미디어 중 하나인 광고는 우리의 일상생활과 밀접한 관계를 맺고 생활 곳곳에 깊숙이 파고들어 있다. 광고는 15~30초라는 짧은 시간에 담긴 우리 사회의 축소판이라고 할 수 있다. 광고인들은 사회의 흐름을 포착하여 소비자에게 가장 강하게 어필할 수 있는 광고를 만들고, 그렇게 만들어진 광고는 유행을 선도하며, 우리 삶의 모습을 변화시키는 한 흐름을 형성하기도 한다. 광고가 사회에 미치는 파급력이 큰 만큼 그로 인한 부작용 또한 크다. 특히 많은 광고가 본래 상품과는 상관없는 여성의 예쁜 얼굴, 아름답고 섹시한 몸매, 선정적인 몸짓 등을 등장시켜 여성의 육체를 상품 수단으로 삼거나 여성의 모습을 왜곡하여 우리 사회의 잘못된 성차별 관습을 심화하는 역할을 하고 있다. 그러나 성적 표현 광고가 소비자의 지각에 어떤 영향을 미치는지에 대한 실증적인 자각은 부족한 편이다.

2 │ 광고의 의미

광고란 기업·개인·단체가 상품·서비스·이념·신조·정책 등을 세상에 알려 소기의 목적을 거두기 위해 투자하는 정보활동이다. 목적을 달성하기 위한 방법으로 글·그림·음성 등 시청각 매체가 동원된다. 광고의 정의는 다양하나, 미국마케팅협회가 1963년에 "광고란 누구인지를 확인할 수 있는 광고주가 하는 일체의 유료 형태에 의한 아이디어, 상품 또는 서비스의 비대개인적非對個人的, nonpersonal 정보 제공 또는 판촉 활동이다"라고 정의한 바 있다. 1969년 미국 일리노이대학의 S. W. Dunn 교수는 『Advertising, Its Role In Modern Marketing』에서 "광고란 광고 메시지 속에 어떤 형태로든 밝혀져 있는 기업이나 비영리 기관 또는 개인이 여러 매체에 유료로 내는 비대개인적 커뮤니케이션이다"라고 정의했다.

광고와 흔히 혼동해서 쓰는 PRpublic relations와 선전propaganda은 '유료', '누구인지를 확인할 수 있는'이란 두 관점에서 광고와 다르다. 즉, 홍보나 선전은 광고처럼 일정한 광고료를 내지 않으며, 또 홍보나 선전을 하는 주체가 분명히 밝혀져 있지 않다. 이 두 가지 정의에도 예외는 있는데, 그것은 무료 공공광고public service advertising의 경우이다. 이는 매체가 광고료를 받지 않고 게재 또는 방송하기 때문에 예외로 둔다. 광고란 낱말은 영어로 'advertising' 또는 'advertisement'라고 하는데, 전자는 광고 활동 모두를 뜻하고, 후자는 낱낱의 광고물을 뜻한다.

3 | 섹슈얼리티의 의미

 20세기 후반에 들어서면서 사회 전반에 성에 관한 담론들이 활성화됨과 아울러 광고에도 성 묘사의 노골성이 나날이 증폭되고 있다. 물론 이전에도 성을 소재로 한 광고들은 존재해왔다. 성의 문제는 인간 본연의 문제이기 때문에 광고가 시작된 이래로 성은 광고의 주된 테마가 되어온 것이다. 특히 포스트구조주의나 포스트모더니즘, 정신분석학 등이 학계에 소개되기 시작하고 페미니즘이 그 세력을 얻으면서 성은 사회적 · 문화적 관계에 있어서도 관심이 증대되어왔는데 성적 소수집단들sexual minorities, 즉 동성애 · 소년애 · 물신애주의 · 사도마조히즘 등을 추구하는 성적 집단들의 취향 문제로까지 그 범위가 확대되었다.[2] 하지만 이 가운데 성에 관한 개념이 명확하게 자리 잡히지 않은 채로 쓰이고 있는 것은 큰 문제점으로 지적되었다. 그러므로 성에 관한 논의를 위해서는 우선 성에 대한 개념부터 확실히 정립해야 한다.

 성은 최근 들어 다양한 의미로 쓰이고 있는데, 이는 생물학적인 성을 의미하는 섹스sex : male/female, 복합적이고 다양한 문화적 환경과 경험에 의해 구축되는 사회 · 문화적인 성차를 의미하는 젠더gender : masculinity/feminity, 그리고 프로이트에 의해 사용되기 시작한 인간 본성으로서의 성, 즉 인간의 성생활과 연관되는 행위, 관계 방식, 선호 양식, 사회적 규범, 심리적 구조 등을 총괄하는 섹슈얼리티로 정의해볼 수 있다.[3]

---

2) 고갑희, 「1990년대 성 담론에 나타난 성과 권력의 문제」,《세계의 문학》1997년 봄호, p.336.

16세기에 처음 사용된 '섹스'라는 용어는 남성 집단과 여성 집단 간에 엄격히 구분하여 사용되었다. 그러나 19세기 이후 섹스의 의미는 '성관계를 맺는 것'으로 의미가 확장되었으며[4] 프로이트에 이르러서는 심리학적 측면으로, 20세기 중반 푸코에 이르러서는 섹슈얼리티를 권력의 문제와 연관 지어 논의하게 되었다. 이는 성의 문제가 행위의 차원을 넘어 관계의 문제로 나가고 있음을 의미하는 것으로, 이제 성은 인간 자체의 문제뿐만 아니라 인간들이 구성하고 있는 정치와 사회의 논리와 당위를 모두 갖춘 하나의 사상 체계 또는 담론으로 형성되고 있다. 그런데 여기서 한 가지 주목해야 할 점은, 섹슈얼리티가 권력의 담론으로 논의되는 일련의 과정 속에 가부장적 남성 중심의 이데올로기가 자리 잡고 있다는 것이다. 섹슈얼리티의 담론은 권력화된 섹슈얼리티의 형태로 존재하고 있으며 우리가 보편성과 정당성을 부여하는 섹슈얼리티라는 것은 남성의 성적 우월성에 중점을 둔 권력화된 섹슈얼리티를 의미하게 되었다.

그러나 섹슈얼리티에 관한 논의, 특히 광고에 있어 섹슈얼리티의 문제는 궁극적으로 자아의 정체성과 인간에 대한 이해이기에 그 시각 또한 남성적 시각만으로 한정 지을 수는 없다. 보편화된 섹슈얼리티란 그 어디에도 없으며 보편화시키려는 권력의 섹슈얼리티만이 존재할 뿐이다. 지금 나의 존재가 반드시 주체로서의 존재는 아니며 억압받고 소외되는 존재가 될 수도 있기에 인간에 대한 진정한 이해에

---

3) 김형주, 「섹스, 젠더, 섹슈얼리티의 새로운 패러다임 모색」, 《중앙영어영문학》 제4호, 1999, p.174.
4) 제프리 윅스, 서동진·채규형 역, 『섹슈얼리티 : 성의 정치』, 현실문화연구, 1994, p.16.

는 타자에 대한 이해가 반드시 필요하다. 지배적 권력에 의해 주체적 존재로 인식되는 인간의 모습 뒤에는 권력 체제에 불응하는 타자로서의 인간이 있으며 이러한 인간이야말로 진정한 인간의 모습이라고 할 수 있다. 즉, 섹슈얼리티의 문제를 사회적·문화적으로 지배적 위치에서 살펴보지 않고, 억압되고 소외된 형태로서의 섹슈얼리티를 살펴봄으로써 타자에게 있어 섹슈얼리티란 어떤 의미인지, 그리고 광고 속에서 타자의 섹슈얼리티는 어떠한 형태로 나타나고 있는지를 살펴보고자 한다. 이러한 논의 작업은 섹슈얼리티 광고에 대한 다양성을 추구함과 동시에 섹슈얼리티에 대한 논의를 하나의 학문으로 자리매김함으로써 인간에 대한 진정한 이해와 자아에 관한 자각을 갖게 할 것이라 생각된다.

섹슈얼리티는 상대적으로 새로운 용어로 19세기에 처음으로 등장한 말이다. 섹슈얼리티라는 낱말은 이미 1800년대에 생물학과 동물학에서 기술적인technical 용어로 존재했지만, 오늘날 우리가 사용하는 것 —옥스퍼드 사전은 '성적인 혹은 성을 갖는 것의 성질'이라고 풀이한다 —과 유사한 의미로 널리 사용된 것은 섹스에 관한 인류학·과학·사회학 연구들이 그 어느 때보다 풍성해진 19세기 말경이며, 유럽과 미국에서 보편적으로 통용되었다. 초기의 과학적인 용례에서 섹슈얼리티는 에로티시즘이라는 의미를 지녔는데, '양성적', '이성애적' 혹은 '동성애적' 등과 같은 수식어와 결합되면서 특정한 욕망을 지닌 인간 유형들을 묘사하는 단어가 되었다. 그러나 지난 수십 년 동안 섹슈얼리티라는 명칭은 약간씩 다르게 사용되었다.

섹슈얼리티는 내적 현상과 외적 현상, 정신 영역과 물질세계 모두를 가리키는 용어로 등장한다. 섹스의 모호한 의미를 일단 접어두면, 섹슈얼리티는 성별 육체(그 모양과 크기에도 불구하고)와 성적 욕망(그

다양성에도 불구하고)이 교차하지만 결국 분리되는 곳에 자리 잡고 있다고 제안할 수 있다. 이러한 이중 관점에서 본다면, 섹슈얼리티에 존재하는 성별 육체와 성적 욕망에는 매우 많은 종류가 있다. 지난 수십 년 동안 이 엄청나게 중요한 용어가 서로 갈등 관계에 있는 비판적 관점들 간에 논쟁을 낳았다는 것은 별로 놀라운 일이 아니다. 섹스(생물학적인 것)와 젠더(사회화된 성)라는 용어가 공적 영역의 용어라면, 섹슈얼리티는 사적인 용어이지만 오늘날 점차 포괄적인 의미를 지닌 것으로서 공적 영역으로 진출하고 있다. 가장 '사적인 것이 정치적인 것'이라는 슬로건과 함께 섹슈얼리티도 공적인 영역에서 주체적인 섹슈얼리티로 나아가려고 하고 있다.

4 │ 섹슈얼리티 광고의 정의

섹슈얼리티 광고는 연구자들마다 다양한 구분을 하고 있으나 크게 신체노출광고nudity와 성적암시광고suggestiveness로 구분할 수 있다. 또한 신체노출광고는 신체 노출의 정도에 따라 세부적으로 구분할 수 있으며, 성적암시광고는 은유나 유추 등을 포함하는 광고를 말한다.

요즘 들어 여러 매체를 접하다 보면, 성을 상품화한 현상이 많이 늘어났다는 것을 느끼게 된다. 모델들의 성적 노출과 행위를 앞세운 광고들이 심심찮게 판을 치고 있다. 음료수 하나를 광고하는데도 관능적인 몸매의 여성 모델이 몸매를 자랑이라도 하듯 각선미를 드러내며 음료를 마신다. 언뜻 보면 음료수 광고를 하려는 것인지 여성 모델의 날씬한 몸매를 광고하려는 것인지 착각이 들 정도다.

(1) 섹슈얼리티 광고의 사용 이유

산업혁명 이후 자본주의사회에서는 모든 것이 상품화되어 성이나 사람까지도 장사에 이용하게 되었다. 그렇게 자본주의사회인 현대사회는 빠르게 변화하고 있으며 그 변화에 대응하는 것은 생존경쟁에서 살아남기 위한 하나의 과제라고도 할 수 있다. 대중매체에 있어서도 그 변화의 흐름은 당연히 적용되었고, 그에 따라 매체를 이용한 각종 산업들도 그러한 현실에 맞닥뜨리게 되었다. 매체의 특성을 잘 파악하고 기억에 남는 상품을 생산해내는 것은 그들의 과제였으며 광고 또한 예외는 아니었다. 상품 판매의 촉진을 도모하기 위해 기억에 남도록 충격을 주고 무의식에도 영향을 끼치는 장기적인 효과를 노리고자 하였다. 궁극적인 목적인 이윤의 극대화를 위해 수단을 가리지 않는 풍조가 만연되어 사람들의 성적 본능을 자극하여 상품에 대한 흥미를 끌고자 광고에 성을 이용하게 된 것이다.

또한 여기에는 여성을 남성의 성적 욕망의 대상으로 보는 남성 중심의 사고방식이 크게 작용한다. 그러한 이유로 성을 내세운 많은 종류의 섹슈얼리티 광고들이 성행하게 되었다. 인간의 모든 문제는 섹스와 연결해 이해할 수 있다. 직접적이건 간접적이건 모든 행위의 밑바탕에는 성적인 동기가 있다고 볼 수 있기 때문에 광고 제작자들이 인간의 가장 큰 본능 중의 하나인 섹스에 커뮤니케이션의 고리를 걸려고 하는 것도 당연한 일이라 하겠다.

(2) 섹슈얼리티 광고의 사례 및 비평

소비자의 시선을 확실하게 사로잡기 위해서 광고계는 성을 소재로 삼곤 한다. 섹슈얼리티로 대중의 관심을 끄는 광고는 화제가 되어 도마에도 종종 오른다. 이와 같이 봤을 때, 섹슈얼리티에 관한 문제 또한 포스트모더니즘의 특징과 같은 맥락에서 논할 수 있다고 본다. 이러한 작업은 예술과 외설에 대한 지루하고도 민감한 논의들 속에서 자칫 저급한 담론으로 치부되어버릴 수도 있는 섹슈얼리티의 타자성을 진지하게 논의해볼 수 있는 기회가 되리라 생각한다. 위에서 거론된 여러 이유로 섹시 마케팅 전략을 쓰는 기업이 많아지다 보니 예전보다 강한 강도를 보여야 대중의 반응을 얻어낼 수 있는 시대가 되었다.

① 패션보다 더 관심 받는 패션 광고

에로티시즘은 섹슈얼리티를 인간의 심리와 감정의 문제로 다룬다는 점에서 내적 차원에서의 섹슈얼리티라고 할 수 있다. 그러므로 에로티시즘에 대한 이해는 인간에 대한 기본적 이해이며 문학에 있어서도 영원한 테마라고 할 수 있다. '에로스eros'라는 그리스어 단어는 '원하다', '부족하다', '염원하다', '없는 것을 욕망하다', '사랑을 요구하다'라는 의미를 가지고 있다.[5] '에로스'라 하면 우리는 흔히 그리스·로마신화에 나오는 큐피드란 신을 떠올리는데 큐피드는 사람과 신을 상대로 사랑의 화살을 쏘아대는 약간은 장난스러운 이미지로 기억된다. 그러나 고대의 에로스는 그리스 시인인 헤시오도스의 작품 『테오고니아(신통기)』에서 그 기원을 찾을 수 있으며, 이는 타자와의 육체적 결합과 생식을 상징하였다. 이러한 의미가 플라톤의 『향연』에 이르러서는 사랑의 의미로서 아름다움과 진리를 뜻하는 철학적 개념으로 발전하였다. 그러나 금욕과 순결을 중시하고 성적 욕망을 금기시하는 기독교문명에 들어서면서 에로스는 성적 욕망의 발원

---

5) 랠프 에이브러햄, 김중순 역, 『카오스 가이아 에로스』, 두산동아, 1997, p.244.

지인 육체에 관계한다 하여 저주와 배척의 대상이 되기도 하였으며, 이는 20세기 프로이트에 이르러 다른 차원으로 변용하게 되었다.

프로이트는 생식기적이고 분석적인 차원의 성욕을 리비도라 부르고, 성적 에너지의 메타심리학적인 기능에 에로스의 이름을 부여함으로써 성적 욕망을 생의 충동으로 보고 이를 고대의 에로스와 동일시하였다.[6] 하지만 고대의 에로스와 동일시된 프로이트의 에로스는 형이상학적인 언어로 고정화된 에로스일 뿐이며 에로티시즘과는 거리를 가진다.

에로티시즘은 육체에 대한 탐닉과 성적 욕망을 통한 쾌락의 추구에 그 의미가 있다고 할 수 있는데 성적 욕망의 표현은 그것이 아무리 개방적이라 해도 언제나 은밀한 곳에서 이루어지기에 여기에는 심리적·사회적·문화적인 금기가 자리 잡고 있다. 그러나 성적 욕망의 표현에 대한 금기에는 필히 이를 위반하고자 하는 욕망이 내포되어 있기에 위반의 형태가 도착적이면 도착적일수록, 그리고 변태적이면 변태적일수록 그것은 더욱더 에로틱하게 된다. 그러므로 일상적이고도 보편적인 형태의 섹슈얼리티로 존재 가능한 형이상학적 의미의 에로스는 에로틱한 섹슈얼리티의 모습으로는 존재할 수가 없고 바로 이 지점에서 '에로스'와는 다른 '에로티시즘'이 출발하게 되는 것이다.

예컨대 음모에 G를 새긴 비주얼로 충격을 준 구찌 광고가 있었다. 구찌 의상을 입은 여성 모델과 남성 모델이 등장하는데, 미끈한 여성의 옷과 몸은 마치 전시되어 있는 듯 너무나 반듯하게 보여지고, 남

---

6) 박동찬, 「위반의 신, 에로스 : 사드와 바타이유를 중심으로」, 오생근 외, 『성과 사회』, 나남, 1998, p.115.

성 모델은 여성 모델 앞에 꿇어앉아 두 사람이 성적으로 한창 분위기가 뜨거운 상황을 만들어내고 있다. 팬티를 내리는 순간 여성의 음모 부분에 G 마크가 새겨져 있어서, 그러지 않아도 시선이 확 쏠리는 부분에서의 G는 가히 감탄하게 만든다. 옷 광고라기보다는 G 마크를 보는 순간 구찌라는 생각을 먼저 떠올리게 한다. 물결치듯 고급스러운 원단과 매끄러운 모델의 라인과 고급스런 디테일이 구찌라는 명품 라인의 특성을 잘 살려낸 광고이다. 국내에서도 이미 명품 라인 중의 하나로 손꼽히는 구찌. 그런 구찌에서도 고급스럽고 우아한 광고 대신에 섹슈얼리티가 강한 광고를 내놓았다. 섹슈얼리티를 사용하는 광고는 저속하다는 편견을 버린 대표적인 사례가 아닌가 싶다. 선정적이지만 결코 야해서 저급해 보이지는 않는, 즉 상품의 질을 떨어뜨리는 형태는 보이지 않는 것이다.

또한 리바이스에서 내놓은 여성들의 진인 '미스 리바이스'는 여성의 뒷모습 누드에 청바지 마크를 새기면서 시선을 끌었다. 여성의 신체를 앙큼하게 활용한 광고이다. 여성 모델의 완벽한 S라인 곡선을 따라서 시선이 아래로 내려가다 보면, 리바이스 마크가 새겨진 청바지 뒷주머니가 보인다. 여성 라인의 청바지의 특성을 잘 살린 광고다. 그만큼 여성의 신체에 잘 맞고 여성만의 그 고유한 라인을 살려주어, 마치 저 청바지를 입으면 나도 모델처럼 섹시하고 도발적으로 보일 수 있겠구나 하는 생각을 심어준다. 여성의 부드럽고 어쩌면 아기 같은 보송보송함도 느껴져, 야하거나 선정적이라는 생각이 드는 초반과 달리 흐뭇하게 알 듯 모를 듯 시선을 잡아끄는 섹슈얼리티 광고다.

또 다른 예로 시슬리의 광고가 있었다. 여성이 남성의 바지를 벗기고 신발로 엉덩이를 때리려고 하는 장면이 나온다. 삼류 영화에서나 나올 법한 변태적인 행위이다. 왜냐하면 이미 벗겨진 바지를 보면,

두 사람이 이전에 어떤 상황을 연출하고 있었는지 알 수 있기 때문이다. 남성의 노출도 한몫하겠지만, 여성의 도발적인 눈빛도 그 상황을 잘 나타내 주고 있다. 시슬리라서 눈에 보이는 광고가 아니라, 그들만의 변태적 성행위가 시선을 끄는 게 이 광고의 특징이다. 끈적끈적한 눈빛과 여기저기의 배경과 여자의 행동이 그 옷을 입으면 '과감해진다' 또는 '섹시해 보인다'라는 의미를 드러낸다.

이렇듯 패션 광고는 패션보다 더욱 많은 관심을 끌어모으고 있다. 그 이유는 섹슈얼리티를 사용하는 광고이기 때문이다. 패션업계에서 선정적인 광고를 잘하는 대표적인 예로 캘빈클라인의 청바지 광고가 있으며, 갈수록 패션업계에서의 광고의 선정성은 확대되고 있다. 비슷한 의류들이 판치는 패션업계에서 각자 나름대로 독특한 이미지를 구축하고자 하는 것이다. 살아남기 위해서 섹슈얼리티가 수단이 되고 있는 셈이다.

② 몸을 이용한 광고들

에로티시즘에서 추구하는 섹슈얼리티 광고는 이루 헤아릴 수 없이 많다. 그 예로, 1999년 칸광고제에서 인쇄 부문 대상을 수상한 플레이스테이션 게임기 광고가 있다. 특이한 점은 제품에 대한 설명이 없다는 것인데, 자세히 살펴보지 않아도 눈에 띄는 것이 두 남녀의 젖꼭지이다. 조금 더 자세히 살펴보면 옷에 도드라진 젖꼭지의 모양이 특이하다는 것을 알 수가 있다. 그 모양을 보고 있으면 한 번쯤 눌러 보고 싶다는 충동을 느끼게 된다. 보는 사람의 성적 본능을 자극해 눌러보고 싶게끔 만들어 게임기의 버튼도 눌러보도록 유도하는 광고이다. 조금의 군더더기 없이 오로지 버튼의 형태만을 젖꼭지에 접목해 인간의 가장 원초적 본능인 섹스를 놀이와 자연스럽게 엮어낸 것이다. 자세히 보지 않으면 어떤 광고인지 선뜻 알기가 힘들지만, 확실히 성적으로 관심을 유도하고 시선을 끌어서 집중시키는 효과는 크다고 할 수 있다.

또 다른 광고를 소개하자면, 남자의 생식기와 여자의 가슴이 눈에 띄는 광고가 있다. 남자의 커다란 생식기가 돌출되어 보이면서 '바나나 킬로그램당 1.98'이라는 가격이 적혀 있고, 여성의 풍만한 가슴에는 '멜론 개당 2.99'라 적혀 있다. 독일 베를린의 과일·채소 상점의 광고이다. 형태가 비슷한 점을 이용하여 인간의 신체의 일부를 과일에 비유해놓았다. 먹는 음식을 인간의 가장 민감한 성감대에 연관시켜놓은 선정적인 광고다. 레이아웃도 얼굴의 절반 이상이 잘려 안 보이는 점을 이용하여 보는 이의 시선을 생식기와 가슴에만 집중시키는 효과를 냈다. 두 사람의 풍만한 육체는 과일과 야채가 신선하고 건강하다는 이미지를 심어주는 데 충분하다.

③ 사물을 이용한 성적 광고

본래 성 문화는 성 본능이 사회제도에 의해 규제되고 사회관계와 규범에 의해 특정 지어지며 사회 구성원의 사회화 과정을 통해 학습되는 것이다.[7] 이를 위반하는 위험을 내포한 광고가 있다. 콘돔의 대명사 '듀렉스'의 '셀렉트'라는 과일 향 콘돔 광고가 그것이다. 바나나, 귤, 딸기를 남성의 성기로 표현했다. 제품의 다양함을 전달하기 위해 흔히 우리가 보는 과일들을 소재로 나타낸 것이다. 모양도 다양하고 향기도 다양하여 여느 일반적인 콘돔과 차별화했다는 것을 강조한 광고이기도 하다. 흔히 접하는 과일을 사용해서인지 크게 거부감은

---

7) 양해림·유성선·김철운, 『성과 사랑의 철학』, 철학과현실사, 2001, p.97.

없지만, 꽉 쥐고 있는 여성의 손 모양에서 조금 민망함이 든다.

듀렉스에서는 인종마다 다른 남자의 성기에 따라 다양한 콘돔이 만들어진다고 한다. 아직 우리나라에서는 콘돔이라는 것 자체에 대한 광고가 성행하지도 않을뿐더러, 표현조차도 보수적이라서 이렇게 직접적으로 광고하는 것을 보면 당황스럽기도 하다. 그러나 이미 제품의 용도와 특징을 알고 있는 이상, 이렇게 보여지는 제품의 이미지는 더 이상의 설명이 필요 없는지도 모른다. 이렇듯 일상생활 속에서도 우리는 섹슈얼리티의 장면들이 곳곳에 내재되어 있다는 것을 알 수가 있다. 아무것도 아닌 것 같은데 알고 보면 야하다는 생각이 드는 광고, 그것을 끄집어내는 것이 섹슈얼리티 광고의 힘이 아닌가 생각한다. 그것이 인간의 내재된 욕망인 성을 잔잔하게 끌어내고 있기에 광고로서의 힘을 발휘하는 것 같다.

어쩌면 인간의 역사는 섹슈얼리티의 역사일 수 있다. 섹슈얼리티의 역사가 섹슈얼리티를 인식하는 우리 자신의 관점 변화의 역사이기 때문이다. 시대에 따라서 지배적 성 담론은 변화되어왔으며 이러한 변화된 성 담론은 그 시대의 지배적 가치관이 어떤 것인지를 반영한다. 더구나 인간 사회의 생성 이래 존재해왔을 숱한 섹슈얼리티는 종교적·윤리적으로 그 논의조차 억압되던 중세시대를 거쳐 근대에 들어서면서 하나의 문제로 인식되기 시작했다. 또한 그에 걸맞게 하나의 사고 대상으로 일반화되었으며 나아가 그것에 적합한 인식 방법들이 고안되기 시작했다.[8] 그러니까 보편이라는 이름하에 섹슈얼리티의 다양성은 거부되고 이분법적이고 획일화된 섹슈얼리티만이 난무함으로써 중세시대 이후 종교라는 권력의 테두리에서 벗어난 섹

---

8) 서동진, 『누가 성정치학을 두려워하랴』, 문예마당, 1996, p.23.

99

슈얼리티는 성차별주의적 이성애주의의 사회라는 또 다른 권력 체제 속으로 예속된다. 하나의 권력 체제 안에서 벗어난다는 것은 또 다른 권력 체제 안으로의 진입이라는 변증법적 논리, 바로 여기에 '섹슈얼리티의 권력성'이 존재하는 것이다.

④ 가면을 벗어버린 광고

'도착倒錯'이라는 용어는 '도착적인' 혹은 '도착된' 등의 형태로 쓰이며 '적절하고 올바른 것으로부터 벗어남'의 의미를 가진다. 또한 '다양성'이라는 말은 '차이' 혹은 '같지 않음'과 연관되어 있고, '다양한 조건'이라는 의미를 갖기도 한다.[9] 프로이트는 성의 의미를 확대하기 위하여 도착이란 개념에 관해 심도 있게 연구했는데, 그는 "도착이란 타당하다고 간주되는 관계적인 육체 영역들을 넘어선 영역으로 성적 행동을 확대하고 이런저런 행동을 음미하는 극히 단순한 행동에 불과하다. 하지만 만일 그런 행동들이 그 자체로 계속 목표로 남아 있게 될 경우 그 행동은 도착이 된다"라고 지적했다.[10]

그렇다면 이와 같은 섹슈얼리티, 특히 도착의 권력성은 광고에서 어떠한 의미를 지니게 되는가. 도착은 이미 사회적·문화적으로 부과되는 여러 규범들과 제한들에 대한 반항의 형태를 띠고 있으며 이는 현실로부터 벗어나고자 하는 탈출 욕망을 의미한다. 다양한 성적 욕망이 정치적 주장의 요건이 되고 사회적 정체성의 가능성을 이루어 현실 비판 기능을 갖게 되는 것이다.

---

9) 제프리 윅스, 앞의 책, p.97.
10) 지그문트 프로이트, 「성욕 이론에 대한 세 편의 에세이」, 제프리 윅스, 앞의 책, p.100.

광고에서도 도착의 역할은 이와 크게 다르지 않아 도착이 가지는 현실에 대한 비판 기능은 광고 속에서 형상화를 이룩하는 타자로서의 인간을 이해하는 데 큰 의미를 가진다. 그리고 이러한 타자의 모습은 새로운 형식의 진보된 광고를 만들어내는 것이다. 단적인 예로, 영국 여행사 'club 18–30'의 광고가 있다. 이름 그대로 18~30세까지를 염두에 둔, 즉 피 끓는 20대를 주요 타깃으로 삼은 여행사이다. 일상에서 벗어나고픈 그리고 일탈의 유혹을 크게 받는 연령대임에 틀림이 없다. 낯선 미지의 세계로 떠나고 싶어 하는 그 세대는, 규율과 억압으로부터 벗어나고자 한다. 이 광고는 교묘한 비주얼 트릭을 사용해서 은유적으로 드러내고 있다. 그냥 일상적인 생활 속에서 보이는 행동 하나하나가 모두 성행위로 나타나고 그래서 하나의 광고 전체를 보면 마치 집단 섹스라도 하는 듯한 광고, 무척이나 야한 속내를 대놓고 드러낸 광고이다.

4. 섹슈얼리티 광고의 장단점

위와 같은 섹슈얼리티 광고들을 보면 거기에 따른 장단점이 있기 마련이다. 그중에 섹슈얼리티 광고의 장점은 크게 몇 가지로 두드러진다. 현재와 같이 빠르게 변화하는 세태에 발맞추고 새로운 것을 추구하려는 소비자의 욕구를 충족해주는 제품을 판매함으로써 이익을 얻는다는 것이다. 섹슈얼리티 광고는 소비자들의 호기심을 자극하고 높은 주목도를 이끌어낼 수 있다. 가장 확실하면서도 효과적으로 소비자의 눈길을 사로잡을 수 있는 표현 방법이다. 즉, 확실한 이목을 끈다는 점이 섹슈얼리티 광고의 큰 장점인 것이다. 또 섹슈얼리즘에서 휴머니즘을 이끌어낼 수 있다는 점도 있다. 청바지, 언더웨어, 화장품 광고가 주종인 섹슈얼리티 광고는 단순한 벗기기가 아니라 섹스의 아름다움을 시적 영상으로 승화시켰다는 평을 얻기도 한다. 반면에 소비자의 이목을 끌고자 성적 요소를 지나치게 사용한다면 불쾌감을 조성하여 오히려 부정적인 반응을 이끌어낼 수도 있다. 그리고 노골적인 섹슈얼리티는 섹슈얼리티가 되지 못하고 소비자가 그 성sex에만 집중한 나머지 제품은 기억하지 못하고 섹스 그 자체만 기억하기 때문에 효과가 떨어질 가능성이 크다. 또한 이러한 광고들은 소비성향을 지나치게 부추기고 있으며 전통적인 윤리와 풍속을 파괴하는 내용을 담고 있다. 특히 직접적이고 저속한 표현의 광고물들은 성에 대하여 가장 호기심 많고 민감한 청소년들에게 악영향을 줄 뿐만 아니라 대중문화를 선정적인 방향으로 유도하는 계기가 되고 있다. 따라서 여기서는 섹슈얼리티 광고가 성 문화에 끼치는 영향에 대하여 좀 더 상세히 알아보고자 한다.

1 | 섹슈얼리티 광고가 성性문화에 미치는 영향

섹슈얼리티 광고가 현대 우리 사회의 성 문화에 어떤 영향을 끼치는지 알아보자. 오래전부터 광고의 섹슈얼리티 문제는 계속해서 논란거리가 되어왔고, 지금까지도 사회의 한 문제로 남아 있다. 현대사회가 대담하고 자기표현이 확실한 시대라지만, 남녀노소 모두가 보는 대중매체까지 섹슈얼리티 광고가 거침없이 나오는 것은 사회에 무리를 끼친다고 본다. 어떻게 보면 이러한 대중매체가 섹스화된 광고를 당연히 여기는 사회적 심리를 만들어냈고 또다시 이러한 광고를 만들어내는 현상을 반복하는지도 모른다. 요즘 광고들을 자세히 살펴보면 성적 심리를 자극하는 카피를 교묘하게 이용하는 것을 볼 수 있다. 따라서 성의 상품화 현상이 성 문화에 어떤 영향을 미치는지에 대해서 알아보고자 한다.

(1) 여성 이미지의 저하 또는 왜곡

여성은 광고 속에서 남성보다 왜소한 존재로 재현된다. 현실에서도 신체적으로 남성이 여성보다 크고 강하지만 광고 속에서는 그 차이가 너무 크고 당연한 것으로 나타난다. 남성보다 더 크고 강한 존재의 여성은 광고 속에 잘 나타나지 않는다. 큰 여자가 작은 남자와 함께 등장할 경우, 그 광고 내용은 거의 코믹하게 꾸며진다. 현실적인 것이 아니라 비틀어진 모습으로 그려진다는 것이다. 또 광고 속여성들의 행위는 사회적 기능을 갖지 못하는 모습으로 드러난다. 광고 속 남녀 모델들의 손동작을 주목하면 주로 남성의 손은 무언가를 쥐는 형태이다. 그래서 힘이 있어 보인다. 뭔가를 쥐어 무엇을 한다는 것은 사회적으로 의미 있는 행동이다.

반면 여성의 손은 자신의 몸을 만지거나 쓰다듬는 모습들을 하고 있다. 목적 없이 방황하는 감정적인 손동작이다. 혹 사회적 역할을 맡은 남녀를 그리더라도 광고 속 남성들은 기획적이고 이성적이고 역동적인 역할을 맡고, 여성은 보조적이며 종속적인 역할을 맡고 있다. 주로 여성은 어린아이처럼 재현되거나 어린이들과 함께 등장한다. 이것은 여성이 보호되는 객체임을 드러내는 것이다. 옛날부터 여성들이 순진무구한 모습 혹은 에로틱한 분위기를 띠거나 아이들과 함께 등장하는 광고가 많았다. 어린아이들이 지니고 있는 속성을 여성에게로 전이한 방법이었다. 어린아이들이 어른들에 의해서 보호되어야 하듯이 여성도 누군가에 의해서 지켜져야 하는 존재임이 강조된 것이다. 이것은 여성을 자연과 가까운 존재로 재현하게 하는 요인이기도 하다. 여성은 항상 누군가에 의해서 만들어지거나 가꿔져야 하는 자연 상태의 존재처럼 여겨지게 되는 것이다. 남성이나 상품이 불러주었을 때 이름을 갖게 되고 의미를 지니게 되는, 그리고 끊임없이 가공되어야 하는 존재로 그려지고 있는 것이다.

또한 광고 속 여성들의 눈은 무언가를 보는 것이 아니라 자신들이 보여지고 있음을 항상 의식하는 듯 표현되고 있다. 혹은 전혀 초점이 잡히지 않은 채 꿈꾸는 듯한 눈을 하고 있기도 하다. 무언가를 관찰하고 생각하는 존재가 아닌 백치미를 풍기거나 환영에 사로잡힌 어처구니없는 사회적 존재로 그려지는 셈이다. 거기다가 여성의 몸은 곧게 표현되지 않는다. 항상 어디에 기대거나 구부러진 모습이다. 자신 없는 모습인 것이다. 그리고 자신의 몸을 광고하는 제품 뒤로 숨기거나 나무 뒤나 남성 뒤에, 그것도 아니면 자신의 손 뒤로 숨기는 형상을 하고 있다. 홀로 떳떳하게 사회에 설 수 없는 모습을 나타내고 있는 것이다.

하지만 요즘은 또 새로운 여성상이 광고 안에 넘치고 있다. 화장품 광고, 분유 광고, 의류 광고 등에서 여성들은 전과는 다른 모습들을 하고 있다. 전문직 여성의 당당한 모습을 보이기도 한다. 게다가 '예쁘기만 한 여성', '예쁘게 보이려고 하는 여성'만을 보여주던 화장품 광고가 새롭게 '예쁘고 박력 있는, 그리고 사회를 주도하는 여성'의 모습을 보여줌으로써 소비자들에게 새로움을 선사해 제품 광고에 큰 효과를 보고 있다. 어떤 회사는 새로운 여성상을 등장시킨 화장품 광고 덕에 엄청난 수의 립스틱을 판매했다고 한다. 이러한 광고들은 사회적으로 변화해가는 여성의 현실과 변해가야 한다는 욕망 모두들

만족시키는 것이다. 하지만 이 광고들의 등장은 '슈퍼우먼' 만들기의 전략이란 말도 나오고 있다. 아무나 슈퍼우먼이 될 수 없는 사회 상황에서 광고가 '슈퍼우먼—예쁘고 일 잘하는 여성'을 강요하고 있다는 것이다. 그런 점에서 광고들이 대부분 아직도 '보여지는 여성'에 초점을 맞추고 있다고 볼 수 있다. 이처럼 광고 속 여성들의 이미지는 여전히 저하되어 있거나 왜곡되어 있는 것이다.

(2) 여성의 성 상품화

광고의 선정성은 소비자에게 미치는 다양한 폐해로 사회 전체가 함께 대처해야 할 문제라 할 수 있다. 그중 매우 중요한 사항 중의 하나가 여성의 성 상품화에 대한 문제이다. 전통적 여성상에 대한 문제 제기가 지속적으로 이루어지고 있는 현재에도 여전히 광고에 나타난 여성상은 성적 대상물이나 희롱의 대상물로 그려지고 있는 경우가 허다하다. 수건을 걸친 전라의 여성이 다리를 드러내 놓고 앉아 포도를 먹는 내용의 약품 광고나, 허리 윗부분이 잘린 채 맨살에 스타킹을 신은 여성의 모습을 전면에 채운 스타킹 광고, 이런 광고들은 상품을 기억에 남기고자 하는 것인지, 아니면 여성의 신체를 소비자에게 기억시키고자 하는 것인지 알 수 없는 외설스런 광고들이다.

또한 여성의 몸의 일부가 먹는 음식에 비유되고 있는 경우를 들 수 있다. '히프'라는 광고문 안에다가 속옷을 입으면 히프가 어느새 싱싱한 사과가 된다는 식의 표현을 거침없이 해내는 광고가 있다. 이처럼 여성을 과일로 비유하는 것은 여성을 인격적인 존재로 묘사하기보다는 비인간적인 대상물로 그리고 있어, 우리 사회에 뿌리 깊게 심어져 있는 여성 비하 의식의 일단을 보여주는 광고라고 할 수 있겠다. 여기에다가 모델들이 매우 외설적인 포즈를 취하고 있는데, 속옷 차림의 두 여성이 거의 겹쳐진 채 허리를 굽히고 있는 낯 뜨거운 장면을 연출하기도 한다. 최근에는 성적 소구 광고의 에로티시즘 메시지들이, 광고하고자 하는 상품보다는 오히려 모델의 얼굴이나 신체 등만 기억하게 할 뿐이라는 의견이 나오고 있을 정도이다. 남성 화장품 광고에서도 정장을 한 남성의 등 뒤에서 가슴까지 거의 노출한 여성이 게슴츠레한 눈을 한 채 남자의 목을 감싸 안고 있는 모습은 여성이 액세서리로 취급되고 있음을 보여준다. 이 광고는 여성은 남성보다 열등하며 종속적인 존재라는 가치관을 주장하고 있는 것이다. '이 남성 화장품을 사용하시오. 그러면 아름다운 여성들이 당신의 멋에 반해서 당신의 환심을 사려고 모든 노력을 다하며 다가올 것입니다'라고 이 광고는 말하고 있다. 이렇게 여성을 성적 대상물로 그리는 광고가 소비자들에게 지속적으로 노출되면, 여성이 적극적이고 주체적이며 인격을 가지고 있는 존재라기보다는 남성의 종속물이나 부속품으로서 인식될 우려가 높다.

(3) 청소년들의 성적 호기심 유발 및 성에 대한 부정적인 인식 형성 우려

성을 왜곡하는 대중매체들이 보편화되면서 자극적이고 퇴폐적인 성 문화와 감각적이고 흥미 위주의 성 표현이 범람하게 되었다. 아직 체계적인 성교육이 부족한 10대 청소년들은 이러한 대중매체에 의해 성적 자극을 받고 충동에 의해 왜곡된 성 행동을 모방하게 되어 탈선하기 쉽다. 대부분의 청소년들이 음란물을 보고 성 충동을 느끼게 되며, 실제로 흉내 내보려고 비행을 저지르는 경우가 많이 발생한다는 보고는 이러한 음란물이 청소년 성교육에 유해 요소로 작용하고 있음을 말해준다.

이런 청소년의 성적 호기심 유발에 광고가 앞장서고 있다. 인터넷·SNS·디지털 미디어 같은 매체를 통해 우리는 일상생활에서 광고를 쉽게 접할 수 있고 아무렇지 않게 볼 수 있다. 폭력적이고 선정적이고 과장된 광고는 혐오스러운 외설 문구나 사건, 에로틱한 장면으로 호기심이 강한 청소년들을 유혹하고, 쓸데없는 성적 호기심을 유발 또는 성에 대한 부정적인 인식을 심어줄 우려가 있다.

위의 광고들에서도 알 수 있듯이 섹슈얼리티 광고는 경우에 따라서 상품과 연결하여 소비자에게 광고하고 있는 상품을 구입, 사용하는 것을 노골적으로 전달하고 있다. 또 광고는 단순히 상품만을 파는 것이 아니라 가치관이나 규범까지도 팔고 있는데, 이 팔고자 하는 가치관이 여성을 비하하는 내용이 대부분이다. 광고를 만드는 사람들은 상품이 팔릴 수 있는 가치관이라면 무엇이든 가리지 않고 강조하고 있다. 외형적 치장이나 아름다움을 내세우고 이에 품위, 세련됨, 매력, 현대 여성 등을 총동원하여 성적 매력을 이끌어내려고 노력한다. 여성의 성 상품화는 위에서 든 예처럼 노골적인 경우도 있으나 대부분 은근하게 소비자의 잠재의식을 부추기는 경우가 많아 문제가 심각하다. 별생각 없이 생활 주변에서 접촉하는 많은 광고물들이 외설적인 음란성 내용을 교묘히 숨기고 있다면, 이 사회를 건강하게 지탱해가는 데 매우 위험한 요소가 될 것이 당연하겠다.

2 | 섹슈얼리티 광고의 지향 방향

광고의 목적은 시청자에 대한 노출을 통해 광고 인지 및 회상이나 광고 태도가 발생되어 결론적으로 구매/이용과 같은 결과로 이어지게 하는 데에 있다. 기술의 발전은 광고가 집행될 수 있는 범위를 넓혀주었고, 이에 따라 광고의 노출 역시 증가하였다. 그러나 광고에 대한 과도한 노출은 수용자로 하여금 피로감을 느끼게 하여 광고 회피를 야기하며, 이는 결과적으로 광고의 효과에 부정적인 영향을 미치게 된다.

우리는 일반적으로 집안일은 여성이 하는 것을 당연시 여기고 거기에 거의 문제를 느끼지 않는다. 예컨대 성능 좋은 청소기 광고가 있었다. 일반적으로 이런 종류의 광고를 생각할 때 여성 모델이 나와 집안일을 우아하게 하고 주부들의 마음을 사로잡는 카피 문구와 함께 여성 모델의 미소로 마무리 짓는 모습을 떠올릴 것이다. 하지만 광고의 양상이 바뀌고 있는 추세이다. 예를 들자면, 남성 모델이 통화를 하면서 청소를 하는 모습이 등장한다. 화면이 바뀌면서 남자 모델이 청소를 끝내고 청소기의 성능에 감탄하는 장면이 묘사된다. 이런 광고는 광고가 시청자에게 성 역할을 주입할 수도 있다는 점을 상기한다면 성 역할의 고정관념을 깨뜨리는 좋은 대안이 될 수 있다.

또 다른 광고를 소개하자면, 자동차 광고가 있다. 당연히 자동차 모델은 남자가 대부분이었다. 남자가 거칠고 터프하게 운전하는 모습을 보이고, 여자는 모델로 나오더라도 옆에서 거드는 정도일 뿐 운전을 하거나 여성 위주인 경우는 드물었다. 그러나 요즘은 자동차 광고에 여성 모델이 등장하는 경우가 허다하다. 달리 말하자면, 그 역할이 완전 뒤바뀌어 여성 모델의 강인하고 카리스마 있는 모습을 보여준다.

이렇듯 광고에 나타나는 성별 이미지가 우리 사회의 성차별적 문화의 유일한 혹은 주된 원인이라고 주장하거나 암시한다면 그것은 심한 과장일 수도 있겠다. 하지만 살펴본 바와 같이 광고의 영향력은 실로 막강하다. 광고는 문화를 생성하고 유지하는 데 커다란 역할을 한다. 왜냐하면 여러 가지 가치나 의식, 상징 등으로 이루어져 있고 광고는 광고 자체가 갖는 표면적인 정보 외에도 바로 이러한 문화의 요소인 사회의 가치나 의식, 상징 의미 등을 내포하고 있기 때문이다. 예를 들어보면, 의식ritual이란 한 문화권 내에서 사회적으로 필요하다고 여기는 집합적 행동을 가리키는 말로, 광고는 바로 이러한 의식을 형성하는 데 도움을 준다. 가족이 행복한 생활을 영위하는 방법, 아내가 집 안을 꾸미는 방법, 남자아이와 여자아이가 장난감을 가지고 노는 방법, 심지어는 식당에서 우아하게 식사하는 방법에 대해서도 광고는 일일이 알려준다.

소비자는 남성다워지기 위한 혹은 여성다워지기 위한 스타일을 광고로부터 늘 배우고 있다. 광고는 바로 우리의 일상생활을 보여줌으로써 광고에 나타난 모습을 이상형의 생활양식으로 여기게 한다. 여기서 주목해야 할 것은 광고가 담고 있는 이미지 자체는 가치중립적이라는 사실이다. 다시 말해 남성 중심의 이미지 표현을 통해 기존의 가부장적 이데올로기를 강화하는 데 지대한 영향력을 발휘해왔던 광고는, 역으로 기성의 성 문화를 변화시키는 데 있어서도 강력한 도구로 사용될 수 있다는 것이다. 이를 실현하기 위해서는 광고인들과 광고 수용자들의 의식 전환이 필요하다.

광고인들은 기존의 스테레오 타입화된 광고가 효과적이라고 생각하고 있다. 그러나 오늘날의 변화되는 추세 속에서도 이것이 유효할 것인가? 요즘 사회에 진출하는 여성이 늘고 있고, 장을 보거나 청소를 하는 등 가사를 돌보는 남성도 증가하고 있다. 이렇게 가사에 참여하고 가사 용품을 구입하는 남성의 숫자가 증가함에 따라, 진보적인 광고 ― 지금까지의 스테레오 타입을 벗어난 광고 ― 를 사용하여 남성 시장에서 효과를 거둘 수 있음을 광고인들은 생각해야 할 것이다. 이러한 변화들에 따라 새로운 성 문화, 남녀 상호 존중의 문화를 반영하기 위해 광고에서 유의해야 할 몇 가지 원칙을 생각해볼 수 있다.

첫째, 여성들은 자신이 성취자로 나오는 것을 좋아하며, 일하는 여성이나 당당한 권위를 가진 주부를 보기 원한다. 그리고 제품 선택이나 금전 문제에 있어서 자주적이고 지성적인 여성을 보고자 한다. 하지만 맹목주의나 슈퍼우먼의 스테레오 타입은 불쾌감을 일으키기 쉽다.

둘째, 지나치게 성적이거나 유혹적인 묘사는 저질스럽고 불쾌한 것으로 인식되며, 따라서 소비자를 외면케 한다.

셋째, 남성도 여성도 깎아내려서는 안 된다. 남성/여성 모두는 지성적이고 능력 있는 모습으로 평등하게 등장해야 한다. 또한 여성을 동등한 인격체로 존중하며, 평등한 관계를 만들어가려는 노력도 더불어 행해져야 할 것이다.

이제 상품을 팔기 위한 수단으로서만의 광고, 여성의 삶을 질곡에 빠뜨리는 광고가 아니라, 우리 사회 전반에 퍼져 있는 그릇된 남녀 성차별적 고정관념과 왜곡된 가치관을 깨뜨려 변화의 흐름을 만들어가는 광고가 되도록 노력해야 할 것이며 수용자들도 이러한 전형이 되풀이되지 않도록 관심을 가지고 나름의 노력을 기울여야 할 것이다. 이런 의미에서 "Perfect Pictures for an Imperfect World"라는 광고의 카피는 많은 것을 시사해준다. 우리가 살고 있는 '불완전한 세상'을 보다 '완전한 것'으로 변화시켜나가기 위한 이미지의 건전한 활용을 기대해본다.

제4장

디지털
스토리텔링

INSIGHT,
MODERN POP
CULTURE
AND ART

1. 개념 정의와 여러 관점들

디지털 스토리텔링은 사건에 대한 진술이 지배적인 담화 양식이다. 사건 진술의 내용을 스토리라 하고 사건 진술의 형식을 담화라 할 때 스토리텔링은 스토리, 담화, 이야기가 담화로 변하는 과정의 세 가지 의미를 모두 포괄하는 개념이다. 이런 포괄적인 개념이 대두된 것은 현대 이야기 예술에서 행위와 결과물, 즉 이야기하기의 행위 conduct와 이야기 자체contents를 동시에 지칭하는 경우가 많아졌기 때문이다.[1] 이것은 프로그래머와 사용자, 프로그램 참여 행위의 경계가 허물어지는 디지털 환경의 특징이라고 말할 수 있다. 이는 디지털 기술의 발달에 의해 문화예술과 과학기술이 융합되고 있다는 뜻이기도 하다. 이처럼 문화 원형은 형성 과정이 스토리를 함유하고 있다는 점에서 자연히 스토리텔링의 중요성이 부각되고, 스토리텔링을 이용한 문화상품으로의 개발 가능성을 모색하는 것은 다름 아닌 디지털화를 전제로 하기 때문이다.

형식적으로 스토리텔링은 사건 · 인물 · 배경이라는 구성 요소를 가지고, 시작과 중간과 끝이라는 사건의 시간적 연쇄로 기술된다는 점에서 논증 · 설명 · 묘사 같은 다른 담화 양식과 구별된다. 또한 내용적으로 스토리텔링은 사건에 대한 순수한 지식이 아니라 화자와 주인공 같은 인물의 형상을 통해 사건을 겪은 사람의 경험을 전달한다는 점에서 단순한 정보와 변별[2]된다. 달리 표현하자면, 디지털 스토리

---

[1] 이인화 외, 『디지털 스토리텔링』, 황금가지, 2006, p.13.
[2] 전경란, 「디지털 내러티브에 관한 연구」, 이화여대 신문방송학과 박사학위논문, 2003, p.24.

텔링은 "디지털 매체에서 일어나는 모든 서사 행위"라고 정의할 수 있다. 현재 한국에서 디지털 스토리텔링과 관련하여 가장 활발하게 논의가 진행되고 있는 영역은 컴퓨터게임을 중심으로 한 엔터테인먼트 분야이다. 디지털 스토리텔링이라는 개념을 "디지털 기술을 매체 환경 또는 표현 수단으로 수용하여 이루어지는 스토리텔링"이라고 포괄적으로 정의하고 있지만,[3] "디지털 스토리텔링은 내러티브 엔터테인먼트"이다. 그것은 디지털 테크놀로지와 미디어를 통해 청중에게 전달된다.

밀러C. H. Miller는 디지털 스토리텔링의 중요한 특징들 중의 하나로서 인터랙티비티interactivity를 들고 있는데, 인터랙티브 스토리텔링의 초기 형태는 선사시대 사람들의 캠프파이어에서도 나타났다고 보고, 디오니소스 페스티벌과 같은 고대의 의식과 다중 접속 온라인 게임이 인터랙티비티 면에서 유사하다고 지적한다. 인터랙티브 스토리텔링은 저자가 아닌 다른 사람 혹은 사용자가 플롯에 영향을 주거나 변화시킬 수 있는 내러티브 형식으로서, 저자의 역할은 독자 혹은 게임 플레이어가 스토리와 상호작용할 수 있게 허용하는 데에 있는데, 이 경우 저자가 내러티브를 쓰는 것은 일종의 '인터페이스 디자인interface design'의 작업을 수행하는 것이 된다.

덧붙이자면, 디지털 스토리텔링을 포함한 디지털 콘텐츠는 아래와 같은 특징을 갖는다. ① 선별적 접근 가능성 – 검색어 등을 사용하여 즉시 검색해볼 수 있다. ② 완전 복제 가능성 – 정보의 누락 없이 완벽한 복제를 무한 반복할 수 있다. ③ 조작 가능성 – 특별한 물리적 제약 없이 정보를 쉽게 조작·변환할 수 있다.

---

3) 이인화, 「디지털스토리텔링 창작론」, 이인화 외, 앞의 책, p.14.

또한 디지털 스토리텔링은 디지털 미디어를 매체로 하기 때문에 다음과 같은 특성도 갖는다. ① 상호작용성－미디어와 사용자, 또는 미디어와 미디어 사이에 여러 형태의 상호작용이 가능하다. ② 네트워크성－유무선 연결망을 통해 연결된 전 지구적인 네트워크에 영향을 받고 있다. ③ 복합성－문자, 사운드, 영상 등 여러 가지 형태의 정보가 복합되어 하나를 이루고 있다.[4]

현재 컴퓨터게임과 내러티브의 상관관계에 관한 연구에는 "게임을 소설, 영화 등 기존 서사물의 연장 선상에서 이해하려는 '서사학narratology'과, 이전에는 존재하지 않았던 새로운 디지털시대의 산물로 이해하려는 '게임학ludology'의 대결"의 양상이 있는 것으로 지적된다. 게임을 기존의 서사학의 관점에서 분석하면 재현representation에 초점을 맞추게 되고 시뮬레이션simulation을 간과하게 되는 한계가 있으며, 게임에서 서사가 부차적인 것이라고 보는 게임학의 관점도 문제가 있다. 서사학자들이나 게임학자들이 동의하는 바는 컴퓨터게임을 새로운 서사 양식으로 보고 논의해야 한다는 점이다. 디지털 스토리텔링이라는 개념을 확대하여 상위 범주로 설정하고, 그 하위 영역들로서 구술 이야기·문학·만화·애니메이션·영화·하이퍼텍스트 문학·컴퓨터게임·광고·디자인·홈쇼핑·테마파크·스포츠 등의 이야기 장르들을 배치하는 것이다. 기업들이 디지털 스토리텔링 방식으로 브랜드 광고를 제작하는 것과 디지털 스토리텔링 마케팅 전략 등의 방식을 시도하는 것에 관심을 보이고 있지만, 대체로 디지털 컴퓨터게임 스토리텔링을 중심으로 한 엔터테인먼트 분야를 주요한 연구 대상으로 본다.

---

4) 이인화 외, 앞의 책, p.16.

이와 같이 한국에서는 컴퓨터·온라인·다중 접속 온라인 게임에서의 인터랙티비티와 비선형성을 특성으로 하는 스토리텔링을 중심으로 주로 문화상품 혹은 문화 콘텐츠 산업 육성 등의 목표하에 디지털 스토리텔링에 대해 관심을 기울이지만, 디지털 스토리텔링의 개인적 체험 표현예술로의 활용이나 교육적 활용에 대한 논의는 부족한 것 같다.[5] 고욱·이정엽은 기획개발Development, 제작준비Pre-Production, 제작Production, 후반작업Post-Production, 배급Distribution, 상영Exhibition에 이르는 매체 환경 전체 혹은 배급과 상영을 제외한 표현 수단으로 디지털 기술이 이용된 것이라고 디지털 스토리텔링의 개념을 제한하고, 엔터테인먼트 스토리텔링(디지털 영화, 디지털 애니메이션, 컴퓨터게임, 디지털 방송, 디지털 음악, 디지털 출판)과 인포메이션 스토리텔링(디지털 광고, 브랜드 이미지, e-러닝, 디지털 박물관, 컴퓨터 매개 커뮤니케이션 기반의 커뮤니티, 디지털 다큐멘터리, 디지털 자서전)으로 구별한다. 그러나 "개인적으로 활용되는 상용화되지 않은 논픽션 스토리텔링의 일종"이라고 규정한, 개인적 성찰 혹은 개인적 체험을 표현하는 디지털 스토리텔링과 교육 현장에서 파워포인트를 대체·보완하는 프레젠테이션 수단으로서의 디지털 스토리텔링에 대해서는 중시하지 않는다. 그리고 밀러는 온라인 롤플레잉 게임, 인공지능을 가진 말하는 인형, 가상현실 시뮬레이션, 휴대용 무선 기기에서의 액션 게임, 인터랙티브 영화 등을 제시하였다.

이들은 디지털 스토리텔링 개념을 정립하고 하나의 운동으로 조직화하는 작업이 미국에서 시작되었고 1995년에 미국에서 열린 '디지

---

5) 고욱·이정엽, 「디지털 스토리텔링의 역사와 장르」, 이인화 외, 앞의 책, pp.42-44.

털 스토리텔링 페스티벌'을 그 시작으로 인정하면서도 "디지털 스토리텔링에 대한 매체 민주주의적 성격이 이야기 제작의 교육적인 측면에는 도움이 될 수 있을지 모르겠으나, 이러한 미디어 교육이 콘텐츠 제작으로 이어질 수 있을지에 대해서는 의심해볼 필요가 있다"라고 말하고, 개인적 체험 디지털 스토리텔링은 "시장에 공급되는 디지털 콘텐츠들"과 질적 차이가 있다고 본다. 그들은 미국에서의 디지털 스토리텔링의 미디어 교육적 가능성과 공동체적 가능성은 인정하면서도, "자신의 이야기를 디지털 미디어를 통해 이야기로 만드는 작업에 불과하기 때문에 스토리텔링을 위한 이야기의 가치story value와 서사적 측면narrative을 거의 고려하지 않은 채 진행된다"라고 진단하고 있다.

이와 같은 뜻에서의 디지털 스토리텔링은 이미지, 사운드, 비디오를 이용한 개인적 체험 내러티브의 디지화를 실천한 것이라고 할 수 있다. 디지털 스토리텔링은 전통적인 구술적 스토리텔링 예술과 사진, 그래픽, 오디오, 비디오 등을 활용하는 다양한 디지털 미디어 기술을 결합시킨 것인데, 사용자 중심의 미디어를 지향하며 주제의 민주화와 대중화를 특성으로 하고 전 세계적으로 온라인을 통해 공유될 수 있다. 현재 고도로 세련된 디지털 스토리는 상호작용성이 있지만, 기본적인 디지털 스토리는 슬라이드와 내레이션, 배경음악으로 구성되어 예술과 교육 분야에서 활용할 가능성이 많다.

우리는 디지털 미디어 기술을 활용한 논픽션, 다큐멘터리, 자서전 등의 제작에 관심을 기울여볼 수 있으며, 이 영역에서 한국적 디지털 스토리텔링의 방향을 모색해볼 수 있을 것 같다. 사진을 포함한 이미지와 음악, 그리고 보이스-오버를 통해 고대에 악기를 연주하며 이야기를 구술하던 방식의 디지털적 재현이 가능하게 되었다. 특히 자아 표현을 위한 디지털 스토리텔링은 디지털시대에 디지털 기술에 의해 가능해진 새로운 서정적 자아의 표출 양식 혹은 디지털 서정시라는 새로운 예술 양식으로 발전될 수 있을 것이다. 오늘날에는 이야기도 미리 있거나 미리 있는 것으로 상정된 그 무엇을 재현하지는 않는다. 스토리도 마찬가지로 그것들을 재현하지 않는다. 달리 말하자면, '시뮬레이션'이 내러티브를 지어낸다. 스토리도 다를 바 없다. 시뮬레이션이 창작이고 또 작가다. 당연히 시뮬레이션은 스토리다. '디지털리즘'에서 비롯한 것임은 새삼 말할 나위도 없다. 이제 우리는 '디지털 스토리텔링'을 말해야 한다.

2. 이야기 예술의 진화와 상상력의 구성 요소

바야흐로 문화산업의 시대를 맞이하여 스토리텔링이 주요한 개념으로 부상했는데, 그것은 문화 콘텐츠의 제작에 밀접하게 관계하기 때문이다. 삶의 현장을 비롯하여 역사적 사건과 유적, 그리고 유형무형의 문화유산 등에 스며 있는 이야깃거리들은 문학적 상상력과 스토리텔링 기법을 통하여 현대의 매체에 적합한 양식으로 가공됨으로써 얼마든지 문화상품으로서 생산되고 유통될 수 있는 가능성을 지니고 있다.

특히 오늘날 문화상품의 유통 경로가 다변화됨에 따라 그런 가능성을 잠재하고 있는 이야깃거리들은 'OSMU One-Source Multiple-Use' 방식에 의해 다양한 콘텐츠들(영화, 드라마, 애니메이션, 컴퓨터게임 등)로 재생된다. 그러므로 제대로 만든 하나의 스토리텔링은 다양한 매체를 통해 다양한 계층으로 유통되면서 수많은 수익을 창출해낸다. 이처럼 산업생산 못지않게 문화생산의 중요성이 부각되는 문화산업의 시대에 적극적으로 동참하기 위해서는 각 지역이 독자적으로 형성해온 이야깃거리들을 발굴하고, 그것을 문화 콘텐츠로 가공할 수 있는 스토리텔링으로 개발하는 작업에 비상한 관심을 기울여야 할 것이다.

이처럼 디지털 스토리텔링에 의하여 창조되는 재미있고 감동적인 이야기는 문화 콘텐츠 또는 문화상품의 가치와 직결되어 있다. 따라서 문화 콘텐츠의 완성도를 높이고 경쟁력을 확보하기 위해서는 문화적·산업적 가치로 이어질 수 있는 '이야기 가치story value'의 역할과 능력이 주목된다.[6)]

디지털 스토리텔링의 기반은 디지털 환경이다. 상상력으로 스토리를 구성하고, 디지털 미디어로 그 스토리를 표현해야 한다. 디지털 스토리텔링의 범주에서 구성·표현하는 데 있어서 텍스트는 기존의 장르와는 다른 구성 요소를 지니기 마련이다. 아날로그에서 디지털로의 전환이 '정보'와 '매체'의 복합적 측면에서 다음과 같이 몇 가지 변화를 가져왔음은 주지의 사실[7)]이다.

첫째, 아날로그 정보는 변형되면 원래 값을 복원할 수 없지만 디지털 정보는 전달 과정상의 문제가 있더라도 그 데이터는 복원이 가능하다. 둘째, 디지털 정보는 문자, 그림, 소리 등의 소스에 상관하지 않고 같은 방식으로 기록되고 전달된다. 셋째, 디지털 정보는 컴퓨터

6) 강상대, 「디지털 스토리텔링 창작 연구」, 《한국문예창작》 제6권 제1호, 한국문예창작학회, 2007, p.15.
7) 김채환, 『디지털과 미디어』, 이진출판사, 2000, pp.86-87.

프로그램 기능을 이용할 수 있으므로 복잡한 정보의 처리가 가능하다. 넷째, 디지털에 의해 대화 기능을 가진 양방향 프로그램이 가능해진다.

이러한 디지털로의 변화가 갖는 특징적인 면을 '이야기'의 측면에서 접근하면 다음과 같은 디지털 스토리텔링의 구성 요소를 도출할 수 있다.

첫째, 항행Navigation이다. 이것은 사용자가 어떤 가상공간(현실)을 탐색하는 과정에서 스토리의 구성과 표현이 이루어진다는 것을 의미한다. 다시 말하면 디지털 스토리텔링은 사용자가 직접 참여하고 행동할 수 있는 공간을 창조해야 하며, 그 공간 속에서 벌어지는 사건 양태는 사용자의 뜻과 움직임에 의해 결정되는 스토리를 갖는다는 것이다. 이러한 스토리를 가능케 하는 디지털의 속성이 '하이퍼텍스트hypertext'이다.

하이퍼텍스트는 HTMLHyper Text Markup Language로 구성되어 비선형적·비순차적 쓰기/읽기가 가능한 전자 텍스트이다. 하이퍼텍스트는 노드node와 링크link로 구성된다. 하나의 텍스트가 여러 개의 텍스트 조각들이 합해져서 이루어진다고 할 때 이러한 텍스트 조각의 단위가 노드이다. 즉, 노드는 마우스를 한 번 클릭해서 볼 수 있는 텍스트 양을 뜻하는 것이다. 링크는 노드를 이어주는 역할을 하는데, 노드가 링크에 의하여 연결되는 방식에 바로 하이퍼텍스트의 본질이 개재되어 있다. 하이퍼텍스트의 가장 대표적인 형태는 인터넷상의 웹사이트이다. 어떤 홈페이지의 한 화면에서 다른 화면으로 넘어갈 때 우리는 일정하게 정해진 고정적인 경로를 갖지 않는다. 그저 우리가 읽고 싶거나 보고 싶은 쪽으로 마우스를 클릭하여 진행함으로써 순간순간 경로를 만들어나갈 뿐이다. 이러한 비선형성·비순차성이야말로 전통적인 문자표상의 서사와 다른 하이퍼텍스트만의 서사적 특징이다. 이러한 특징은 디지털 기술에 의해 구현된 하이퍼텍스트가 종래의 쓰기/읽기 방식을 허물어뜨리는 결과를 낳고 있다. 하이퍼텍스트 공간은 저자만의 공간이 아니라 일부분 독자의 공간으로서 독자의 결정 구조 자체가 텍스트의 한 부분을 이룬다.[8]

둘째, '변형Transformation'이다. 디지털 텍스트인 문자·그림·영상·음성 등의 원천 소스는 모두 비트bit로 구성되므로 텍스트의 복제, 결합, 변형이 자유자재로 이루어진다. "컴퓨터게임에서는 오직 하나의 삶, 하나의 문화만을 선택할 필요는 없다. 무언가 일이 잘못되어가고 있거나 똑같은 내용을 가진 다른 버전을 원한다면, 우리는 언제라도 처음으로 되돌아가서 게임을 다시 시작할 수 있는 것"이라는 머레이J. H. Murray의 지적은 '변형'이 가져다줄 수 있는 매우 의미 있는 성찰을 담고 있다. 즉, 현실의 삶이란 대부분 한번 선택한 것은 바꾸거나 되돌릴 수 없는 한정적·규정적 상황에 의하여 이루어지지만, 디지털 스토리텔링이 창조하는 가상의 삶은 기존에 주어진 것을 얼마든지 바꾸어도 무방하다. 그렇기 때문에 그 가상의 삶은 현실의 속박에서 벗어나는 새롭고 매력적인 삶의 모습을 보여준다. 달리 말하면, 디지털 스토리텔링은 사용자로 하여금 스토리에 참여하는 행위 자체에서 재미와 감동을 느낄 수 있도록 하기 위해 해체와 결합이 자유로운 다중多重 형식의 스토리 구조를 지녀야 한다. 사용자가 스토리의 분편分片을 어떻게 해체하고 결합하느냐에 따라 그 형식과 의미가 각기 다르게 나타나는 이야기의 구성이 바로 디지털 스토리텔링의 역할인 것이다.

---

8) 배식한, 『인터넷, 하이퍼텍스트 그리고 책의 종말』, 책세상, 2000, p.140.

셋째, '융합Fusion'이다. 이것은 사용 주체의 측면과 사용 매체의 측면으로 나누어볼 수 있다. 사용 주체의 측면에서 융합은 통섭적統攝的 사고, 즉 어떤 경계를 넘거나 허물어서 새로운 영역을 만들어나가고자 하는 생각과 상상력의 발휘를 의미한다. 디지털 스토리텔링은 스토리와 테크놀로지가 서로의 경계를 넘어 탄생한 이야기다. 달리 표현하자면, 어느 한 분야나 어느 한 장르에 국한된 편협한 상상력에 머물러서는 안 된다는 점을 말해준다. 다양한 분야, 다양한 장르를 융합하여 새로운 것을 창조해내는 것이 디지털 스토리텔링의 책임인 것이다. 사용 매체의 측면에서 융합은 매체 복합성을 의미한다. 이것은 디지털 스토리텔링을 대중적인 서사 양식으로 이끄는 매우 유효한 특징이라고 할 수 있다. 기존에는 단일 미디어에서 처리하고 통신하였던 문자, 기호, 음성의 세계에 정지 화상과 동화상을 도입하여 이를 기존의 미디어와 동시에 병행하여 사용하도록 해주는 멀티미디어 기술은 오디오, 비디오, 그래픽, 애니메이션 등의 다양한 매체를 컴퓨터와 통신을 기반으로 디지털 방식으로 융합해주었다.

특히 디지털 스토리텔링의 생산자 및 소비자들은 대개 문자나 책보다는 영상 매체, 컴퓨터 등의 뉴미디어를 통해 감성과 지식을 키운 세대이다. 이들은 언어를 통해 사건과 사건을 이어가거나 논리적인 인과관계를 통해 서사적 긴장감을 이끌어가는 것이 아니라 장면과 장면을 중시하고 그것의 연결을 통해 감각적으로 이야기를 전개해나감으로써 기존의 문자 중심의 세대를 곤혹스럽게 하고 있다.[9] 앞서 디지털 스토리텔링의 개념을 논의하면서 확인한바, 디지털 스토리텔링은 문자, 영상, 소리 등을 다양한 매체로 서로 공유하는 과정에서

---

9) 최병우, 『다매체 시대의 한국문학 연구』, 푸른사상, 2003, p.22.

탄생된 스토리를 가리킨다. 그러므로 그것이 멀티미디어 기반의 스토리가 되어야 한다는 점은 당연한[10] 것이다.

이처럼 '디지털 스토리텔링'의 몫은 압도적으로 크다. 이야기하고 말하고 있는 게 아니라, 보이고 있고 비춰주고 있다. 그래서 응시와 눈여겨보기가 읽기를 앞선다. 영화가 처음 새로운 내러티브로서 또 스토리로서 세상에 나왔을 때, '영화는 새로운 언어를 말하지 않았다. 오히려 오래된 묵은 언어를 새로운 매체를 통해서 전했다'라고 해야 옳았을까? 아니면 '말과 필름의 상호작용은 새로운, 비문학적인 언어형식을 만들어냈다'라고 해야 옳았을까? 이제 우리는 '말과 디지털리즘의 상호작용은 새로운, 비문학적인 언어형식을 만들어냈다'라고 해야 할 것이다.

디지털 기술을 활용한 스토리텔링, 즉 디지털적 시각화/청각화와 스토리텔링을 결합한 것이라고 할 수 있는 이와 같은 디지털 스토리텔링 이전의 '스토리텔링'이라는 개념 그 자체가 이미 이야기를 들려주는 자와 듣는 자 사이의 양방향성 혹은 상호작용성과 협동적 창조성을 특징으로 하는데, 이 스토리텔링에 대한 이해는 디지털 미디어 기술을 응용하여 텍스트와 이미지의 배합을 시도하는 디지털 스토리텔링의 개발을 위해 필요한 기반이 될 것이다. 고대로부터 있었던 스토리텔링은 말, 이미지, 소리 등으로 사건을 알려주는 예술 혹은 기술로서, 오락과 교육의 수단 혹은 문화와 지식, 도덕률 등의 유지와 전수의 수단으로서의 기능을 가진다. 목소리voice와 몸짓gesture을 통해 청자들에게 이야기를 전달하는 구술적인 형태로부터 시작되어 벽화나 나무와 돌에 새긴 그림들을 통한 스토리 전달을 거쳐 오늘날 디

10) 강상대, 앞의 글, pp.19-20.

지털 형태로 저장될 수 있는 방식으로까지 발전했지만, 일반적으로 스토리텔링이라고 할 때는 대체로 우리나라에서의 동화구연童話口演의 방식과 같이 주로 구술적 형식을 지칭하며, 화자, 청자, 스토리가 구성 요소이다.

위키피디아Wikipedia의 정의에 따르면 '디지털 스토리텔링'이라는 용어는 일반인들이 디지털 기술을 이용하여 그들 자신의 실제적 삶에 관한 이야기를 하는 것을 지칭한다. 비교적 짧은 스토리의 형식을 취하며, 쌍방향interactivity을 포함할 수 있다. 또한 이 용어는 웹 기반 스토리, 하이퍼텍스트, 인터랙티브 스토리, 그리고 내러티브적 컴퓨터게임들을 포함하는 다양한 형식의 디지털 내러티브들을 지칭하기도 한다.

이렇듯 디지털 기술에 의해 많은 사람이 스토리텔링을 더 쉽게 할 수 있게 되었으며, 스토리텔링 소프트웨어의 개발이 촉진되고, 그 개발에 의해 또한 디지털 스토리텔링이 활성화되고 있다. 디지털 스토리텔링의 특징을 정리하자면, 고대로부터의 예술을 바탕으로 이미지, 그래픽, 음악, 소리 등을 저자 자신의 이야기와 목소리를 이용하여 디지털 기술로 결합한 것이라고 말할 수 있다. 디지털 스토리텔링은 개인적 내러티브를 공유하는 전통에 디지털 기술을 적용하는 것으로서, 네트워크, 비디오 공유 인프라의 구축이 디지털 스토리의 활성화를 가능하게 한다고 본다. 여기에서 좋은 스토리의 요소들을 ① 자신의 스토리 속에서 생동적으로 사는 것, ② 배우는 교훈, ③ 극적 질문을 통한 창조적 장 개발, ④ 스토리를 경제적으로 만들기, ⑤ 말하지 않고 보여주기, ⑥ 장인적 숙련 개발 등으로 정리할 수 있다. 이와 같은 특성을 살린 디지털 스토리텔링은 개인적 성찰 표현의 새로운 예술 형태만이 아니라, 또한 파워포인트를 이용한 단순한 객관적 데이터의 제시나 요약 리포트 방식과는 다른, 입체적이고 다면적인 프레젠테이션의 역동적인 도구로 교육 현장에서 활용할 수 있을 것이다.

3. 디지털 스토리텔링의 전략

내러티브는 인간의 체험을 조직화하는 방식이며, 문화적 아이덴티티를 규정하는 가치들을 형성하고, 교육과 지배적 이데올로기의 수단일 뿐만 아니라, 기억을 보존하며, 허구적 형식을 이용한 오락의 원천이 되는 등 다양한 기능을 지닌다. 장 프랑수아 리오타르Jean-François Lyotard가 비판했듯이, 거대 내러티브grand narrative 혹은 지배 내러티브master narrative는 복합적인 다양체적 현실을 단순화하는 면이 있지만, 내러티브 그 자체는 지혜, 믿음, 가치 등을 전달하고 지식, 기억, 학습의 수단이 된다. 내러티브는 연모−사용tool-using만이 아니라, 상징−사용symbol-using과 의미−제작sense-making을 특징으로 하는 인간의 존재 양식의 중요한 구성 요소이다.

즉, 내러티브 텍스트는 '누구에게 무슨 일이 일어났는가?'를 중심으로 하는 스토리와 '그 이야기가 어떻게 전달되는가?'의 문제인 담론으로 구성되는 것으로 설명할 수 있다. 채트먼은 이 경우의 담론에는 언어, 회화, 시네마, 발레, 팬터마임 등과 같이 다양한 표명 형식들이 있다고 말한다. 이 표명 형식들 속에 우리는 디지털 미디어도 포함시킬 수 있다.

디지털 미디어를 통해 배포되는 콘텐츠들은 내러티브적 요소들을 포함하는데, 내러티브와 인터랙션의 통합 수단을 확인하지 못하고 있는 것들이 많지만 이미지의 역할이 중요하다는 점이 부각되고 있다. 즉, 내러티브가 텍스트와 언어의 선형적인 연속으로부터 비선형적인 시각적 커뮤니케이션 양식으로 변모했는데, 이 과정에서 이미지들이 더 정확하고 신속하게, 비선형적인 방식으로 정보를 제시할 수 있다는 것을 확인한 것이다.

또한 시각적 이미지들이 커뮤니케이션의 주된 형식이 된 시각문화의 시대에 시각적 문해력visual literacy의 중요성이 강조되고 있다. 시각적 문해력은 기본적인 시각적 요소들에 대한 지식을 통해 이미지의 의미와 구성 성분들을 파악하는 능력, 시각적 메시지들을 이해하고 창조하는 능력, 커뮤니케이션을 위해 이미지들과 시각적 상징들을 사용하는 능력 등으로 정의할 수 있다. 또한 그것은 현재와 과거의 이미지들을 해석하고, 효율적으로 의사소통하기 위해 이미지들을 생산하는 일과도 관련되며, 이미지들의 정확성, 정당성, 가치 등에 대해 판단하는 것도 포함한다. 이 시각적 문해력은 이른바 시각적 전환the visual turn의 시대에 더욱 많이 요구될 수밖에 없다. '시각적 전환'은 시각문화에서는 읽기reading보다 보기seeing가 더 중요한 활동이며, 시각적 체험은 텍스트성textuality의 모델로는 제대로 설명될 수 없다는 인식을 반영한다.

이와 같은 인식은 지식의 시각적 형식, 즉 그래피시스graphesis에 관한 관심의 증대, 정보 시각화information visualization, 설득적 표현을 구성하는 시각적 형태들의 수사학적 구조에 관한 연구를 파생시킨다. 이 점에서 브루너J. S. Bruner가 구별한, 인과율에 입각한 패러다임적 사고paradigmatic mode of thought와 인간적 삶의 문제를 다루는 내러티브적 사고narrative mode of thought의 구별을 검토할 필요가 있다.

내러티브적 사고란 지식의 생성적인 본질을 가리키는 말로서 이야기를 만드는 마음의 인지적 작용을 의미한다. 패러다임적 사고가 사물과 사건들의 불변성에 연결된 '존재'의 세계를 만든다면, 후자는 삶의 요구들을 반영하는 인간적 세계를 이해하려 한다. 내러티브적 사고는 수많은 관점들과 가능한 '세계'를 만들어냄으로써 가설 검증(패러다임 사고)이 아닌 가설 생성을 수행한다. 따라서 내러티브적 사고는 과학자들이 위대한 발견들을 이끌어내는 '과학자들의 직관적 사고'와 '은유적 계기'를 통해 창의적이고 인간의 상상력을 중시하는 형태를 띠게 된다는 설명에서도 암시되듯이 직관, 은유, 상상력 등을 중요시한다. 이 내러티브적 사고가 필요로 하는 것을 우리는 내러티브 이미지라고 할 수 있을 것이다. 내러티브 이미지는 텍스트와 이미지 사이의 대립을 종합적으로 지양한 것이다.

텍스트와 이미지 사이의 대립이라는 문제는 인쇄문화와 구술문화 사이의 차이와도 연관된다. 분석적·연속적·논리적인 양식으로서 세부 사항들 그 자체에 대한 관심을 특징으로 하는 인쇄문화와는 달리 구술문화는 종합적·동시적·감화적 양식으로서 세부 사항들의 전체적 배합에 대해 관심을 가진다. 구술문화에서는 몸짓과 음성의 동시적인 제시를 통한 정서적·감화적 양상들을 중시하는 것이다. 이 점에서 인쇄문화에서의 텍스트적 내러티브 혹은 문자언어적 내러티브와는 달리 시각적 내러티브 혹은 비문자언어적 내러티브들(영화, 텔레비전 드라마, 뮤직비디오, 만화, 광고, 컴퓨터게임, 그리고 디지털 스토리텔링)은 구술문화 시대의 감각적 사유의 특성을 회복하는 점이 있는데, 이 문제와 관련하여 내러티브 이미지의 특성에 대해 체계적으로 조사할 필요가 있다.

요컨대 디지털 스토리텔링은 지식 전달의 구술적 전통을 바탕으로 한다. 또한 개인의 정체성 형성과 연관된 주요한 체험을 다른 사람들과 함께 공유하게 한다. 개인적 성찰 디지털 스토리텔링은 시각적·청각적 요소들을 비판적으로 결합할 수 있는 능력을 배양하여 미디어 문해력을 함양하는 데에 유용한 수단이 된다. 그러나 이 개인적 성찰 디지털 스토리텔링에서는 일관된 내러티브 구성의 어려움이 있으며, 저작권이 있는 이미지, 음악, 비디오, 텍스트 등을 사용할 때 조심해야 할 필요가 뒤따른다. 앞으로 더 철저히 개발된 내러티브가 디지털 스토리에 주입될 것이며, 디지털 방식에 고유한, 스토리를 공유하는 상호작용적·비선형적 기법들이 보다 더 창조적으로 활용될[11] 것이다.

4. 나오며

이상으로 살펴본 디지털 스토리텔링 사례들은 전체적이고 연속적인 체계로 표현되는 아날로그 방식처럼 주로 관객과의 직접 소통으로 이루어지는 공연 콘텐츠에 집중되어 있거나, 아니면 그 가능태로서만 잠재하고 있음을 확인했다. 그러나 오늘날 초고속 인터넷과 유비쿼터스로 집약되는 디지털시대에 있어 문화 콘텐츠의 디지털화는 너무나 중요한 과제가 되고 말았다. 이제 디지털 방식으로 생산되고 유통되는 콘텐츠들—컴퓨터게임, 애니메이션, 디지털 영화, 에듀테

---

11) 데이비드 버킹엄, 기선정·김아미 역, 『미디어교육 : 학습, 리터러시, 그리고 현대 문화』, 제이앤북, 2004, pp.121-145.

인먼트, 웹 박물관, 웹 광고, UCC 등에 익숙해진 세대들을 사로잡지 않으면 문화산업은 미래를 기대할 수 없다.

디지털 세대들은 더 이상 전통적 형식의 이야기에는 접속하지 않는다. 그들은 디지털시대가 요구하는 새로운 이야기 형식에만 적극적으로 반응하고 참여한다. 전통적 방식의 콘텐츠들이 일방적 수용을 강요한 것에 비해 디지털 방식은 쌍방향의 상호 소통의 장을 마련해주기 때문이다.

그렇다면 전통적 이야기의 방식과 디지털의 그것은 어떻게 다른가? 전통적 스토리텔링이 상상력을 통한 개연성 있는 허구를 추구했다면 디지털 스토리텔링은 상상적 허구라는 점은 동일하지만 더 이상 개연성에 연연하지 않는다는 점에서 핵심적으로 차별화된다. 아리스토텔레스가『시학』에서 미토스mythos, 즉 플롯의 법칙으로 제일 중시했던 개연성은 사건의 전체성, 연속성, 통일성, 단일성과 밀접하게 연관되어 있다. 전통적 플롯이 지켜야 할 이러한 특성들의 핵심 개념은 시간이다. 즉, 전통적 스토리텔링은 현실의 시간에서 납득할 만한 사건들이 인과관계의 절대적 시간의 질서 속에서 배치되어야 한다. 반면 디지털 스토리텔링의 핵심 개념은 공간이다.

디지털 스토리텔링이 소통되는 사이버스페이스cyberspace 자체가 이미 가상의 '공간'이기 때문이다. 그곳에서의 시간은 상대적이며, 얼마든지 축소되거나 확대될 수 있다. 사건은 이어질 수도 건너뛸 수도 있으며, 뒤죽박죽 또는 종횡무진의 방식으로 전개되기도 한다. 채트 먼이 "언어적 서사물이 시간적으로 축약된 서사 내용을 표현하는 데 있어 영상적인 서사물보다 더 편리한 반면, 후자는 공간적인 관계들을 보여주는 데 더 많은 이점을 가지고 있다"[12]라고 했듯이, 영상 이미지로써 소통되는 디지털 스토리텔링 또한 주로 공간적인 관계들로써 구성된다. 채트먼에 의하면 이야기narrative는 사건적 요소와 사물(존재물)적 요소로 나뉘는데, 사건적 요소는 시간을 중심으로 하는 사건들(행위, 돌발사)의 연쇄(또는 배치), 즉 플롯과 대응한다면, 사물적 요소는 공간을 중심으로 하고 장소와 장치set, 소도구objet 등을 배경으로 삼는 인물ethos, character과 대응한다. 아리스토텔레스와 형식주의자 그리고 구조주의자들은 인물을 플롯의 하위에 두고, 채트먼은 헨리 제임스처럼 이야기는 사건적 요소와 사물적 요소가 함께 존재할 때만 가능하게 된다며 플롯과 인물의 균형을 주장하지만, 디지털 스토리텔링 방식에 있어 이야기는 명백하게 인물이 플롯의 우위에 있다. 그러므로 디지털 스토리텔링론을 선도하는 이인화 역시 공간의 우위를 주장하며, 그중에서도 인물의 중요성을 다음과 같이 정리하고 있다. "허구적 공간은 캐릭터, 장소, 아이템, 배경 이야기라는 4대 구성 요소로 이루어지는데 이 가운데 가장 중요한 요소는 캐릭터이다. 캐릭터는 모든 에피소드의 주체이며 테마의 구현자이기 때문이다."13)

  이상과 같은 디지털 스토리텔링의 특성을 논의하는 것도 중요하지만, 그것에 부합하는 문화적 자원을 실제로 발굴하고 가공해내는 임무도 못지않게 중요하며, 그 가능성을 확인하는 것이 이 글의 궁극적인 목적이 될 것이다. 따라서 역사, 신화, 전설 등으로부터 디지털적 상상력을 확장할 수 있는 모티프를 스프링보드 스토리springboard story14)의 형태로 제시하고자 한다. 스프링보드 스토리는 스티븐 데닝

---

12) S. 채트먼, 한용환 역, 『이야기와 담론 : 영화와 소설의 서사구조』, 고려원, 1990, p.32.
13) 이인화 외, 앞의 책, p.23.

이 활용한 용어이다. 청중에게 참고가 되는 사례들을 제시함으로써 청중이 거기에 스스로 의미를 부여하여 열의를 갖고 새로운 도약을 이루도록 만드는 스토리텔링 기법을 말한다. 여기서는 완성된 서사로 도약시키기 위해 채택된 원자재로서의 이야기를 의미하는 용어로 차용한다. 그런 점에서 스토리보드 스토리는 근거 있는 이야기로서 청중의 상상력을 자극할 수 있어야 하며, 배후에 설정된 구성의 의도가 분명해야 한다. 또한 콘텐츠로의 활용을 전제해야 하며, 미니멀리즘(세부 사항을 제공하지 않는)의 방식으로 전개되어야 한다. 그리하여 한국적인 문화를 특화하면서도 보편적인 이야기의 흥미를 담보할 수 있는 하나의 사례를 모색해보고자 하는 것이다.

---

14) '스프링보드 스토리'는 스티븐 데닝이 활용한 용어이다. 청중들에게 참고가 되는 사례들을 제시함으로써 청중들이 거기에 스스로 의미를 부여하여 열의를 갖고 새로운 도약을 이루도록 만드는 스토리텔링 기법을 말한다. 여기서는 완성된 서사로 도약시키기 위해 채택된 원자재로서의 이야기를 의미하는 용어로 차용한다. 그런 점에서 스토리보드 스토리는 근거 있는 이야기로서 청중의 상상력을 자극할 수 있어야 하며, 배후에 설정된 구성의 의도가 분명해야 하며, 콘텐츠로의 활용을 전제해야 하며, 미니멀리즘(세부 사항을 제공하지 않는)의 방식으로 전개되어야 한다. 스티븐 데닝, 안진환 역, 『스토리텔링으로 성공하라』, 을유문화사, 2006, pp.75-102.

제5장

텍스트를 활용한 스토리텔링

INSIGHT,
MODERN POP
CULTURE
AND ART

1. 들어가며

이 장에서는 '텍스트를 활용한 스토리텔링'을 중심으로 강의실에서 적용 가능한 교수자의 '의미부여 교육'을 제안하고자 한다. '의미부여'는 텍스트를 보고 읽음으로써 세상을 이해하는 힘을 키우는 것이다. 특히 '텍스트를 활용한 스토리텔링' 수업 방안은 학습자에게 자신을 되돌아보게 하고, 자신의 창의력을 구체적으로 표현하도록 계기를 마련해준다는 점에서 매우 유익한 수업이 될 것이다. 이 수업에서는 특히 '분야 간 담 허물기'와 '소통과 협력' 그리고 '다른 분야에 대한 이해' 등을 요구한다. 이와 같이 분야 간의 이해와 협력 그리고 소통을 가능케 하는 것이 이 파트의 목표가 될 것이다.

융합하는 사고란 첫째, 다양한 학문적 배경지식을 충분히 이해한 사람들이 자신의 생각이나 감정을 그 무엇으로 풀어내는 방식을 말한다. 학습자들은 다양한 분야의 책을 읽거나 강좌를 수강함으로써 자신의 지식을 확장할 수 있다. 둘째, 다양한 학문들이 서로 만나야 하며, 그렇게 실제로 만나는 것을 학문의 융합이라 할 것이다. 이렇게 해서 탄생한 학문이 인지과학 또는 인지심리학 등인데, 이것이 융합학문이다.

일반적으로 인문/사회 분야와 자연과학/예술 분야 간의 소통을 뜻하는 '통섭'은 '뛰어넘다'라는 뜻을 갖는다. 더하여 텍스트(책, 회화, 사진, 애니메이션, 드라마, 영화)를 활용한 스토리텔링의 교육 목표로는 비판적 · 논리적 사고 능력의 신장, 창의적인 문제 해결 능력의 배양, 합리적 의사소통 능력, 자아 중심의 스토리텔링, 공동체 지향 스토리텔링, 성찰적 스토리텔링을 강조하는 경우가 많다.[1] 또한 '교양교육' 차원에서 접근하는 관점, 기초 소양이나 전인적 성장의 목적, 피드백

활동의 효과와 방법 등을 교육 목표로 제시하고 있다. 이와 관련된 기존 문헌들도 주로 이에 대한 답을 찾기 위한 노력으로부터 시작되었다고 해도 과언이 아니다. 특히 학습자들의 직접적 수행이 강조되는 '의미부여 영역'의 경우 성취 기준의 진술만으로는 성취 수준을 적절히 가늠하기 어렵다는 한계가 있다. 이러한 문제점을 해결하기 위한 방안 중 하나가 의사소통 능력을 신장시키는 프로그램과 전인적 인격체를 지향하는 통합적 교양교육이다. 이는 읽기와 의미부여 하기/그림(회화) 감상 등을 통합하여 스토리텔링을 지도하는 것이다. 요즘 대학 교육에서는 학문 간 통섭을 강조하는 융·복합적인 교육의 필요성이 대두되고, 그에 대한 많은 논의가 이루어지고 있다.

이 수업에서는 학습자 분석 단계를 통하여 회화예술 텍스트를 활용한 스토리텔링에 중점을 두고자 한다. 그리고 회화예술 텍스트를 선정하여 학습자 개개인이 '의미부여'를 해보는 것이다. 먼저 스토리텔링의 욕망 고취와 회화예술 텍스트를 활용하여 교수 모형 및 적용 사례를 만들어보았다. 우선 강의 현장에서 학습자의 스토리텔링에 대한 의지가 체계적이고도 효율적으로 이루어지기 위해서는 교육 목표와 내용이 바르게 설정되어야 하고, 평가 방법과 도구가 적절하게 선정되어야 한다. 나아가 평가의 실시, 채점, 결과의 분석과 활용 등이 정확하고 충실하게 이루어져야 한다. 따라서 경계를 아우르는 상호 텍스트의 문제와 의사소통 방식이 다변화되고 있다는 현실을 고려하여 융합적 사고에 대한 교육이 심도 있게 이루어지는 시점이라 할 수 있다.

---

1) 김춘규, 「자기 성찰적 글쓰기 방안 모색 연구–자기소개서 쓰기 지도를 중심으로」, 《어문학》 제125집, 한국어문학회, 2014, p.51.

2. 회화를 활용한 텍스트 수업 동향 및 학습자 분석 단계

회화예술 텍스트를 활용한 논의를 살펴보면 다음과 같다. 홍병선[2]은 그의 연구에서 예술과 상상력, '정신언어'로서의 예술과 예술가의 미적 이념, 회화예술과 상상력으로 구분하여 예술교육의 대안을 모색하고 있다. 그 결과 학습자 스스로가 자신의 예술적 감각의 능력을 신장시키며, 그 구체적인 학습에 있어서 유의미한 방향성을 제시하는 근거를 들고 있다. 황영미[3]는 대학 교양교육에서 영화를 활용한 교육 방법론을 모색하였다. 먼저, 수강하는 학생들의 특성에 대해 설문조사를 한 결과, 학습자가 문과생이냐 이과생이냐에 따라 인식 측면에서 차이가 나는 것으로 밝혀졌다. 그에 따라 영화평에 대한 설문조사를 통해 영화평 해보기가 효율적인 방법이 될 수 있다는 것을 논증했다. 이는 전공별 학생들의 사고의 차이점 때문이다. 이를테면 문장 수준, 텍스트 차원, 독자, 필자 차원에서 의미부여와 사고 과정이 다르다는 결론이다. 그는 이전처럼 의미부여 과정을 단순하고 고정적인 것으로 보지 않고, 매우 복잡하고 폭넓은 과정으로 인식하는 것이 중요하다고 강조한다.

---

2) 그는 회화예술에서 이미지의 형성(상상력 활동)을 통한 미적 창의성이 예술교육의 주요 목표가 되어야 하며, 상상력 함양을 위한 예술교육은 예술 영역에서 무엇보다 중요한 측면이라고 했다. 이는 미와 질서 등을 '재창조하기 위한 사유 과정'으로 이해된다. 따라서 예술 작품을 활용한 글쓰기 교육은 '상상력'을 함양시키기 위한 글쓰기의 새로운 변화를 모색할 필요가 있다. 홍병선, 「회화예술에서의 상상력과 그 교육적 적용을 위한 대안모색」, 《교양교육연구》 제8권 제4호, 한국교양교육학회, 2014, pp.565-582.
3) 황영미, 「영화를 활용한 이과생 대학 글쓰기 교육 방법 연구」, 《교양교육학회》 제7권 제4호, 한국교양교육학회, 2013, pp.109-135.

손동현[4]은 사고교육과 언어교육, 예술교육이 하나로 통합되어야 함을 강조한다. 그는 언어교육과 사고교육, 예술교육은 따로 떼어놓을 수 있는 것이 아니기 때문에 영역을 구분하는 것은 바람직하지 않다는 견해를 밝혔다. 김지영[5]은 미술 교육 과정에서 학습자들에게 사고의 질을 높이기 위한 방법으로 통합된 사고력 교육을 적용하고 있다.

〈통합적인 '생각 키우기' 미술 감상법〉[6]

미술 감상 단계	다원적 사고	탐구 공동체 사고교육의 적용
개인적인 반응 및 묘사 단계	분석력 개발	문제의 원인 찾기 및 질문법 만들기
해체적 감상 단계	종합력 개발	관점 및 서로의 입장 바꿔보기
해석과 평가 단계	판단력 개발	문제 상황에 대한 진단 및 새로운 구성능력 개발

이를 응용하자면, 시각예술 교육에서 작품 감상을 통한 교육이 갖는 이점은 학습자가 자발적 관심에서 감상 활동에 참여함으로써 사회문화적 맥락에 따른 능동적 해석 능력을 키우는 것이다. 그는 이러한 연구를 통해 시각적 문해력visual literacy 교육의 필요성과 비판적 사고력에 기반한 회화예술 교육론을 제안하고 있다.

또한 이원숙[7]은 미술 작품을 감상하고 이를 활용하여 사고와 표현

---

4) 손동현, 「융복합시대 의사소통교육의 외연」, 《작문연구》 제21집, 한국작문학회, 2014, p.13.

5) 김지영, 「비판적 사고 함양을 위한 시각문화 학습」, 《교양교육연구》 제5권 제2호, 한국교양교육학회, 2011, pp.39-57.

6) 위의 논문, p.50.

7) 이원숙, 「미술작품 감상과 창의력 증진을 위한 글쓰기」, 《교양교육연구》 제7권 제2호, 한국교양교육학회, 2013, pp.169-195.

교육에 연계함으로써 학습자 주도의 능동적 사고를 유도하고 창의력을 증진시킬 수 있는가에 대해 논의하고 있다. 그는 예시문을 통해 학습자가 자유롭게 상상하여 이야기를 만들 수 있는 묘사와 설명, 비유적 표현 활동을 구체화하고 있다. 그 방법으로 '상상하기 - 창의적 발상하기 - 즐거운 의미부여 - 심화된 스토리텔링' 등을 소개하고 있다. 이는 문화적 기억의 재생산이라는 범주에서 보면, 예술과 미술은 체험의 연장 선상에 있으며 진행형이자 가능성을 열어둔다는 데 의의가 있다. 박일우·기정희[8]는 대학 교양교육의 혁신 움직임에 동참하면서 인문학과 예술이 융합된 새로운 교과목 개발의 필요성과 이론적 배경을 밝히고, 융·복합 예술교육의 우수성을 논하고 있다. 궁극적으로 대학에서 예술·인문학·융복합 영역의 교과목을 개발하는 것은 인문학뿐 아니라 예술, 특히 예술이론 연구진들의 각성과 변신을 요구하는 논의로 보인다. 또한 국내 대학의 예술 영역 교양교육의 현황을 조사하여 문제점을 지적했으며 그 대안을 제시하고 있다. 이러한 논의를 보면 많은 연구자들이 대학 교육의 정체성을 고민하고 교육의 질 개선을 위해 노력하고 있음을 알 수 있다.

그다음은 학습자 분석 단계이다. 의미부여 능력 향상을 위한 수업을 실시할 때 가장 먼저 파악되어야 할 것이 학습자에 대한 정보이다. 학습자의 융합적 사고에 대한 경험, 그리고 현재의 의미부여 능력 정도를 파악해야 회화 텍스트를 활용한 교육의 성과를 정확히 확인할 수 있다. 우선 학습자는 순천대학교 교양 교과목인 '현대대중문화와 예술'을 수강하는 150명의 학생을 대상으로 삼았다.

---

8) 박일우·기정희, 「인문학·예술 융복합 신규 교과목 〈그림읽기로 세상보기〉 개발」, 《교양교육연구》 제7권 제6호, 2013, pp.11-41.

〈학습자 분석용 설문조사〉

1. '현대대중문화와 예술' 과목을 수강하게 된 동기는?
   ① 인문학적 교양을 쌓으려고(79명) ② 학점을 채워야 하니까(68명) ③ 기타(3명)

2. 텍스트를 활용한 스토리텔링의 영역 중 가장 관심 있는 장르는?
   ① 회화(53명) ② 영화(49명) ③ 사진(32명) ④ 관심 없다(16명)

3. 스토리텔링 경험은?
   ① 있다(36명) ② 없다(114명)

4. 스토리텔링에 대한 자신감?
   ① 매우 있다(36명) ② 그저 그렇다(58명) ③ 없다(56명)

5. 스토리텔링을 할 때 가장 어려운 점은?
   ① 형식을 모름(47명) ② 스토리텔링 자체(56명) ③ 스토리텔링을 해본 적이
   없음(47명)

   ※ 참고 : 이 수업은 인터넷으로 검색 가능한 지식을 쌓기보다 창의적인 사고를 부여하는
   것에 중점을 둔다.

위의 설문조사 결과처럼 학습자들은 회화를 활용한 스토리텔링에
대해 어려움과 두려움을 보였으며 적절한 창의적 사고와 표현 방법
에 대해 알지 못하고 있었다. 필자는 학습자들이 가지고 있는 의미부
여에 대한 두려움을 제거해야 할 필요성을 느꼈다. 이러한 점을 고려
할 때, 학습자들에게 체계적이고 단계적으로 스토리텔링을 하는 방
법과 다양한 표현 방법, 이야기의 형태 등에 대한 학습이 절실히 필
요함을 느꼈다.

3. 회화예술 텍스트를 활용한 스토리텔링 모형

'현대대중문화와 예술' 과목은 교양 선택 과목이라 다양한 전공의

학습자들이 수강한다. 학습 대상도 1학년부터 4학년까지 다양하게 분포되어 있다. 더구나 학습자들은 대부분 스토리텔링에 대한 두려움을 지니고 있다. 그 두려움을 극복하는 방법으로, 회화예술 텍스트 (수업 방향에 따라 다양한 텍스트를 활용할 수도 있다)를 보고 상상력을 발휘해보게 하는 것이다. 이 방법은 의미부여에 대한 흥미와 관심을 유발할 수 있다. 또한 스토리의 질서와 코드가 작품에 숨겨져 있다는 적극적인 이해를 통하여 학습자 나름의 융합적인 활동을 할 수 있으며 사고와 표현의 능력을 신장할 수 있다. 이는 대상 텍스트를 통해 이해 능력을 높이고 기존 텍스트를 바탕으로 합리적이고 논리적인 과정을 익히도록 하는 것이다.[9] 즉, 학습자들은 회화예술 텍스트의 감상 활동과 다른 학습자들의 표현 활동을 통해 상호 관계를 경험하게 된다. 더하여 미적 지각 능력의 확장과 학문에 대한 관점은 회화예술 텍스트와 스토리텔링이 연계될 때 더욱 그 효과가 증진될 수 있다. 앞에서도 지적한 바 있지만, 회화를 활용한 스토리텔링 수업의 목표가 될 의미부여 방법과 표현법을 제대로 사용할 수 있다는 학습자들은 소수였으며, 대부분 어려워하거나 자신감을 보이지 못했다. 필자는 학습자들이 여러 가지 관점에서 자유롭게 주제를 찾고 비유와 상징, 표현 방법 등을 찾아내도록 유도했다. 또한 '회화예술 텍스트를 활용한 내용 생성하기 전략'을 '교수자용'과 '학습자용'으로 제작해보았다.

9) 김춘규, 앞의 논문, p.58.

<회화예술 텍스트를 활용한 내용 생성하기 – 교수자용>

1. 학습 목표
   1) 회화예술 텍스트를 활용하여 스토리텔링을 완성할 수 있다.
   2) 완성한 스토리텔링을 효과적으로 발표할 수 있다.

2. 도입
   1) 동기 유발
   2) 회화예술 텍스트를 활용한 스토리텔링 수업 안내

3. 학습 목표 제시
   1) 학습자의 상상력을 회화예술 텍스트와 대입하여 표현해본다.
   2) 학습자별로 쓴 스토리텔링을 발표하고 다른 학습자의 스토리를 평가해본다.

※ 참고 : 텍스트의 선정은 융통성 있게 선별하면 된다.

전체적 접근 단계에서는 회화예술 텍스트를 활용하여 자연스럽게 토론할 수 있어야 한다. 부분적 접근 단계에서는 정서적인 측면만이 아닌 창의적 사고력과 사고 과정을 바탕으로 하는 인지적 측면까지 반영하고, 그중 자유연상을 이용하는 방법으로 스키마전략을 이용한다. 연상되는 단어를 쓰도록 유도하고 연상한 것에 대한 이유를 찾으면서 깊이 있는 사고를 통해 스토리텔링을 해보도록 유도한다. 창의적인 스토리텔링을 유도하는 여러 가지 교수 방안이 실행되고 있지만 이 수업에서는 이러한 방안을 토대로 회화예술 텍스트를 활용한 모형을 제시하고자 한다.

<회화예술 텍스트를 활용한 내용 생성하기 – 학생용>

1. 수업 목표
   1) 회화예술 텍스트를 활용한 이미지 떠올리기 – 이미지를 전달할 단어를 적어본다.
   2) 제목 지어보기 – 회화예술 텍스트의 이미지와 창의적 상상력을 자연스럽게 연결해본다.

2. 회화 이미지의 첫 단락과 마지막 단락 연결하기

1) 회화의 이미지 꾸미기. 자유 스토리텔링 해보기.
2) 회화에 대한 미술사적·사회적·문화적 맥락 설명하기.
3) 자신의 감각을 표현해보기.
4) 첫 단락과 마지막 단락을 연결할 플롯을 상상하며 의미부여 해보기.

이때 교수자는 회화예술 텍스트에 대한 배경지식을 설명하지 않고 텍스트를 제시하는 방법이 있고, 배경지식을 설명해주는 방법도 있다. 필자는 배경지식을 설명해주고 상상력을 유도해보았다. 전자든 후자든, 학습자들이 스토리텔링을 어려워하는 것은 자신의 창의적 상상력을 어떤 식으로 표현해야 효과적으로 감정을 전달할 수 있는지에 대해서 인지하지 못하기 때문이다. 중요한 것은 학습자들의 흥미를 유발하는 데 중점을 두어야 한다는 것이다. 더구나 스토리텔링이 '의미를 구성하는 과정'이라는 사실은 이미 우리 학계에서 폭넓은 지지를 받고 있으며, 실제로 많은 대학에서 스토리텔링이 주요 영역으로 다루어지고 있기도 하다. 또한 스토리텔링은 단순히 머릿속의 생각을 문자로 옮겨 쓰는 일이 아니라 '역동적인 의미 구성 행위이자 지식을 생성하는 행위'라는 인식이 폭넓게 퍼져 있기도 하다. 결국 텍스트를 활용한 스토리텔링에서 필요한 것은 '과정 중심'의 원리를 살리는 동시에 관련 당사자들의 폭넓은 동의와 참여를 이끌어내는 것이다. 예를 들면 다음과 같다.

〈학생 상호 평가지〉

영역	양상	점수
연결성	회화예술 텍스트의 이미지를 표현하는 문장의 연결이 자연스러운가?	
명료성	텍스트의 주제가 명료하게 드러났는가?	
일관성	내용 전개가 일관되고 통일성이 있는가?	
타당성	글의 전개가 타당하고 서사구조를 가지고 있는가?	

평가 항목은 학습자 상호 평가지의 항목과 같을 수도 있고, 좀 더 세분하여 자세하게 할 수도 있으나 계획 단계에서 세웠던 항목의 범주를 벗어나면 곤란하다. 나아가 학습자들의 자발적인 스토리텔링과 발표를 위하여 수업 분위기를 자유롭게 조성해주고 발표 후 의미부여에 대해 반드시 칭찬이나 질문의 보상을 해주는 것이 좋다. 이러한 과정은 학습자들이 회화예술 텍스트를 보고, 느끼고, 생각한 것을 자연스럽게 구현하도록 하는 데 도움이 된다.

4. 회화예술 텍스트를 활용한 교수모형 및 적용 사례

이 수업은 학습자 스스로 회화예술 텍스트를 공동으로 선정하여 공동의 주제(소재)로 스토리텔링을 해보는 단계라고 하겠다. 이러한 수업은 앞의 수업 방법과 마찬가지로 스토리텔링에 대한 어려운 선입견을 제거하고 흥미로운 수업 분위기를 유도할 수 있다. 필자는 학습자들이 선정한 회화예술 텍스트에 대한 선수 학습을 해주었다. 그리고 원활한 수업을 위해 교수·학습자 모형을 적용해보았다.

---

1. 계획 단계
  1) 학습 목표 설정
    (1) '선정한 회화예술 텍스트의 주제(소재)'의 스토리텔링을 만들 수 있다.
    (2) 작성된 스토리텔링을 토대로 의미부여를 할 수 있다.
    (3) 학습자가 완성한 스토리텔링을 효과적으로 발표할 수 있다.
  2) 평가 항목 선정
    (1) '선정한 회화예술 텍스트'에 대한 자신의 사고를 효과적으로 표현했는가?
    (2) '선정한 회화예술 텍스트'를 재해석하여 스토리텔링 했는가?

---

2. 진단 단계
    1) '선정한 회화예술 텍스트에 대한 스토리텔링'의 관심도는?
        ① 많다(69명) ② 그저 그렇다(53명) ③ 관심 없다(28명)
    2) 회화예술 텍스트를 활용한 스토리텔링의 성격과 목표를 알고 있는가?
        ① 잘 알고 있다(78명) ② 약간 안다(59명) ③ 잘 모른다(13명)

3. 탐구 단계
    1) '선정한 회화예술 텍스트'의 이미지를 떠올리며 줄거리를 적어본다.
    2) 줄거리를 토대로 재해석해본다.
    3) 완성된 스토리텔링을 발표해본다.

이때 교수자는 회화예술 텍스트에 대한 미술사적 설명과 함께 미학적·철학적 논의를 제시해야 한다. 그렇게 할 때 학습자는 다양한 정보를 활용하고 구성함으로써 비판적·창의적 사고 과정을 체험하게된다. 왜냐하면 창의적 시각은 하나가 아니라 여러 개로 열려 있다는 가능성이기 때문이다. 이는 창의적으로 간주할 만한 다수의 스토리텔링을 진단할 때 중요한 지표가 된다. 물론 이원숙의 지적대로[10] 텍스트에 대한 다양한 해석들을 배제하고 한 가지 주제로만 유도하는 것은 획일적이고 경우에 따라 교수자의 독단적인 수업 진행으로 비춰질 수 있다. 따라서 학습자들의 다양한 생각과 해석을 함께 공유함으로써 학습자들의 지속적이고 자발적인 수업 참여를 유도할 수 있어야 한다. 위의 논의를 참고로 진단 내용을 분석해본 결과, 학습자들은 선수 학습을 통해 선정된 회화예술 텍스트를 어떻게 묘사해야하는지 대부분 알고 있었으며, 스토리텔링의 성격과 목표를 모르는 학습자는 소수에 지나지 않았다. 소수의 학습자에게는 회화예술 텍스트를 활용한 스토리텔링의 목표와 성격을 지도하여 수업을 진행하는 데 무리가 없었다. 회화예술 텍스트를 활용한 스토리텔링 모형이

---

10) 이원숙, 앞의 논문, p.189.

학습자들에게 수업에 대한 관심과 흥미를 고조시켰음을 보여준다. 그리고 회화를 활용한 스토리텔링 수업을 진행하는 동안 의미부여의 폭이 커졌다는 것을 알 수 있었다. 그래서 이번 단계에서는 학습자들이 표현하고자 하는 욕구를 상승시켜 수업을 전개하기로 했다.

먼저, 선정된 회화예술 텍스트의 주제(소재)에 따라 여러 가지 유형으로 의미부여를 해보게 했다. 이러한 과정은 반드시 여러 번의 사고 과정을 거쳐 스토리의 완성도를 높일 수 있게 지도해주어야 한다. 본격적으로 스토리텔링을 할 때에는 초고를 다시 차근차근 읽어보면서 의미부여를 해주어야 한다. 다음은 회화예술 텍스트를 활용한 교수용 수업 자료이다.

〈회화예술 텍스트를 활용한 교수용 수업 자료〉

---

1. 학습 목표
   1) '선정된 회화예술 텍스트'를 활용하여 시놉시스를 작성한다.

---

2. 스토리텔링의 구성 순서
   1) 회화예술 텍스트를 활용한 의미부여는 어떻게 창의력 사고로 연결되는가?
   2) 첫 의미부여는 스토리의 시작이 아니다 – 어떤 스토리든 첫 문장으로 시작하여 중간 과정을 거쳐 결말을 맺는다. 첫 문장은 스토리를 읽는 사람에게는 스토리의 시작이지만, 글쓴이에게는 절대 시작이 아니다. 첫 문장을 쓴다는 것은 스토리의 준비를 마쳤다는 의미이다. 그러므로 첫 문장은 스토리텔링의 전체를 함축하고 규정한다.
   2) 마지막 이야기는 스토리텔링의 목표다 – 완결된 스토리에서 첫 문장 다음에 이어지는 것은 두 번째 문장이다. 그러나 스토리를 구상하는 과정에서 첫 문장 다음에 오는 것은 마지막 문장이다. 이야기의 질서화 과정은 시작과 끝의 설정으로부터 출발한다.

---

3. 스토리텔링 단계
   1) 회화예술 텍스트의 '창의적 상상력'
      (1) 첫 문장을 생각하고, 그다음에 어떤 상상력으로 이을지 궁리한다.
      (2) 가장 핵심이 되는 이미지를 구체화한다. 그 이미지는 하나일 수도 있고, 둘일 수도 있고, 다일 수도 있다.
      (3) 창의적 상상력의 핵심 장면을 구상했다면, 스토리의 완성에 이르는 징검다리를 모두 놓은 것이다.

(4) 회화예술 텍스트의 '창의적 상상력'이 중요한 이유는, 이미지의 핵심 장면을 극대화하고 확장하는 과정이기 때문이다.
(5) 스토리텔링 – 개요의 순서대로 생각과 감정을 표현해본다. 이때 자기 자신의 말로, 끈기 있게, 정신을 집중하며 쓰도록 한다.

4. 고쳐 쓰고 가다듬기 – 다 쓴 글을 다시 차근차근 읽어보면서 모자라는 것은 더 보태고, 틀린 곳은 수정한다. 필요 없는 부분은 삭제하거나 정확하게 표현하도록 한다.

5. 정리 – 발표, 개별 평가, 다음 프로그램을 예고한다. 여기에서 독창적인 스토리텔링이 나오도록 유도하고 첨삭 지도를 해준다.(학습자가 많은 경우 선별적으로 할 수도 있다.)

회화예술 텍스트를 활용한 스토리텔링을 해보았다. 그리고 의미부여의 과정을 강조한 결과 결과물이 많은 차이를 보여 고쳐 쓰기(새롭게 의미 부여하기)의 중요성을 새삼 확인할 수 있었다. 필자는 학습자들에게 회화예술 텍스트에 대해 스토리텔링을 하도록 주문하면서 분량을 A4 한 장으로 제한했다. 또한 이해를 돕는 차원에서 회화예술에 대한 미술사적 의의를 간략히 설명해주었다. 그리고 다양한 자료의 예문을 학습자들에게 제공했다. 그런 다음 '회화를 활용한 스토리텔링'을 시도해보았다.

〈스토리텔링 해보기 – 1. 마르셀 뒤샹의 〈샘〉 법학과 3학년 안○○

| 수정전 | 처음에 작품 이름이 〈샘〉이라고 해서 그림을 보지 않았을 때엔 흔히 생각할 수 있는 시냇물이나 개울을 생각했다. 그런데 남성용 소변기라니. 뭐야? 솔직히 "헐!"이라는 말이 저절로 나왔다. 예술가들이 기발하다거나 괴짜라는 말은 얼핏 듣긴 했지만 이 정도일 줄은 몰랐다. 정말 황당하게도 변기의 왼쪽 부근에는 보통 유명 그림에서만 볼 수 있는 사인이 있어서 웃겼다. 말이 좋아서 '샘'이지 심하게 말하자면 말도 안 되는 것도 예술 작품이라 우기는 꼴이다. 꿈보다 해몽이라고. 사실 뒤샹은 예술 작품을 생각하다가 생각도 안 나고 마음만 너무 급해서 화장실에 갔다가 변기를 발견해 예술 작품이라 했는지도 모르겠다. 그리고 만약 지금 이 시대에 변기를 예술 작품이라고 전시한다면 정신이상자 취급을 받을 것이 뻔하다. 하지만 단순한 소변기를 정말 평범한 사람들과는 다르게, 다른 시선으로 샘이라는 제목으로 승화시킨 창의력에 대해서는 높이 평가한다. 이것도 웃기긴 하다. 그런데 수업 시간에 회화를 활용한 스토 |

수정전	리텔링이라니! 황당한 변기에 황당한 수업이다. 그래도 어떻게 해. 학점은 받아야지. 근데 생각할수록 재미있는 수업이다. 뭐랄까? 주입식 교육을 지겹게 받아왔는데 자발적 사고를 요하는 창의적 수업이다. 그런데 여성용 변기로 만든 작품은 없나?
수정후	『조선왕조실록』에 의하면 숙종 26년(1700년), 승문원 이문학관 이종서가 왕명을 받아 조선의 실정에 맞게 활용하고자 화란에서 각종 서양 문물과 기술을 들여왔다. 수하들이 수많은 화란의 물건을 궁으로 옮기던 중 땅에 떨어진 책이 있었다. 누구도 책이 떨어진 사실을 알지 못했다. 그 책(오늘날 소위 잡지와 같은)에는 서양의 일상생활 용품이 그려져 있었다. 도자기를 만드는 장인인 도가 영감은 찬찬히 그 책을 살피다 한 그림을 보게 되었다. 그는 그림 중 하나를 택해 똑같이 만들기 시작했다. 서양에서 사용하는 변기였다. 그 사실을 꿈에도 모르던 도가 영감은 변기 모양의 물건을 완성했고, 마을 사람들에게 보여주었다. 도가 영감의 작품은 마을 사람들의 호기심을 자극했다. 하지만 아무도 이렇다 할 용도를 확실히 말하진 못했다. 그러던 어느 날, 동네 아이들이 밖에서 놀다 도가 영감네 집 마당에 있는 변기를 보게 되었다. 아이들도 용도를 모르기는 마찬가지였다. 그때, 한 아이가 발을 동동 굴렀다. "나 오줌 마려워!" 한 아이가 말했다. "아무 데서나 싸면 안 돼! 아, 저기에 싸면 되겠다." 다름 아닌 그 변기였다. 아이는 망설였지만 너무 급한 나머지 그 변기에 볼일을 보았다. "와! 튀지도 않고 딱이네! 앞으로 여기에 오줌 싸자." 그렇게 아이들은 변기 모양의 물건을 요강으로 생각했다.

〈스토리텔링 해보기-2. 마르셀 뒤샹의 〈샘〉 물류학과 1학년 송○○〉

수정전	처음 변기를 보면서 이걸 작품으로 봐야 할지 아니면 그저 작품이라고 우기는 건지 애매하기도 하고 이런 걸 작품으로 내놓았다니 당황스럽기도 했다. 이런 식이라면 나도 우리 집 접시로 작품 하나 낼까 생각도 해봤다. 뒤샹 나름대로 생각이 있고 자신이 추구하는 예술의 의미가 있었기에 남성용 변기에 사인을 하여 작품이라고 내놓았을 것이다. 하지만 아무리 봐도 내 생각엔 이건 작품이 아닌 것 같다. 작품이란 한 사람의 개성과 그 작가가 추구하는 모습을 투영해내야 한다. 그런데 뒤샹의 변기는 이미 변기 제조업자가 만든 것이다. 내가 보기에 이 변기엔 뒤샹의 예술혼이 깃들어져 있지 않다. 누구나 할 수 있는 사인 하나로 예술 운운하는 건 사기다. 그렇다, 분명 사기다. 내가 보기에 뒤샹이 명명했기에 그렇게 생각하는 것 같다. 한마디로 뒤샹의 사인이 유명 브랜드 상표가 된 셈이다. 내가 보기에는 이런 건 예술이 아니라 평범한 물건을 명품으로 만들려는 사기인 것 같다. 희대의 사기꾼과 거기에 빌붙어 사는 인간들의 장난이다.

수 정 후

나는 변기 하면 생각나는 이야기가 있다. 하나는 고등학교 친구 이야기다. 친구는 변기에 쪼그려 볼일을 보기 시작했다. 볼일을 보고 난 후에 친구는 다리에 피가 안 통해서 쥐가 났다. 방법이 없었다. 몇 분을 버텼지만 다리에 힘이 풀려 뒤로 넘어지고 말았다. 친구는 그날 나에게 잊지 못할 웃기고 슬픈 이야기를 선사해주었다. 물론 친구한테는 기억하고 싶지 않은 추억이겠지만 말이다. 두 번째는 변기에 대한 마음 아픈 이야기이다. 우리 부모님은 맞벌이다. 어머니는 늘 한 달에 한 번 있는 회식이 끝나면, 취한 상태로 집으로 와서 화장실부터 찾는다. 그러곤 회식 때 먹었던 것들을 모두 변기에 쏟아낸다. 그 후 물을 마시고 방으로 들어가 잠을 청한다. 나는 그런 어머니를 보면 안쓰럽다. 우리 가족을 위해 힘들게 일을 하고 있구나 하는 생각이 든다. 여자의 몸인데도 아버지처럼 듬직한 모습이다. 더럽고 찝찝함이 생각나는 변기. 어머니가 그토록 고생한 흔적을 보여주는 멋있는 모습으로 탈바꿈하는 순간이다. 살면서 부모님에 대한 고마움을 자주 체감하지 못했는데, 변기만 보면 그런 느낌을 받는다.

〈스토리텔링 해보기-3. 마르셀 뒤샹의 〈샘〉〉 영상디자인학과 2학년 윤○○

수 정 전

그냥 남성용 소변기를 가져와 'R. Mutt'라고 사인해놓은 것밖에 더 있나. 변기가 변기로 보이지 별다르게 보이겠나. 눕혀놓고 정면에서 찍은 줄도 모르고 '무슨 변기가 저렇게 생겼지? 볼링 핀처럼 뚫려 있는 저 구멍으로 들어가서 밑에 있는 구멍으로 다 흘러나오는 건가? 그런데 막상 '샘'이라는 작품명으로 받침 좌대에 떡하니 올려져 있는 모습을 보니 단순한 변기로 보기보다 작품으로 볼 수 있었다. 또 한편으론 변기치고는 어디 걸어놓기도 굉장히 불편해 보이던 것이, 작품으로 보니 아담하고 귀여운 데다 이런 모습으로도 보이고 저런 모습으로도 보이기 시작했다. 변기는 단지 변기일 뿐인데 말이다. 그런데 솔직히 잘 모르겠다. 그냥 단순한 변기임에도 하나의 작품으로 감상하게 되고 여러 모습이 연상되는 것이 퍽 신기하고 색다른 시간이었던 것 같다.

수 정 후

사람들은 참 이기적인 것 같다. 급할 때면 나를 찾지만, 그렇지 않으면 나를 더러운 듯이 쳐다본다. 어떨 땐 이상한 것을 내게 주어서 목이 막혀서 뱉어내면 사람들은 난리를 피운다. 정말 힘든 건 나다. 그러고선 내가 넘기지 못하면 내 입술을 닫고 그냥 나가버린다. 나는 숨도 못 쉬고 몇 시간, 심하면 며칠씩이나 방치되어 있곤 한다. 정말 괴롭다. 다른 친구들의 말을 들어봐도 비슷하긴 하다. 그런데 얼마 전, 정말 부러운 친구의 이야기를 들었다. 일반 가정집에 있는 친구인데 그 친구는 일주일마다 아줌마가 몸을 씻겨주기도 하고, 방향제도 있어 냄새도 안 난다고 한다. 그뿐만 아니라 푹신푹신한 옷도 입혀준다고 한다. 그런데 그 친구는 혼자 있어서 외롭단다. 나는 바로 옆에 친구들이 있어 외롭진 않지만, 사람들이 나를 조금만 더 생각해주고 아껴주면 여기서도 충분히 행복할 수 있을 것 같다.

위의 사례는 '현대대중문화와 예술'을 수강하는 학습자의 첫 느낌과 수정 후의 스토리텔링을 그대로 가져온 것이다. 학습자들은 회화예술 텍스트를 활용하여 주제(소재)가 어떤 의미를 가지고 있는지 분석하여 주제(소재)들 간의 관계는 어떠한지 분석적 관점에서 서술하고 있다. 대부분의 학습자들은 자기성찰적 시간을 가졌으며 창의성을 발휘하여 스토리를 완성했다. 물론 학습자 개개인의 분석 방향, 시각이나 관점을 자유롭게 쓰도록 유도했다. 단, 해석에 대한 근거와 논리적 타당성을 제시할 수 있어야 한다는 것을 학습자들에게 주지시킬 필요가 있다. 부족한 점이 발견되었을 시 교수자는 문제점을 파악하고 피드백할 수 있어야 한다. 더불어 기교면에서 스토리텔링 능력이 뛰어난 일부 학생을 제외하고는 부족한 점이 보이기도 하였다. 그렇지만 대부분 스토리가 무엇인지를 인식했고, 프로그램 시작 전과 비교하여 월등히 높아진 사고와 표현에 대한 자신감과 흥미를 발견할 수 있었다.

이렇듯 학습자들이 창의적인 생각을 하도록 회화예술 텍스트를 활용한 스토리텔링 교육의 가능성을 타진해보았다. 교수자는 회화예술 텍스트가 여러 가지 가능성 중 하나일 뿐 어떤 궁극의 모범 답안이 아님을 인지시켜야 한다.

5. 나오며

 이 장에서 제안하고 있는 '텍스트를 활용한 스토리텔링'은 융합적 교육의 가능성이다. 또 그 과정 속에서 다른 관점으로 생각해보고, 올바른 사고와 표현을 하는 방법을 제시해보았다. 시작 전과 후를 비교해본 결과, 3분의 2가 넘는 학습자들이 '현대대중문화와 예술' 과목 파트 중 '텍스트를 활용한 스토리텔링' 수업이 제일 흥미로웠다고 설문조사에 답했다. 그래서 교재에 한 장으로 추가한 것이다. 모든 교양교육에서 공통적으로 적용할 수 있는 수업 방법은 존재하기가 매우 어렵다는 것이 필자의 견해다. 교수자가 학습자들에게 강의할 때 어떠한 방법을 선택하느냐에 따라 수업 방법도 달라질 수밖에 없다. 모든 교양 수업을 분석 위주로만 할 수는 없으며 또 학습자 중심으로만 할 수도 없다. 지금까지 많은 교수자들이 다양한 수업 방법을 개발해오고 발전시켜온 것이 그 단적인 예라고 하겠다. 그럼에도 불구하고 융합적 사고에 기반한 텍스트를 활용한 스토리텔링 수업 방안을 소개한 것은 수업 진행 방법과 교양교육에 대해 일정한 시사점을 얻을 목적이 있었기 때문이다.

 이 수업은 학습자가 이룬 학습 성취 요인을 확인하는 차원에서 그치는 것만이 아니라 학습자들의 자발적인 활동을 통하여 창의력과 수업의 즐거움을 길러주기 위한 것이다. 그러기 위해서는 다양한 방법의 수업 모형 개발과 연구가 이루어져야 할 것이다. 융합적 사고에 기반한 스토리텔링 교수법은 어떤 관점에서 이루어져야 하며, 어떤 방법적 프로그램을 가지고 활용되어야 하는지에 대해 몇 가지 제안을 확인할 수 있다.

 첫째, 교수자/학습자들의 '분야 간 담 허물기'와 '소통과 협력' 그리고 '다른 분야에 대한 이해와 협력'이 필요하다. 그럴 때 학습자 나름대로 창조적인 사고와 표현 능력을 신장할 수 있다. 둘째, 융합적 사고에 기반한 스토리텔링 수업이 이루어져야 한다. 그러한 수업의 효과로 프로그램 완결 단계에서 학습자들의 스토리텔링 능력 향상도를 확인할 수 있었다. 많은 학습자들이 필자가 제안한 '텍스트를 활용한 스토리텔링' 파트가 제일 기억에 많이 남는다는 의견을 주었다. 결국 의사소통적 틀에서 융합적 교육을 운영할 필요가 있다고 하겠다.

제6장

영화와
서사구조

1. 들어가며

영화는 처음부터 시각적 쾌락이 전제되어 있는 매체이다. '보는' 관객은 필연적으로 나르시스적인 부분을 가지고 있다. 라캉의 거울이론은 스크린에 곧바로 적용된다. 거울단계의 아이가 자신의 신체보다 거울에 비친 이미지를 완벽하다고 상상하는 것처럼, 관객은 스크린에 비친 배우의 이미지를 자신과 동일시하고 그에 즐거워한다. 이때의 즐거움은 일종의 '오인'에서 오는 즐거움이며 쾌락이다. 보통의 내러티브 영화가 불러일으키는 쾌감은 가부장제 사회의 무의식이 영화 속에 구조화되어 나타나는 것과 연관되며, 이 시스템은 반복적으로 재생산된다.

형식주의자들과 구조주의자들의 각고한 노력으로 개척된 서사학Narratology은 지난 한 세기에 걸쳐서 지속적으로 성장해왔고, 후기구조주의, 해체주의, 포스트모더니즘 이후에는 새로운 양상으로 전개되고 있다. 무엇보다 장르 간의, 장르를 넘어선 상호성 이해가 강조되면서 최근의 서사학 논의는 순수한 문학 연구의 범위를 훨씬 넘어서서 이루어지고 있는 형편이다. 여태까지는 그 이질언어성으로 인해 낯설며 대화가 불가능해 보였던 영역들이 서사에 대한 관심과 그 연구의 방법을 공유하게 되면서 함께 자리하여 학제 간의 협력을 도모할 수 있게 된 것이다. 오늘의 이러한 변화를 긍정적인 것으로, 필연적 추세로 본다면 향후 '비교서사학comparative narratology' 등이 미래에 특별히 유망한 한 학문 분야, 문화 영역으로 부상할 것은 마치 불을 보듯 너무나 분명해 보인다.

분명 서사학은 오늘의 다양한 학제적 영역에 종사하는 많은 이들의 관심을 끌고 있다. 특히 인간의 상호 소통에 흥미를 갖고 있는 분야에서 더욱 그러하다고 볼 수 있다. 우리는 인간의 정체성 및 존재 감을 그들의 이야기와 이야기하려는 본성으로 울타리 지을 수 있을 것이다. 이른바 '문화culture'는 다양한 형태의 이야기(서사)에 기초하고 있다. 소설을 위시하여 영화와 텔레비전 드라마, 신화와 전설, 만화, 뉴스와 광고, 르포르타주와 대중가요, 각종 실험이나 심리치료의 과정 등이 모두 서사물이거나 또는 '이야기하기'에 기초해 있는 문화 장르들로 이해될 수 있을 것이다.

위에 열거된 여러 서사 형식들 중에서 영화는 문학서사 연구자들이 진작부터 유별나게 특별한 관심을 기울여온 분야일 것이다. 예이젠시테인 등에 의해 몽타주이론이 형성되고 있던 시기에 그들과 가까운 사이였던 형식주의자 쉬클롭스키, 티냐노프, 아이헨바움은 영화와 문학의 일반적 관계, 영상언어의 특성과 문체에 대한 연구를 했다. 형식주의자들의 기본적 관심사는 두 매체 사이의 유사성과 근접성이었다. 문학어의 성격을 바탕으로 하여 영상언어의 '시적poetic' 현실이 논의되었고, 언어서사물의 통사성과 영상서사의 그것이 서로 비교된 것이다. 그러한 한편에서 아이헨바움은 영화의 몽타주를 플롯에서 독립된 것으로 이해하여 문체적 체계stylistic system로 보려고 노력했다.

서구 사회에서 영상서사 텍스트에 대한 본격적인 접근은 구조주의의 영향 아래 이루어졌다. 소쉬르의 『일반언어학 강의』가 문학의 체계적인 연구의 길을 열어 보이자 기호학적 기획이 영화 연구의 영역으로까지 확장되었다. 그 선두에 바르트와 그레마스, 그의 직장 동료였던 크리스티앙 메츠가 있다. 메츠의 초기 작업은 영상언어가 체계로서의 '랑그'적 언어인지, 실제의 구체로서의 '파롤'어인지의 변별이었다. 그러나 얼마 뒤 그는 현실의 자연어와 영상언어 사이의 본질적 비대칭을 깨닫게 된다.

그는 『언어와 영화Language and Cinema』에서 영화이론film theory과 영화분석film analysis을 구분하면서, '텍스트 체계textual system'란 개념과 영상 약호, 하위 약호 등의 용어를 발전시켜나갔다. 초기의 영상 기호학의 제한된 범위를 벗어나서 개별 텍스트의 특수성과 보편성 해명으로 관심의 방향을 선회시키고 있는 것이다. 이제 그는 '구조'는 영화제작에 의한, 다양한 약호로부터 어쩔 수 없는 선택으로 이루어진 형태로 이해하면서 텍스트의 체계는 텍스트가 결코 본래부터 갖고 있는 것으로 보지 않게 되었다. 그것은 차라리 분석가에 의해 구성되는 것이라 주장했다. 그러므로 영상 텍스트를 바르게 분석하기 위해서는 카메라와 사운드에 의한 영상 약호들cinematic codes과 이데올로기 등의 영상 외 약호들extra-cinematic codes을 구분하면서 또한 그것들을 모아서 읽어낼 수 있어야 하는 것이다. 영화는 궁극적으로는 항상 무엇에 대해 이야기하고 있기 때문이다. 영화 자체의 기구나 제도, 경험에 대해 이야기하는 경우에도 이 점은 마찬가지다.

보충하자면, 내러티브 영화는 이야기를 조직하고자 하는 전략을 현실 세계를 재생산하는 수단으로 사용하는 영화를 의미하며 관객은 영화를 가능성의 영역 안에 있는 것으로 생각하거나 영화와 현실을 동일시하게 된다. 영화를 보면서 관객은 신호를 끄집어내고 정보를 상기하고 다음에 무엇이 나올 것인가 기대하면서 결국 영화 형식의 창조에 참여한다. 영화는 호기심, 서스펜스, 그리고 놀라움을 유발함으로써 특정한 기대를 형성한다. 영화이론가들에게 있어 1930년대에서 1950년대까지의 할리우드 고전 내러티브 영화는 대단히 표준화된 패턴—질서/무질서/회복—의 집합을 따르는 경향이 있었다. 지금도 이 기본 패턴은 유효하다.

여기서 소개할 두 편의 영화는 둘 다 센세이션을 일으킨 바 있는 도발적인 영화들이다. 〈나쁜 남자〉는 여성들을 불쾌하게 했고, 〈처녀들의 저녁식사〉는 남성들을 불편하게 했다. 한 영화는 내러티브 영화의 쾌감과 관계가 없을 것 같고, 다른 하나는 의외로 전형적인 부분이 있을 것 같다는 예측하에 이 영화들이 바라보고 있는 '시선'(관객의, 등장인물들의)을 중심으로 분석해본다.

2. 〈나쁜 남자〉 - 시각쾌락증

김기덕 감독은 1996년 영화 〈악어〉로 데뷔한 이후 2015년 영화 〈스톱〉에 이르기까지 다양한 실험적인 작품을 발표했으며, 작품을 통해서 자신만의 독특한 영역을 구축한 감독이자 제작자이다. 그가 자신의 작품들 속 등장인물을 통해서 우리 사회의 이면에 숨어 있는, 즉 누구나 잘못됨을 인식하고 있지만 직접 발설할 수 없는 문제점들을 밖으로 끄집어내거나 그 누구도 생각조차 하지 않았던 문제들을 다룸으로써 수많은 관심을 한 몸에 받았음은 부정할 수 없다.

2002년에 개봉한 김기덕의 영화 〈나쁜 남자〉 역시, 위에서 살펴보았던 그의 기존 작품들에서 발견할 수 있는 것처럼 욕망과 죽음 등의 이미지를 통하여 그가 관객 혹은 사회에 전달하고자 하는 바를 드러내고 있다. 이처럼 영화 〈나쁜 남자〉 속 욕망의 분출 과정에서 등장하는 다양한 이미지들은 기존 영화들 속 여성 등장인물들과 마찬가지로 남성들의 폭력, 강간, 착취의 대상으로 나타나고 있다.[1] 이는 라캉의 거울단계[2]와 연관되어 있다. 즉, 그들 자신이 원하는 것이라기보다는 자신의 모습이라고 인식할 수밖에 없는 타자의 모습 속에서 발견할 수 있는 욕망을 자신의 욕망이라고 인식하게 되는 것이다.

이 과정에서 욕망 분출을 위해서는 반드시 행위자 혼자만이 아닌 대상과 남근 역시 함께 존재해야만 한다. 한기는 스물한 살 여대생 선화에게 반한다. 그는 선화를 곁에 두고 싶어(애정과 복수심이 뒤섞인 감정이라고 보았다) 창녀로 만든다. 체념적으로 자신의 입장을 받아들이게 되는 선화와 선화를 좋아하게 되는 한기의 똘마니 명수를 바라보는 한기의 시선, 그리고 선화 자신의 시선은 거울을 통해 표현된다. 선화의 방에는 커다란 거울이 있는데 그것은 선화의 고통을 지켜보는 한기의 비밀 유리창이다. 영화가 선사하는 쾌락 중 가장 큰 비중을 차지하는 것이 시각적 쾌락이다. 로라 멀비는 본다는 것 자체가 쾌락의 근원이 되기도 한다고 했는데, 프로이트는 섹슈얼리티를 구성하는 본능의 하나로 시각쾌락증을 언급했다.

프로이트에 의하면 시각쾌락증은 타인을 하나의 대상으로 취급하면서 통제적이고 호기심 어린 시선으로 타자를 지배하려는 행위와 연관된다고 한다. 관객 혹은 영화를 보는 이들은 본질적으로 시각쾌락증을 만족시키기 위해(보이는 것이 아니라 보는 것이므로) 자신의 억압된 욕망(노출증)을 배우에게 투사하여 마치 자기만의 세계에서 스크린을 보고 있는 것처럼 느끼게 된다.

시각쾌락증의 입장에서 볼 때, 〈나쁜 남자〉는 영화 안에서의 한기의 관음증, 한기와 자신을 동일시할 남성 관객, 유리문 안에 진열된

---

1) 임정식, 「김기덕 영화의 타자성 연구」, 고려대학교 대학원 문예창작학과 석사학위논문, 2008, pp.15-17.
2) 강연안, 「자크 라캉 : 언와와 욕망」, 김욱동 외, 『포스트모더니즘과 포스트구조주의』, 현암사, 1996, p.208.

선화를 지켜보는 등장인물들과 관객들 등 다양한 시선을 지니고 있다. 그러나 이 영화가 대부분의 주류 영화에서 드러나는 시각쾌락증의 양상처럼 에로틱한 관념의 세계를 만들어내고 있는 것은 아니다. 오히려 이 영화는 폭력적이고 낯선, 그리고 불쾌한 환상적 리얼리티를 창조해냈다. 이 영화의 여주인공 '선화'는 예쁘고 순결한 이상화된 여성으로 등장하지만(흰 재킷과 단아한 원피스를 입고 등장했던 선화가 사창가에서 처음으로 손님을 받기 위해 고른 옷이 하얀 상의라는 것이 의미심장하다) 관객이 남성의 입장에서 그녀를 바라보며 만족을 얻을 수 있는 곳은 기껏해야 영화 앞부분에 지나지 않는다. 전형적인 내러티브 극영화에서 보여주는 편안함이 지속적으로 부정된다는 측면에서 이 영화가 대안적일 수는 있다. 그러나 이때의 대안이 페미니즘적인 의미를 가지고 있는 것은 아니다. 로라 멀비가 말하는 '시선'의 측면에서는 한계점을 가지고 있는 것이 사실이다. 관객 혹은 남성 주인공의 시점에서 볼 때 완전무결한 여주인공 선화의 에로티시즘은 예쁘고 연약한 모습을 그대로 보여주는 진열장 안에서 그녀를 소유할 수 있는 것처럼 느끼게 해준다. 이야기가 진행됨에 따라 한기를 사랑하게 되는(사랑에 여러 형태가 있음을 전제했을 때에 한한다) 선화는 남성 등장인물들 혹은 관객의 소유물이 되면서 그녀만의 에로티시즘을 잃고 소외된다. 이 영화가 사람을 불쾌하게 한다면, 그것은 여성의 탈신비화와 여성 자체의 물신화, 두 가지 측면 때문이다.

선화의 도둑질이 그녀가 창녀가 될 수밖에 없는 상황의 정당성을 완벽히 담보해주지는 않지만, 관객도 선화 자신도 그녀에게 어느 정도 죄가 있다고 생각할 수 있다. 쾌락이 죄(정신분석학적으로 말하면 거세를 불러일으키는)를 확인하면서 처벌과 용서를 통해 죄지은 사람을 지배하고 통제한다는 멀비의 주장에 따른다면, 관객은 선화의 몰락

(여성의 탈신비화)을 가학적인 시선으로 바라보면서 거세공포로부터 탈출할 수 있는 핑곗거리를 찾아낼 수 있게 된다. 그녀가 평가절하됨으로써(그녀가 결국 한기를 사랑하게 되는 것) 사랑이 승리/패배의 구도로 보일 수도 있다.

두 번째 불쾌의 측면은 선화를 물신적인 대상으로 전락시켜 그녀를 위험한 존재가 아닌(상징적 질서와 가부장적 법칙에 진입하기 위해 거세콤플렉스에 근거한 증거들은 필수적인데, 이때 남근 결핍으로 상징되는 진열된 여성은 남성의 무의식에 있어서 처음부터 두려운 존재일 수밖에 없다) 안심할 수 있는 대상으로 만든 것이다. 선화는 주체적으로 움직인다기보다 상황 속에 던져져 능동적으로 행동하는 남성 주인공들에게 휘둘린다. 또한 '외모에 관심이 많은 유난히 예쁘고 순결한' 여배우가 창녀가 되어가는 것을 지켜보며 생기는 연민이 쾌감(여성 관객에게는 불쾌감)을 불러일으켜 남성의 무의식은 거세공포로부터 탈출할 수 있게 된다. 그러나 만약 선화가 그다지 예쁘지 않은 주인공(안타깝게도 김기덕 영화에 등장하는 여주인공들은 대부분 순결하고 예쁘다)이고 좀 더 주체적이었다면 어땠을까. 관객들은 더 불편해졌겠지만, 이때의 불편함은 전형적인 내러티브 극영화에 대한 부정의 의미이다. 즉, 페미니즘적인 입장에서 봤을 때는 좀 더 대안적인 성격의 영화가 되었을지도 모른다. 또한 자신이 맞이한 부조리한 상황에서 발버둥 치는 노력을 보였다면 어땠을까. 사채 빚을 얻어 썼다가 결국 사창가에 팔려 오는 과정에서 안타까움이 느껴졌다면, 그것은 그럴 수밖에 없다고 고개를 끄덕일 만한 설득력이 없었기 때문이었다.(이에 비해 임권택 감독의 97년 작 〈창〉에서의 창녀 영은(신은경)의 운명은 어느 정도 설득력이 있었다고 본다.)

그녀는 기껏해야 명수의 도움을 받아 도망쳤을 뿐이며, 한기가 그녀를 놓아줬을 때에 이르러서는 얌전히 사창가로 돌아오고 말았다.

두 번째 행동은 그녀의 선택이었으나, 그것은 주체적인 선택이라기보다 일종의 관성으로 보였다. 한기와 맺어질 수밖에 없게 만든 관성 말이다.

어떤 텍스트를 우리가 서사narrative 혹은 서사물이라고 부를 수 있는 것은 어쨌거나 그것이 '이야기a story'를 이야기하고 있다storytelling고 인지할 수 있기 때문이다. 그러므로 이야기 없는 '스토리텔링'도 존재하기 어렵겠지만 이야기하기가 없는 이야기도 있을 수 없다.

인물과 시공간, 사건과 그것의 논리와 인과성 등은 소설에서뿐만 아니라 영상허구물narrative fiction film에서도 중요한 것이 사실이다. 그러나 그 제시의 방법에서 시각의 직접적 환상성이 두드러진 영화가 과연 누군가에 의하여 서술되거나 이야기된다고 볼 수 있을는지, 의문이 제기될 수 있다. 영화는 굳이 말하지 않고서도 기대하는 만큼을 충분히 보여줄 능력이 있다고 고집할 수도 있을 것이다. 이 같은 반론에 대해 메츠는 "영화 속의 '말horse'은 그냥 말 한 마리가 아니라 누군가에 의해 '저기에 말 한 마리가 있네There is a horse over there'라고 말해지는 말이다"라고 이야기한다. 서사의 소통 모형narrative communication model은 이론가들의 입장에 따라 다양한 형태로 제시되어왔다. 이중에서 채트먼의 『서사와 담론』에서 제시한 모형을 중심으로 영상서사의 담론 양상을 살펴보도록 하겠다.

서사 텍스트

실제작자 ┈┈▶ │ 내포작자 → (서술자) → (수화자) → 내포독자 │ ┈┈▶ 실제독자

채트먼의 이 모형에서 실선의 직사각형은 서사 텍스트의 시각적 은유이다.

일부 서사시학자들이 '내포작자'라는 존재의 가정에 대해 비판적임을 고려할 때, 채트먼은 상당히 방어적인 자세를 취하고 있다. 존재의 사실성 여부를 떠나서 이 같은 가정은 실용적 가치가 충분하다는 것이 그의 입장이다. 서사소통에서 내포작자의 지위는 텍스트의 의도의 문제로서 텍스트상의 모든 가치의 집합이자 그 소실점이다. 특히 내포작자의 존재는 서술자의 서술의 신빙성이 낮아질수록 보다 확연하게 그 모습이 부상할 수 있다. 채트먼은 신빙성이 낮은 서술에서 내포작자와 내포독자의 관계를 다음과 같이 모형화하고 있다.

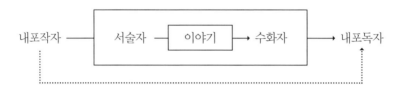

이 모형에서 실선과 점선은 차이가 있다. 내포작자에서 내포독자로의 점선은 신빙성이 낮은 서술자의 화행에 의한 반어적인 메시지의 텍스트 밖에서의 은밀한 소통을 지시하고 있는 것이다. 〈나쁜 남자〉의 한기 역시 위의 서사구조와 마찬가지로 자신의 욕망 분출에 필요한 대상, 즉 여자라는 대상을 자신과 같은 고유한 인격체로 인식하기보다는 욕망 분출을 위한 하나의 도구로 인식했음을 확인할 수 있으며, 이는 기존의 김기덕 영화에서 남성 등장인물들이 여성의 육체를 '성기'로 환원시키고, 여성성의 본질이 '매춘부적' 속성에 있는 것으로 정의하는 것을 정당화하고 있다는 점[3]과 일치한다.

3. 〈처녀들의 저녁식사〉 - 성에 대한 담화들

1962년생인 임상수 감독은 연세대학교를 졸업한 후 영화아카데미 5기를 거쳤다. 박종원 감독의 〈구로 아리랑〉과 〈영원한 제국〉의 각본에 참여하고, 임권택 감독의 〈장군의 아들 1·2〉 〈개벽〉, 김영빈 감독의 〈김의 전쟁〉 등에서 조감독을 맡았던 그는 1995년에 〈주목할 만한 영화〉라는 제목의 시나리오로 영화진흥공사 시나리오 공모에서 당선되었다. 29살 동갑내기 미혼 여성들의 성 의식을 거리낌 없이 표현하여 화제가 된 〈처녀들의 저녁식사〉(1998)를 통해 감독으로 데뷔한 임상수 감독은 그해 청룡영화제 신인감독상을 수상했다. 디지털 영화라는 새로운 시도를 한 〈눈물〉(2000)에서는 가출 청소년들의 생활을 파격적으로 표현했다.

그가 세 번째 연출한 〈바람난 가족〉(2003)은 온 가족이 바람난 특수한 상황을 통해 현대사회에서 살아가는 가족의 현실을 적나라하게 보여주었다. 이 작품은 제60회 베니스국제영화제 경쟁 부문에 초청되었고, 제30회 플랑드르국제영화제 감독상을 수상하였다.

1 | 처녀들의 첫 번째 저녁식사 - 여성의 성적 욕구와 희열의 담론

라캉은 인간이 태어나 사회생활을 하는 과정을 총 세 단계로 구분하고자 했다. '상상계 - 실재계 - 상징계'가 그것이다. 이와 같은 개념을 남근과 연결하면 남근 역시 '상상적 남근 - 실재적 남근 - 상징적

---

3) 주유신, 「한국영화의 성적 재현에 대한 연구 - 세기 전환기의 텍스트들을 중심으로」, 중앙대학교 첨단영상대학원 영상예술학과 박사학위논문, 2004, p.71.

남근'으로 구분할 수 있다. 먼저 상징적 남근은 일종의 환상 속의 남근이며, 실재적 남근은 실제 남근을 의미한다. 마지막으로 상징적 남근이란 상상적 혹은 실재적 남근의 유무가 존재하기 위해서 가정되어야 하는 기호형식으로서의 남근 또는 주체의 결여를 메워주는 일종의 기표를 의미한다. 또한 라캉은 거세 역시 세 단계로 구분했는데, 첫 번째 단계는 어린아이가 어머니에 대해서 '남근적 어머니'의 환상을 갖고 자신을 어머니의 상상적 남근의 자리에 위치시키는 단계이다. 두 번째 단계는 상상적 아버지에 의한 근친상간 금지가 이루어지는 단계이다. 세 번째 단계는 실재적 아버지가 개입하여 주체가 어머니의 상상적 남근임을 포기하도록 만드는 단계[4]이다. 영화 〈처녀들의 저녁식사〉는 여성들에 의하여 실재적 남근을 거세당함으로써 더 이상 욕망 분출이 불가능하게 만들어버린다.

순이(김여진) : 잠깐 온몸의 살들이 바짝 조여졌다가 풀어지는 정도인데, 뭐. 그거 하고 나면 곧바로 잠들 수 있어서 하긴 하는데, 아침에 일어나면 기억도 잘 안 나. 근데 왜 몸이 땡기는 날이 있잖아. (장면 : 대사는 계속되는데 화면에서 순이의 모습이 잡힘) 왜 몸이 미리 흥분돼 있는 날. 손발도 따뜻하고 얼굴도 달아오르고, 야, 월경 때 그런가? 그런 날은 이 살 조이는 게 한 번 두 번 끝도 없이 이어지는 거야. 그럴 때는 내 몸이 무슨 우물 같애……. 그럴 때는 내 머리끝까지 다 자궁이 돼 있는 거 같애.

(자위에 대한 경험 얘기 중)

호정(강수연) : 밥만 먹고 사니? 섹스만 들입다 하다 보면 그게 얼마나 하

4) 홍준기, 『오이디푸스 콤플렉스, 남자의 성, 여자의 성』, 아난케, 2005, pp.20-21.

고 싶은데. 근데 그 클리토리스로 느끼는 거 그거 말고, 이렇게 자극을 받다 보면 아 난 지금 넣고 싶다 할 때가 있어. 넣어. 넣는 거야. 그리고 움직여, 위에서……. 그러면은 이 밑에서부터 뜨거운 게 치밀어 오르는데, 그게 내 머리까지 도달을 하면은, 터져버리는 거지.

연이(진희경) : (남자친구인 영작(조재현)이 있을 때는 열 번의 섹스보다 한 번의 감미로운 키스가 더 낫다고 얘기하여 지진아라는 말을 들음. 그러나 영작이 자리를 뜨자) 내가 가끔 하는 상상 하나 얘기해줄까. 가야금 있지, 가야금을 남자다라고 상상을 하는 거야. 그리고 내 앞에 가만히 앉혀놓고 옷을 하나씩 하나씩 벗기는 거야. 그러고는 그 가야금 연주를 시작하는 거야. 문지르고 키스하고 애무를 하는 거야. 그러다가 흥분을 하잖아, 그럼 가야금을 올라타.

영화 초반부터 시작된 처녀들의 수다는 그들의 성적 환상과 욕망을 솔직하고 거침없이 드러낸다. 지금까지도 이렇게 노골적인 담화가 담긴 영화는 거의 없다는 것을 생각해보면, 이 영화가 너무 앞서 갔거나 대한민국 사회가 성 담론에 있어서 아직도 정체 중이거나 둘 중 하나다.

2 | 처녀들의 두 번째 저녁식사 – 남근 선망의 전복

호정 : 그것들이 너하고 자고 싶다고 그러지? 그건 너한테 관심이 있어서가 아니라 니 몸, 니 아랫도리에 관심이 있어서 그런 거야. 그럴 땐 일단 자줘. 그리고 나면 그제서야 너 자신에 대해서 관심을 갖게 되는 거야. 근데 그것도 똑똑한 놈들에 한해서야. 멍청한 놈들은 일단 자기 물건을 니 몸에 넣고 나면 말야, 그냥 우리에 대해서 다 알아버린 것처럼 그렇게 생각해. 그게 무슨 화성에서 정보 수집하는 보이저호니. 그저 살덩어리지.

순이 : 그저 살덩어리랑 좀 다르지. 마술 같은 면이 있지 않냐.

호정 : 걔네 건 덜렁덜렁한 게 가운데 툭 튀어나오기밖에 더했니? 마술 같은 걸로 따지나 귀여운 걸로 따지나 우리 것만 한 게 어디 있니?

프로이트 이후 남근의 존재 여부에 따라 여성을 거세된 열등한 성으로 규정하게 되었다. 여성은 페니스를 선망하게 된다는 남근 선망의 개념이 이 장면에서 전복된다. 성 기관에 대한 자부심은 여성의 특이성이 여성의 신체에서 비롯된다는 식수Helene Cixous나 이리가레 Luce Irigaray 등의 프랑스 페미니스트들의 주장을 연상시킨다. 이리가레가 보기에도 남성의 쾌감은 단일하고 통일되어 있지만 여성의 성은 하나가 아니다. 여성의 성 기관은 다양한 요소(입술, 질, 음핵, 목, 자궁, 가슴)로 이루어져 있어 여성의 희열 역시 무한하다고 한다.

3 | 처녀들의 세 번째 저녁식사 – 처녀들의 섹슈얼리티≠생물학적 충동＝정신적 섹슈얼리티

호정 : (얼마 전 선본 남자에 대해) 나 걔랑 안 잤어. 그런 애들하고 자고 나면 끝나고 나서 꼭 자위가 하고 싶어진단 말이야. 왜냐면 그런 남자들은 섹스는 정말 잘하려고 노력하는 애들이야. 여자를 확 보내려고 기를 쓰고 한다고.

(부하 직원과 관계를 가졌던 얘기를 하며) 연하랑은 처음인데 괜찮드라. 내가 다 리드할 수 있고, 여자랑 자고 나서 존경심을 잃지 않은 여자가 내가 처음이래. 그 순간 내가 머리가 띵하더라. 그동안 수많은 남자 새끼들한테 신경질 난 게 바로 이거구나.

(호정은 딸기잼을 발라가며 한 섹스를 이야기한다. 연이는 변태 같다고 핀잔을 주고 순이는 호정이 부럽다고 한다.)

영작 : 음탕하기로 따지면 나도 한 음탕 하는데 우리는 정상이야, 정상.

저녁 식사 장면에서는 여성이 주체이고 남성이 대상화되어 드러난다. 현실에서는 볼 수 없는 권력관계의 역전 현상이다. 연이와의 관계에서 권력 구도를 만들어내는 영작이지만, 세 여성과의 저녁 식사 안에서의 그는 게이 남자친구의 판타지를 대변해주는 듯하다. 그는 세 여성의 성적 욕구를 인정해주는 이상적인 이성이다.

이 장면에서 중요한 것은 호정의 발언이다. 그녀는 성적인 충동에 이끌려 남자와 자는 소위 '문란한 여성'이 아니라 자신의 원칙과 기준에 입각해 남자를 선택하는 여성이다. 그녀는 정신적인 교감이 가능해야만 진정한 섹스가 가능하다고 설파한다. 스스로 섹스에 능하다고 생각하며 자만에 빠져 있는 남성들에게 직격탄을 날리는 장면이라고 할 수 있다. 그녀의 방식대로 설명하자면, '아무리 남자들이 잠자리에서 뿅 가게 해주려고 해도 나는 안 갈 권리가 있다'는 것이다. 즉, 그녀는 단순히 성적 쾌락을 추구하는 것이 아니라, 사실은 존중받는 여성이 되고 싶은 것이고, 이 영화가 말하고 싶은 부분이 바로 여기에 있다.

4 │ 처녀들의 네 번째 저녁식사 – 한국 사회에 대한 비판과 조롱

호정 : (간통죄로 피소되고 난 이후 한국 사회에 대한 불만을 쏟아놓음) 쪼다 같은 것들. 새끼들 일방적으로 관계를 끊더라고……. 엄마는 앓아누우셨지. 아빠는 아직 모르시는데……. 한국 사회 무섭다 무서워.

순이 : 이건 망명이야, 망명. 정치적 망명.

호정 : 오로지 한 남자만을 알고 한 가지 형태의 섹스에 익숙해져 있고

그 남자에게만 전적으로 매달려 사는 것. 앞으로도 난 절대로 그렇게는 안 살 거다.

　　호정 : 도대체 언제부터 형사들과 검사들이 내 아랫도리를 관리해온 거니? 국가보안법이면 몰라. 간통이 뭐야, 간통이.

　　순이 : 우리가 책에서 읽었던 따뜻하고 열정적인 완전히 몰입하는 그런 섹스는 도대체 어디 있는 거니? 있기나 한 거야?

　　(다리 올리고, 〈라 밤바〉 리듬에 맞춰 노래하는 장면 ― '야임마뭘봐임마메롱')

이때 다리가 높은 위치에서 강조됨으로써 여성들의 도전이라는 느낌이 전달된다. 엉덩이를 드러내고 흔들어 보이는 것이 조롱의 의미를 가진 기표가 된 것처럼, 맨다리를 흔들며 노래를 하는 장면은 남성 중심적인 사회를 조롱하는 기표가 된다.

마지막 저녁 식사에서는 호정의 간통 피소 등 현대사회에서 여성이 감당해야 할 현실적 입장들로 인해 페미니즘적 담론에 약간의 틈새가 생긴다. 순이의 정치적 망명이라는 말이 그저 예사로운 농담으로만 들리지는 않는다. 여성들은 거침없고 당당한 호정을 동경하다가도 이 부분에서 주춤하게 된다. 그러나 후반의 조롱하는 노래로 여성들의 저항의식을 확고히 보여주고, 새삼 여성들의 우정이 대안으로 나타난다. 굳이 표현하자면, 연대라고나 할까. 전투적으로 들려 거부감을 느끼는 사람도 있겠지만, 여성들이 연대하지 않고는 살아갈 수 없는 사회가 지금의 한국 사회인 것이 사실이다.

4. 〈나쁜 남자〉 내용－사랑 : 남자 주인공들과의 관계에 대해

1 | 남자친구－한기와의 만남

라캉은 사유와 존재가 일치한다고 보는 데카르트의 "나는 생각한다. 고로 존재한다"라는 말을 부정하며 "내가 존재하지 않는 곳에서 나는 생각하고, 내가 생각하지 않는 곳에서 나는 존재한다"[5]라고 주장했다. 이는 인간이라는 존재가 스스로 설 수 있는 것이 아니라, 자신 이외의 타자와의 관계 속에서만 설 수 있음을 의미하는 것이다. 그러므로 인간은 욕망과 결핍의 존재인 동시에 타자에 의해서 자신의 삶을 영위할 수 있는 존재[6]이다. 그럼에도 영화 〈나쁜 남자〉의 등장인물들은 위와 같은 사실을 인식하지 못한 채 자신이 주체라는 환상에 빠져 있으며, 자신 이외의 등장인물을 타자로서만 인식한다. 따라서 등장인물들이 자신들의 욕망에 대해서 분출이 성공하거나 실패했을 때 모두 주체가 아닌 타자의 모습으로 나타날 수밖에 없다.

예컨대 선화가 순결하고 완벽한 이상적 여성임을 보여주는 데 있어서 잠깐 등장하는 남자친구(남궁민)의 역할이 한몫하고 있다. 그는 선화를 모텔로 끌고 가려다가 정강이를 걷어차인다. 그리고 그로 인해 그녀의 순결은 당분간 지켜진다. 한기가 선화에게 강제로 키스할 때 느낄 수 있던 잠깐의 불안감(이상적인 여성의 모습이 깨질지도 모른다는)은 선화와 남자친구의 전형적인 연애 장면들에서 해소된다. 이러

---

5) 딜런 에반스, 김종주 외 역, 『라깡 정신분석 사전』, 인간사랑, 1998, pp.86-87.
6) 자크 라캉, 민승기 역, 『욕망이론』, 문예출판사, 1994, pp.38-39.

한 해소로 인해 여성 관객들은 이미 선화에게 감정을 이입한 상태이다. 또한 남성 관객은 그녀의 남자친구가 된 듯한 느낌을 받았을 수도 있다. 그래서 여성들은 그녀가 당한 폭력적인 행위들에 대해 저항감을 느낀다. 그리고 남성들은 배신감을 느낀다. 자신이 선화의 남자친구인 양 불쾌감이 드는 것이다. 혹은 한기를 통해, 사실은 모든 남자들이 가지고 있을지도 모를 폭력성에 대해 떠올려야 하는 괴로움을 맛봐야 하기 때문일 수도 있다.

2 명수의 사랑

여대생이었던 선화를 좋아하는 명수의 사랑은 나르시시즘적이다. 프로이트에 의하면 사랑의 대상은 자기 자신(나르시시즘적 유형)이거나 자신을 돌봐주는 사람(대상의존적 유형)이다. 남자들이 성적 대상을 과대평가하는 성향은 표면적으로는 대상을 이상화하고 자기 에고를 낮추는 것으로 보인다. 그러나 그것은 사랑하는 대상이 완벽하고 이상화되어야 자기 에고의 가치가 비로소 증명된다는 나르시시즘에서 기인한 것이다. 이타적으로 보이는 사랑의 중심에 나르시시즘이 있다.

명수라는 기표는 비천한 깡패 한기의 똘마니이다. 그의 에고의 나르시시즘은 바닥까지 내려간 상태이고 그에게 있어 선화는 자신의 나르시시즘을 되찾을 수 있게 해주는 기회의 대상이다. 선화가 잡혀올 것을 알면서도 그녀를 도망칠 수 있게 도와준 것은 선화를 통해서 자신의 에고를 위로하려는 표현 방법이라고 볼 수도 있다. 그러나 처음부터 이 영화의 주인공들은 모두 결핍된 존재들이고 초반부를 지나면 어떤 등장인물도—하다못해 평범한 수준이라도—에고를 가지고 있지 않다. 에고가 낮은 등장인물들끼리 서로를 통해 자기 에고를 치료하려는 행위들을 김기덕 감독의 영화에서는 '사랑'이라고 부른다. 〈나쁜 남자〉는 이런 사랑도 사랑이라고 말한다.

3 │ 한기의 사랑을 받아들이는 선화 – 소통?

결국 한기와 함께 몸을 팔며 떠돌아다니게 될 삶을 선택한 선화는 '스톡홀름신드롬'을 떠올리게 한다. 자신을 극한상황으로 내몬 한기를 제 발로 찾아온 것이다. 사실은 이 부분이 이 영화에서 가장 문제적이다. 초반부에는 어울리지 않았던 두 사람 사이에 일종의 소통이 이루어진다. 여대생인 선화를 창녀라는 사회의 밑바닥 존재로 끌어내려 한기의 방식과 눈높이에 맞추고 나서야 두 사람은 어울리는 것처럼 보인다. 처음부터 끝까지 일관성 있고 능동적인 한기가 겪는 불행과 처음부터 선택권이 없었던 선화의 불행에는 차이점이 있다. 그러나 이러한 차이점을 가지고도 영화는 두 사람에게 공감하게 하고, 그래서 더욱더 관객들을 불편하게 하는지도 모른다.

5. 나오며

지금까지 살펴본 것처럼 김기덕 감독의 〈나쁜 남자〉와 임상수 감독의 〈처녀들의 저녁식사〉는 인간의 결핍된 욕망이 어떠한 방식으로 분출되며, 이 과정에서 어떠한 특징들이 나타나는지를 보다 확실하게 보여주고 있다. 우선 욕망의 고립에서는 타자일 수밖에 없는 인간이 타자와 타자라는 관계가 형성되지 않으면 욕망의 분출이 성립되지 않는다는 것을 확인할 수 있었다. 또한 타자와 타자라는 관계가 형성된다 하더라도 욕망을 분출하기 위한 남근이 존재하지 않으면 불가능했다. 더구나 〈나쁜 남자〉는 남성 판타지라는 비난을 피해 가기 힘든 영화이다. 극중 내내 수동적이었던 여성 주인공의 운명이 능동적으로 움직이는 남성 주인공에 의해 결정되고 결국 자신을 학대했던 그를 수용한다는 설정은, 남성중심주의적인 사회의 무의식이 어느 정도 반영되어 있다는 증거이다.

그에 비해 〈처녀들의 저녁식사〉는 여성들이 주체적으로 성 담론을 활성화하고, 편협한 가부장제 사회에 저항의 행동을 취한다는 측면에서 여성주의 영화라고 볼 수 있다. 여성의 욕망이 정신분석학에서 말하듯 단순히 남근 결핍(근원적인 결핍)임을 거부하고, 남근과는 다른—예컨대 질이라는 것—의미를 창조하게 된 데에 일조했다는 측면에서다. 멀비에 의하면 기존의 여성은 의미의 창조자가 아닌 매개체(남근중심주의적 사고를 기준으로)에 불과했기 때문이다. 그러나 영화 전체를 총체적으로 읽어보려는 시도와 페미니즘적 시도는 반드시 맞물리는 것이 아니다.

〈처녀들의 저녁식사〉가 속 시원하고 유쾌하고 도발적이지만 지나치게 의식적인 제스처를 취하는 것처럼 보이듯, 〈나쁜 남자〉 역시 지나치게 마초적인 이미지가 불쾌함을 주지만, 그 자체에만 머물러 있는 것은 아니다. 여성 관객만이 아니라 대중 모두를 불편하게 한다면, 그는 내러티브 극영화의 아늑함을 타파하는 데에는 일단 성공했다고 할 수 있겠다.

제7장

페미니즘
- 프로이트와 융을 중심으로

1. 들어가며

지그문트 프로이트(Sigmund Freud, 1856-1939)는 오스트리아의 정신과 의사로 심리학과 정신의학계를 지배한 정신분석학파를 창시했다. 그의 문제의식과 개념들은 예술·인문·사회과학 전반에 지대한 영향을 미쳤고, 모든 분야에 깊숙이 스며들어 있다. 원심분리기를 써도 걸러내기 힘든 프로이트적 영향력을 발휘하고 있다. 하여 프로이트와 융의 이론을 소개하고자 한다.

프로이트는 1899년 11월 역저『꿈의 해석』을 출판했다. 일상의 말과 행동, 느낌, 충동 등은 의식뿐 아니라 무의식의 영향을 받으며, 무의식은 복잡 다양한 방어기제―억압, 합리화, 투사 등―를 발동해서 의식과 삶을 지배하기도 한다는 것, 그것이 드러나는 가장 대표적인 창구가 꿈이라는 것이 그의 이론의 핵심이다. 그는 유년의 경험, 특히 성 욕구가 존재 전반에 지배적인 영향을 끼쳐 불안과 신경증 등 온갖 트라우마의 원인이 된다며, 심리치료를 위해 무의식 속에 들어갈 수 있는 가장 현실적이고 강력한 치료법으로 '대화(치료)'를 권했다.

한편으로 그의 이론은 거센 비판을 받았다. 성욕을 근거 없이 강조한 점, 인간을 무의식, 유년 경험에 가두려 한 점 등이 공격 대상이었다. 과학철학자 칼 포퍼Karl Popper는 반증이 불가능하기 때문에 과학이 아니라고도 했다. 그의 '오이디푸스콤플렉스'에 대해선, 프랑스 철학자 미셸 옹프레는『우상의 추락』(전혜영 역, 글항아리)에서 프로이트 개인의 고백이자 남근숭배주의의 한 반영일 뿐이라고 폄하하기도 했다.

하지만 그의 담대한 발상은 심리학과 정신의학에 큰 영향을 끼쳤다. 충동과 무의식의 관계를 알게 했고, 성격 발달과 유년의 중요성에 눈 돌리게 했다. 무엇보다 대화치료의 중요성을 깨닫게 했다. 인류가 성의 심리학적 중요성을 용감하게 수용하게 했으며, 의식이 주체를 기만할 수 있고 또 자주 기만한다는 사실을 수긍하게 했다.

2. 페미니즘의 기본 정의

페미니즘이란 용어의 어원은 여성과 여성적인 것을 나타내는 'Female'이라는 단어에서 비롯되었다. 즉, 여성 중심적, 여성성 지향으로 여성 존중 의식을 나타낸다. 이는 인류 사회가 역사 이래 남성 중심적으로만 진행되어왔기 때문에 그동안 은폐되고 왜곡되어온 여성의 활동과 삶을 우선적으로 부각하기 위한 것이며 궁극적으로는 남녀가 평등한 사회를 지향하기 위한 것이다. 페미니즘은 여성의 권리를 획득하기 위해 결성된 운동이다. 그러니까 '여권신장론'이다. 달리 말하자면, '여성해방운동'을 전제로 한 여성문제 접근 방법으로, 여성에게 가해지는 사회적 차별에 대항하는 이론이라 하겠다.[1]

3. 4대 페미니즘 이론[2]

여성주의 이론 중에서도 각 이론가가 어떠한 사상적 배경을 가지

---

1) 안혜련, 『페미니즘의 거울』, 인간사랑, 2001, pp.27-28.
2) 양연선, 「여성의 공동의존에 대한 페미니즘 접근-정신분석 페미니즘과 포스트모던 페미니즘 시각 비교」, 한림대 대학원 석사논문, 2001, pp.26-30.

고 있으며 그 시대의 배경이 어떤가에 따라, 절대적 평등과 상대적 평등 중 어디에 더 비중을 두는가에 따라 차이가 나타난다. 이러한 차이들은 여성주의의 범주화를 가능하게 한다. 앨리슨 재거Alison Jagger는 여성주의 이론을 체계적으로 설명하기 위해 1980년대 초반에 자유주의적 여성주의Liberal Feminism, 정통 마르크스주의적 여성주의 Marxist Feminism, 급진적 여성주의Radical Feminism, 사회주의적 여성주의Socialist Feminism로 구분했다. 1980년대 말 로즈마리 푸트남 통Rosemarie P. Tong은 여기에 정신분석학적 페미니즘, 실존주의 페미니즘, 포스트모던 페미니즘을 첨가했다.

1 | 자유주의 페미니즘

메리 울스턴크래프트Mary Wollstonecraft[3], 해리엇 테일러Harriet Taylor Mill, 존 스튜어트 밀John Stuart Mill 등으로 대표되는 자유주의자들은 남녀 간의 생물학적 차이에 대해서는 관심을 갖지 않고 성차별의 문제를 기회 균등의 측면에서 접근했다. 울스턴크래프트는 여성이 남성과 동등한 이성의 능력을 갖고 있기 때문에 남성과 똑같은 권리를 인정받아야 한다고 보았다. 또한 여성의 자율이 남성으로부터의 경제적·정치적 독립에 좌우된다는 생각을 하긴 했으나, 교육을 잘 받은 여성이 자율적이기 위해서는 경제적으로 자립하거나 정치적으로 활동적일 필요는 없다고 생각했다. 그래서 법적 대표 제도가 단지

---

3) 영국의 여성 해방 사상의 선구자(1759~1797). 여성의 교육적·사회적 평등을 열렬히 부르짖은 것으로 유명하다. 저서로 『여성 교육에 관한 고찰』 『여성의 권리 옹호』 등이 있다.

전제정치를 위한 편리한 권리에 불과하다고 믿었기 때문에 그에 따른 여성의 참정권 운동을 시간 낭비라고 생각했다.

울스턴크래프트와 달리 테일러와 밀은 만일 사회가 성적 평등 또는 성별 정의를 성취하고자 한다면, 그 사회는 여성에게 남성과 똑같은 교육뿐만 아니라 똑같은 정치적 권리와 경제적 기회를 제공해야 한다고 주장했으며, 여성의 무능력은 출생 시에 획득하는 법과 제도에 의해서 생긴다고 보았다. 이들 자유주의 페미니스트들은 비합리적인 편견, 고정관념, 전통적인 성차별에 의해 나타난 성 불평등에 관심을 가졌다. 따라서 이들은 성차별에 입각한 법을 개정하고 복지를 제공하는 자의 성차별주의에 도전하며, 여성이 현재보다 나은 기회와 권리를 이용하고 보장받을 수 있도록 개혁하려고 노력했다. 달리 말하자면, 여성의 출산이 제한점이 되기는 하지만 피임, 낙태, 출산휴가, 탁아서비스 등을 통해 남성과의 경쟁에 비교적 공평하게 참가할 수 있다고 보는 입장이다.[4]

2 | 마르크스주의 페미니즘

마르크스주의 페미니즘의 중추가 되는 것은 여성 억압의 기원과 역사에 관한 탐구와 자본주의 체제에서 여성 억압 구조에 대한 분석이다. 여성 억압은 계급제도와 동시에 발생했으며, 계급적 억압과 마찬가지로 사적 소유제에 바탕을 둔다는 주장이다. 그러니까 사적 소유제의 모순은 공·사의 분리, 성별 노동 분업, 일부일처제 가족제도

---

4) 조세핀 도노번, 김익두·이월영 역, 『페미니즘 이론』, 문예출판사, 1993, pp.13-65.

등을 통해 남녀 간의 지배관계로 나타난다고 보는 입장이다.

예를 들자면, 엥겔스Friedrich Engels는 남녀의 생물학적 차이에서 비롯된 성별 분업이 인간 사회의 최초의 분업이라고 보았다. 달리 말하자면, 생물학적 차이가 집안일과 바깥일을 남녀가 나누어 맡게끔 만들었다는 것이다. 그러다가 사회·경제적인 변화로 인해 남성의 일과 생산이 중요성을 더해가자 여성이 담당한 일과 생산의 가치는 약화되었고, 사회에서 여성들의 지위 또한 낮아지게 되었다고 보는 입장이다. 덧붙이자면, 남성은 가정에 대한 통제권을 장악하게 되었고, 여성은 남성의 성적 욕망의 노예이자 단순한 자녀 생산 도구로 격하되었다. 이러한 새로운 가정의 질서 속에서 경제력 덕분에 남성은 유산계급이 되어 지배하게 되었고, 여성은 무산계급이 되어 지위가 격하되었다.

이처럼 엥겔스는 여성에 대한 남성의 통제는 남성이 재산을 관리한다는 사실에서 비롯되었다고 믿었다. 때문에 가족에서 남녀 불평등 문제를 해결하기 위한 방법으로 사적 소유의 폐지와 여성의 생산 참여를 주장했다. 또한 생산노동에 참여하더라도 노동 현장에서 남녀평등이 중요하며, 더 나아가 모든 문제의 근원인 계급제도는 철폐되어야 하고, 이것이 여성의 해방을 보장하지는 못하더라도 여성해방을 이루기 위한 필수조건이 된다고 보았다.

3 | 급진주의 페미니즘

급진주의 페미니즘은 여성의 생물학적 특성인 출산이나 성적 역할과 책임들뿐만 아니라 여성성 개념 자체가 완전한 인간으로서의 발달을 제한한다고 보고, 여기에서 여성문제의 원인을 찾았다. 급진주의적 페미니즘 이론가들은 사회의 가장 근원적인 억압 관계를 남녀 관계로 보고, 남성과 여성은 적대적 관계에 있는 상이한 성의 계급으로 이루어졌다고 주장했다. 따라서 그들은 한 인간의 성과 그 사람의 성별 사이에 필수적인 연관성이 있고 또 있어야 한다는 가설을 거부하고 성별이 성과 분리될 수 있다고 보았다.[5]

슐라미스 파이어스톤Shulamith Firestone은 1970년 『성의 변증법』에서 여성은 출산이라는 생물학적 특성으로 인해 억압을 받게 되었으며, 억압에서 해방되기 위해서는 출산 수단의 지배권을 장악해야 한다고 주장한 바 있다. 또한 케이트 밀릿Kate Millett은 남성-여성 관계는 모든 힘의 관계의 패러다임이기 때문에 성은 정치적인 것이라는 논리를 폈다. 더하여 남성들의 지배가 가부장제를 구성하기 때문에 남성의 지배가 제거되어야 여성들이 해방될 수 있으며, 남성의 지배를 제거하기 위해서는 가부장제하에서 구성된 성적 지위, 역할 및 기질을 제거해야 한다고 주장했다.

시몬 드 보부아르Simone de Beauvoir는 저서 『제2의 성』에서 여성성을 공격하면서 남성성은 문제가 없는 완전한 상태이고 이상적인 인간적 성취를 나타낸다고 가정했다. 그녀는 남성과 남성성이 인간의 업적과 열망의 보편적인 기준이라고 가정하면서 여성이 자유롭게 되는 방법은 단지 남자와 같아지는 길밖에 없다고 주장했다.[6]

급진주의는 주요 정치사상과 독립되었고 여성 억압의 뿌리를 남성이 여성의 성과 생물학적 특성을 통제하는 데서 찾았기 때문에 다른

---

5) 로즈마리 통, 이소영 역, 『페미니즘 사상』, 한신문화사, 1995, p.90.
6) 엘리자베스 라이트, 박찬부·정정호 역, 『페미니즘과 정신분석학 사전』, 한신문화사, 1997, p.165.

페미니스트들로부터 분석 방법을 인정받지 못했으나, 여성문제로 부각되지 않았던 영역인 여성의 성적 특성, 그러니까 강간, 폭력, 재생산의 기술들을 사회적으로 쟁점화하는 데 공헌했다.

급진주의에서 제시하는 해결책은 여성의 성과 출산을 통제하는 가부장제에 대한 공격과 남성에 대한 투쟁이다. 이는 과학의 발전을 이용해 남성과 여성의 생물학적 차이를 없애야 한다는 급진적 견해의 주장이라 할 수 있다. 구체적으로 피임, 불임, 낙태 등 자녀 출산의 인공적 방법을 비롯한 출산 통제 기술의 발전과 이에 대한 여성의 지배권을 통해서 여성해방이 가능하다고 보는 입장이다.

4 | 사회주의 페미니즘

월슨 해리스Wilson Harris, 하이디 하르트만Heidi Hartmann, 실비아 월비Sylvia Walby 등으로 대표되는 사회주의 페미니스트들은 가부장적 자본주의 내지 자본주의적 가부장제가 여성 억압의 원인이 된다고 보았다. 그들은 마르크스주의에 바탕을 두면서도 마르크스주의자들이 간과했던 가부장적 사회구조 속에서 여성 억압의 문제에 관심을 가졌다. 즉, 성차별성의 문제를 성과 계급, 가부장제와 자본주의가 상호 의존된 결과로 파악한 것이다. 하르트만은 자본주의사회에서의 성별 분업은 자본주의의 초창기에 가부장제와 자본주의가 연합하여 여성을 생산에서 배제한 결과로 파악했다. 여성들이 무보수로 가사노동을 전담하게 됨으로써 남성들은 이득을 얻었으며, 여성과 경쟁하지 않음으로써 안정된 직업과 고임금, 그리고 가사노동 면제 등의 이득을 취하게 되었다는 것이다. 이러한 이해관계 때문에 남성 노동자와 자본가 계급은 자본과 노동이라는 상호 적대적인 관계에 있으면서도 여성에 대한 자신들의 특권적 지위를 유지하기 위해 연합한다는 논리를 폈다. 그리고 이 같은 남성들의 연합이 곧 가부장제 체계의 독립적인 작용을 보여주는 것이라고 지적했다.

줄리엣 미첼Juliet Mitchell은 『여성의 재산』 및 후속 저서에서 이러한 급진적 페미니즘을 역사적 유물론과 연계했다. 여성의 지위와 기능은 생산, 출산, 자녀의 사회화 및 섹슈얼리티에서의 여성 역할이 복합적으로 작용하여 결정된다고 보았다. 그러나 여성들이 월급도 많고 명망 있는 일에 있어서 신체적·심리적으로 남성과 동등한 자격을 갖추고 있음에도 불구하고 고용주들은 여성에게 낮은 임금을 지급하고 낮은 지위의 일에 국한시키는 사실을 지적하면서, 여성은 여러 영역에서 과소평가된다는 결론에 도달했다. 뿐만 아니라 저비용의 안전한 출산 통제 기술을 이용할 수 있는데도 여성들을 종속적인 지위에 묶어놓았다고 주장했다. 사회주의자들은 여성에 대한 태도가 여성 심리와 남성 심리가 남근적 상징에 의해 지배되는 한 결코 변화하지 않기 때문에, 자본주의와 가부장제를 동시에 타파하는 것으로 가족 내의 남녀 불평등 문제를 해결할 수 있다고 보았다.

정리하자면, 프로이트의 이론은 페미니즘 이론에 적용할 목적으로 만들어진 것은 아니다. 그러나 페미니스트들이 그의 이론에 관심을 기울인 이유는, 계몽주의적 페미니스트들이 관심을 소홀히 한 가정 영역의 문제에 처음으로 과학적 접근을 시도해 새 지평을 열었기 때문이다. 그것은 가족이란 드라마 속에서 여성과 남성의 역할에 대한 임상실험적 확인이며, 더 나아가 어린아이가 어른의 역할로 사회화해가는 과정을 기술해 여성과 남성의 사회적 성을 익히는 과정을 논의 대상으로 이끌 수 있게 한 것이다.

4. 정신분석과 프로이트

정신분석은 프로이트가 히스테리 환자를 연구하면서 모든 증상 Symptom에는 의미가 있다는 사실을 발견함으로써 시작되었다. 그는 보편적 현상인 꿈이 신경증의 증상과 유사한 구조를 가지고 있다는 점에 착안했다. 그러니까 억압, 갈등과의 타협적인 해결이 인간의 본성과 발달의 일부분이라는 사실을 알게 되었다. 그는 최면, 자유연상, 해석 등과 같은 정신분석적 기술을 통해 성 본능이 억압의 주된 재료라는 사실을 발견했다. 그는 모든 성 에너지를 리비도Libido라고 부르고 리비도 발달 단계에 대해 설명했다. 그의 이론에 따르면 모든 본능은 근원과 목적 및 대상을 갖는다. 아이의 리비도 발달은 '오이디푸스콤플렉스'를 예고한다.[7]

리비도는 기본적으로 인간이 지니고 있는 성적 욕구다. 정신분석학 용어로 표현하자면 성 본능性本能, 성 충동性衝動을 뜻한다. 성적인 욕구가 내부로 향하느냐 외부의 객체에게로 향하느냐에 따라 자아 리비도와 대상 리비도로 나눌 수 있는데, 어떤 경우이든 욕망이 만족을 향해 움직일 때 동원되는 에너지 전체를 지칭한다.

프로이트는 인간이 두 가지 기본적 욕구를 지니고 있다고 했는데, 하나는 공격 욕구인 타나토스Thanatos이고, 또 하나는 성 욕구인 리비도이다. 성적 본능의 에너지를 리비도라고 가정하고, 리비도가 사춘기에 갑자기 나타나는 것이 아니라 태어나면서부터 서서히 발달하는 것이라고 생각했다. 즉, 성 본능은 구강기, 항문기를 통해 발달하

---

7) 한나 시걸, 이재훈 역, 『멜라니 클라인의 정신분석학』, 한국심리치료연구소, 1999, pp.10-15.

다가 5세경에 절정에 이른 후, 억압을 받아 잠재기에 이르고, 사춘기에 다시 성욕으로 나타난다고 보았다. 인간의 자아에 의해 성 욕구를 통제받기 때문에 리비도는 상황에 따라 억눌린다고 볼 수 있다. 리비도는 긍정적이다, 부정적이다로 구분할 수 없다. 한편 상황에 따라 도덕성과 리비도가 대립하게 되는데, 이때 자아는 이를 조절하고 억제, 억압 등의 방어기제를 사용하게 된다. 또한 한 개인 속에 저장된 이 리비도의 분량은 일정한 양으로 한정되어 있어, 이것을 무한정하게 사용할 수는 없다. 그래서 어느 한 가지에 이 에너지를 많이 사용해버리면, 다른 쪽으로 유출하려고 해도 저장량이 없으므로 자연히 결함이 생겨 사용할 수 없게 된다.

이 에너지는 정신적인 힘이지 생물학적인 것이 아니며, 더구나 물리화학적인 힘은 더욱 아니다. 이 에너지는 인간 생활의 전 영역에서 표출되지만, 특히 성 활동에서 많이 표출되는 것으로 연구되었고, 또 그 표출 양상이 전형적으로 알려지게 되었다. 그래서 리비도의 중요 부분을 성적인 힘으로 보고 있다. 여기에서 성적이란, 넓은 의미로는 모든 활동에서 쾌락 추구적인 요인이 있을 때를 이르고, 좁은 의미에서는 양성兩性의 결합과 교섭을 말한다. 후자 역시 궁극적으로는 쾌락 추구적인 것임에는 틀림이 없는 것이다. 리비도는 출생 시부터 나타나 어린이의 행동과 성격을 규정하게 된다. 이 리비도가 자기 자신의 내부를 지향하여 행동화될 때 그런 행동을 자기애narcissism라고 하며, 타인이나 다른 사물을 향해 리비도가 늘 작용될 때 이를 대상애對象愛, object love, 비현실적인 공상으로 흐르면 이를 내향성內向性, introversion이라고 한다.

유아 시절에 향했던 애정 대상에 계속 리비도가 부착되어 있어 성장 후에도 그러한 대상애를 그대로 나타낼 때 이를 고착 또는 집착fixation이라고 하고, 과거에 지향했던 대상으로 다시금 되돌아가 대상애를 나타낼 때 이를 퇴행 또는 복귀regression라고 한다. 또 이런 에너지가 제약·억제당하는 것을 억제 또는 억압repression이라고 말한다면, 이타적으로 다른 대상을 향해 이 에너지를 발산할 때 이를 순화 또는 승화sublimation라고 말한다.

1 | 오이디푸스콤플렉스Oedipus complex

'오이디푸스콤플렉스'는 그리스신화에 등장하는 왕 오이디푸스의 이름에서 따온 말로서 프로이트가 정신분석학에서 쓴 용어이다. 오이디푸스는 테베의 왕 라이오스와 이오카스테(에피카스테)의 아들인데 숙명적으로 아버지를 살해하고 스핑크스의 수수께끼를 풀어 테베의 왕이 되었다. 오이디푸스와 이오카스테는 서로 모자 사이인 줄 모른 채 결혼하고, 그 사실을 알자 이오카스테는 자살하고 오이디푸스는 자기 눈을 찔러 빼버린다. 프로이트는 오이디푸스콤플렉스는 남근기(男根期 : 3~5세)에 분명하게 나타나며 잠재기(潛在期 : 5세~사춘기)에는 억압된다고 보았다.

'아버지처럼 자유롭게 어머니를 사랑하고 싶다'는 원망願望은 '아버지같이 되고 싶다'는 원망으로 변하여 부친과의 동일시가 이루어지며 여기에서 초자아超自我가 형성된다. 프로이트는 유아는 이 오이디푸스콤플렉스를 극복하고서야 비로소 성인成人의 정상적인 성애가 발전하는 것이지만 이를 이상적으로 극복한다는 것은 매우 힘든 일이며, 일반적으로 신경증 환자는 이 극복에 실패한 사람이라고 주장했다. 그리고 이 콤플렉스는 때와 장소를 가리지 않고 보편적으로 존재하는 생물학적인 것이라고 생각했다.

한편 여자아이가 부친에 대하여 성적 애착을 가지며 모친에게 증오심을 가지는 성향을 엘렉트라콤플렉스Electra complex라고 한다. 이는 프로이트가 제시한 이론으로 융에 의해 명명되었다. 프로이트의 정신분석학에서 생식기 단계(phallic stage : 3~5세)에 나타나는 현상으로 그의 학문 체계에서는 오이디푸스콤플렉스와 대비되지만 그것만큼 중요시되지는 않고 있다. 프로이트에 의하면 이 단계의 여자아이는 자신의 성기clitoris에 관심을 갖는데 남자의 성기penis에 열등감을 느끼고 그것을 선망하게penis envy 된다. 그러나 남자와 같아지려는 희망을 포기하고 거세castration된 사실을 받아들이면서 아버지를 사랑하고 어머니에 대해 반감을 품게 된다. 엘렉트라콤플렉스는 어머니와 자신을 동일시하고 초자아superego를 발전시킴으로써 해소되어 다음 단계인 잠복기로 넘어가는데 이것이 이루어지지 않을 때에는 노이로제의 주요 원인이 된다. 엘렉트라는 그리스신화의 인물로, 동생 오레스테스와 함께 어머니 클리타임네스트라와 그녀의 정부 아이기스토스를 살해했다.

2 | 페미니즘과 프로이트

(1) 첫 번째 논문─그의 저서와 「성적 이상증들」이란 논문은 동성애, 사디즘, 마조히즘 등을 포함한 다양한 변태들을 다루고 있다. 그는 예외적으로 동성애에 대하여 관대한 태도를 보이면서 일반적으로 '타락했다'라고 부르지 않았다. 그리고 사디즘은 남성적인 습성과 관련짓고, 마조히즘은 여성적인 습성과 관련지어 성적인 구분을 했다. 여기서 그는 남성적인 것을 능동성으로, 여성적인 것을 수동성으로 사용했는데, 이것은 단순한 성 구분이 아님도 강조했다. 즉, 자신이

속한 성별의 생물학적인 성 특성과 상대 성별의 생물학적인 특성이 혼합되어 능동과 수동의 결합으로써 나타난다고 보았다. 그러니까 모든 인간에게는 양성적인 성향이 존재한다고 보았다.

(2) 두 번째 논문－그는 아동의 성 심리 발달단계에 관한 이론을 전개했다. 유아는 전성기에서 처음 인생을 시작하는데, 그것은 상대를 자신의 몸으로 통합시키려는 구강단계와 항문 사디스틱 단계로 나누어 설명되었다. 특히 항문 사디스틱 단계는 사디즘의 능동적인 성격으로 인해 본질적으로 남성적이며, 따라서 여아는 비교적 약하게 항문단계를 겪는다고 주장했다. 이런 전성기기 다음에 도래하는 것은 성기기로서 이때는 즉자적인 성생활의 금제로서 작용하는 심리적인 힘이 발전하여 도덕과 심미의 관념적인 요구 사항으로 승화되는 과정을 겪는다고 보았다.

(3) 세 번째 논문－그는 사춘기의 변화에서는 남아가 사회적 터부에 의한 금제를 배워서 모친에 대한 관심과 부친에 대한 적대감을 해소하는 과정에 대해 썼다. 그러나 같은 시기 여아에게 일어나는 변화는 분명하게 서술되어 있지 않다. 단지 '여아에게는 개별화 과정에서 강력한 동성애적 압박이 내재해 있고 사회적 금제를 통해 동성애의 표명을 막아준다'는 정도만 인정했다.

그는 리비도이론에서도 리비도는 남성적·능동적 특성을 지니나 그 대상을 고려하면 남성적일 수도 있고 여성적일 수도 있다고 진술하여 다분히 남성 우월적인 내용을 비쳤다. 이 논문의 마지막 부분(페미니스트들을 분겁게 하는 부분)에서는 여아는 사춘기에 성적인 흥분이 음핵으로부터 질로 전이된다고 주장했다. 내용인즉, 남아는 사춘기에 거대한 리비도의 증진을 경험하게 되는 반면 여아는 음핵 성욕에 대한 억압을 경험하게 된다는 것이다.

(4) 나르시시즘론―이 논문에서는 여성 심리를 다루었는데, 여기서는 두 가지 사랑의 대상―애너클리틱한 대상과 나르시시틱한 대상―이 등장한다. 애너클리틱한 사랑은 대상애이고 나르시시틱한 사랑은 자기애로서 그려진다. 주로 남성의 성향은 전자로, 여성의 성향은 후자로 기운다고 주장했다. 그렇게 되는 것은 여아에게 있어서 원초적 모친 사랑이 부친 사랑으로 전이되는 데 어려움이 있기 때문이라고 보았다. 그러니까 여아/남아 모두 초기에 모친 사랑을 경험하나 남아의 경우는 거세공포증으로 인해 사회적인 터부를 익히고 그로 인해 문명으로 리비도를 나누는 방향으로 나가는 반면, 여아의 경우는 그런 거세공포증이 없어서 당장의 모친 사랑이 다른 대상으로 향할 수 없음의 결과라고 할 수 있다. 이것은 다시 말하면 여아의 자기애가 일종의 모친 사랑에서 발전하지 못한 레즈비어니즘으로 전이될 수 있음을 암시하여, 프로이트의 여성 혐오가 어느 정도 드러났다는 공격을 피할 수 없었다.

(5) 오이디푸스콤플렉스 경과와 성별 사이의 해부학적 심리적 결과들―이는 여아의 성 심리 시기에 도래하는 차이점에 관한 논문이다. 여기서는 이미 일반화된 그의 이론인 여아의 페니스 선망에 관하여 다루었다. 여아가 거세를 이미 정해진 사실로 받아들이는 데 반해(수동성), 남아는 거세를 공포로서 경험하여 결과적으로 여아는 남아보다 초자아 발전의 충동을 덜 체험한다고 기술했다.

또한 여아의 경우는 그다음 단계로서 페니스 결핍에 의한 보상 시도로 아버지의 아이를 낳고 싶어 하는 욕망을 느낀다고 하며 이때에 모친은 시기의 대상으로 등장하게 된다는 내용을 다루었다.

그러나 그는 여자아이가 가진 일종의 오이디푸스콤플렉스의 극복 방법에 대해서는 논의하지 않았다. 당연한 결론처럼 여아는 열등한 초자아의 욕구로 인해 열등하다는 판정이 붙었고, 이에 대해 역시 당연한 결론으로써 페미니스트들과의 충돌 또한 거세었다. 프로이트는 계속해서 그의 후기 저서에서 논하기를, 남성의 부친 살해의 원죄적 경험과 그 극복이 문명사회를 지배하는 길을 열어주는 반면, 여성의 경우는 초자아의 열등한 경험으로 인해 가족과 성생활의 이익을 대표하는 존재로서 자리를 잡고 남성에 의해 상대적으로 소외되어 문명세계에 대해 적대적이고 파괴적인 태도를 취하게 된다고 보았다.

그러나 프로이트의 이런 후기의 논의는 현대의 마르쿠제나 안젤라 데이비스 같은 이들로 하여 다른 결론을 이끌도록 하기도 했다. 마르쿠제는 문명을 현실원리와 쾌락원리로 갈라서 설명을 시도했는데, 일련의 역사적인 이유로 인해 남성문화는 극도의 현실원리를 구현했고 이는 남성자본주의사회의 가치관을 대표한다고 주장했다. 이에 대한 극복의 방향으로 공격적인 자본주의를 부정하는 가치관으로서 안티테제인 사회주의를 말했고, 그것은 여성적인 것을 표현해야 한다고 하여 문화에 대해 파괴적인 프로이트의 여성 인식을 긍정적이고 혁명적인 힘으로 바꾸어놓았다. 이것은 일부 프랑스 페미니즘으로 연결된다.

(6)여성의 성—이는 여성의 음핵에서 질로의 이행 문제와 모친 대상을 부친 대상으로 바꾸는 초기의 문제의식을 재기술한 것이다. 여기서 그는 전前 오이디푸스적인 단계를 중요시했는데, 특히 여아인 경우는 양성적인 성향이 더 강하다고 보는 입장을 취했다. 그러니까 여성의 성장은 초기 남성적인 단계와 후기 여성적인 단계를 포함하면서 이월된다고 보았다. 하여 음핵(남성적) → 질(여성적)의 과정을 설명해놓았다. 여아의 경우 오이디푸스콤플렉스의 극복은 모친의 거부가 일종의 양성성에서 여성성, 다시 말해 능동자에서 수동자로 거치

는 본질적인 사건으로 작용한다고 주장했다. 즉, 초기의 여아의 양성적인 단계를 모친의 강력한 유대와 동일시하면서 이 단계를 모권적 영역(미케네문명)에서 유추했다. 그리하여 여아는 이런 영역 체험을 거부함으로써 수동적인 여성성을 성취하는 것이다.

3 │ 거세된 여성

여성운동의 선구자들은 프로이트를 '성 정치적 이데올로기의 반혁명적인 발화점'이라고 여겨왔다. 그러나 케이트 밀릿처럼 정신분석학의 여성성 이론을 격렬하게 비판하는 이론가도 경전화된 작가들의 작품들이 나르시시즘적인 남성의 환상이라는 그 정체를 드러내고자 할 때는 정신분석을 간과할 수 없었다.

프로이트에 따르면, 사랑의 대상이 엄마로부터 아버지로 바뀌는 소녀의 경우처럼 상이한 부분 대상들과 육체의 영역들에 대한 '다형적인 변태적' 점유는 오이디푸스 단계의 '성기에 집중된 성'보다 앞서 있다고 한다. 그러나 그의 이론은 거의 전적으로 (남성적) 오이디푸스 콤플렉스에 집중되었고, 오이디푸스 이전 단계를 계속 제외했기 때문에 무엇보다 남성의 오이디푸스적 위상 ─ 엄마에게 향해진 근친상간의 소망, 아버지를 살해하겠다는 소망, 아버지의 근친상간 금지와 거세의 위협 등 ─ 은 프로이트에게 있어 무의식의 내용을 규정해주는 것이 되었다.

유아의 무의식에 내재해 있는 소망은 결코 억압되지 않는다. 그러나 부적당한 조건하에서 이 소망들이 정신병으로 발발하기도 한다. 즉, 언어적인 오인, 위트, 꿈과 상상의 생산 등과 같은 비병리학적인 현상에서도 무의식은 표현되고 있는 것이다. 정신분석가와의 대화에서 무의식적 소망은 의식으로 불러들여지고, 이 소망과 결합된 정서의 변화가 전이 과정을 통해 분석가에게로 넘겨짐으로써 환자는 증상을 치료받는다. 프로이트의 관심은 무엇보다 히스테리, 공포증, 강박행위 등을 포함하고 있는 노이로제에 있었다.

달리 말하자면, 자아·남성성·이성·로고스·문화·에로스(삶의 본능) 등은 언제나 은유를 통해 결합되며 자아의 테두리를 형성해내는 연상적인 복합체를 형성한다. 그리하여 이러한 심리적 기제들의 다양한 심급들은 마치 에스가 엄마를, 초자아가 아버지를, 자아가 아들 및 남자를 대변하고 있는 한 가족 드라마의 모법에 따라 계획된 듯한 인상을 주는 것이다.

프로이트는 여성에게 고유의 성이라는 것을 전혀 허용하지 않았다. 즉, 인간은 남성적이며, 여성은 결핍된 남성인 것이다. 프로이트의 묘사에서 여성의 발전은 남성의 발전에 의해 추론되기 때문에 여성은 필연적으로 결핍된 것일 수밖에 없다. 프로이트는 이와 더불어 가부장적인 문화에서 전적으로 현실이거나 최소한 현실일 수 있는 것을 학문적으로 기초화된 '진리'로 만들었다. 프로이트에 따르면, 여성은 자신이 거세된 존재라는 사실을 받아들임으로써 여성이 된다고 한다. 여성 육체의 수태 능력과 양육 능력은 전혀 중시하지 않았다.

그에 따르면 소년은 아버지의 근친상간 금지의 영향하에서 거세공포를 발전시키고 탈가치화된 엄마에 대한 일차적 사랑을 포기하며 아버지와 자신을 동일시하고 팔루스적인 나르시시즘을 발전시키며 이후에는 엄마를 대체해줄 사랑의 대상을 찾아 나선다. 소녀에 대해서는 프로이트는 소년과 비교할 수 없을 정도로 어려운 길을 예견하고 있다. 성적인 규정에 도달하기 위해 소녀는 클리토리스에서 질로의 변화, 능동적인 성적 태도로부터 수동적인 성적 태도로의 변화,

그리고 사랑 대상에 있어서 어머니로부터 자기멸시와 결합되어 있는 대상인 아버지에게로의 변화를 수행해야 한다. '페니스 선망'은 이때부터 소녀의 삶을 규정한다. 왜냐하면 '거세된' 소녀는 거세공포를 통해서 본능을 포기하도록 강요받지 않기 때문에, 여성의 문화적 업적과 도덕적 특성들은 남성의 그것들 뒤로 물러나 있게 되는 것이다. 여성은 많은 것을 억누를 필요가 없다. 왜냐하면 여성의 '여성성'에 지정된 거세에 대해 여성이 모욕감을 느끼고 이를 발견하게 된 이후에는 여성에게는 극히 적은 리비도만이 남게 되기 때문이다. 프로이트는 이러한 상황에서 형성되는 정상적인 여성의 인성 중 세 가지 주요 특성으로 수동성, 마조히즘, 보상적 나르시시즘을 꼽았다. 프로이트와 브로이어는 히스테리 여성 환자들의 수수께끼 같은 증후들을 연구하면서 무의식을 발견했다.

프로이트 정신분석학에 있어서 사실상의 비극은 여성의 특성에 대한 잘못된 해석들이 별로 타당성이 없는 임상적인 관찰들에 의거하여 이루어졌다는 사실에 있다. 왜냐하면 그 정신분석가에게 찾아갔던 여성들은 부적응한 '여성들'이었기 때문이다. 그리고 오늘날에도 정신분석가를 찾는 여성들은 많은 경우에 있어 부적응한 환자들이다. 헬렌 도이치, 카렌 호르나이, 멜라니 클라인, 그리고 어니스트 존스와 같은 프로이트의 제자들은 부분적으로 그의 견해와는 명백하게 대립되는 자기 고유의 여성성 이론들을 발전시켰다.

4 | 엄마와의 관계

카렌 호르나이는 페미니즘적 사회학 입장이다. 그녀는 여성의 페니스 선망이라는 것을 여성이 자신의 불리한 사회적 위치로 인해 발전시킨 방어적인 증후로 해석했다. 이러한 페니스 선망에 남성의 임신 선망을 대치시켰다. 그러나 호르나이는 남녀 모두가 오이디푸스적 상황에서 초권력적인 부모에게 순응해야만 한다는 사실에 동의했기 때문에 여성의 경우 성적인 공포와 억압, 남성의 경우 보상적인 여성 혐오에 이를 수밖에 없게 되는, 남녀 모두에게 적용되는 선천적인 이성애적 성교 소망에 성적 특성들을 환원시켰다.

아동분석가였던 멜라니 클라인은 프로이트에 대해 공개적 비판을 하지 않으면서도 여성의 성에 대한 고유한 이론을 발전시켰다. 오이디푸스 이전 단계의 연구에 있어서 이정표 역할을 하면서, 무의식에 대한 이해를 완전히 변화시켰다. 실제적인 대상에 비해 상상화된 (국부)대상에, 그리고 리비도적인 충동에 비해 사디즘적인 충동에 우위를 두었다. 그녀의 출발점은 선천적으로 타고난 아이의 공격적인 충동이었다. 이 충동은 엄마의 육체와 그러한 육체의 상상화된 내용(아버지의 페니스, 아기의 페니스, 배설물)들에 향해져 있으며 이러한 내용물들을 훔치거나 파괴하고자 하는 목표를 가진다고 한다. 엄마에 대해 공격적인 자극들을 투사함으로써 아이의 무의식 속에서는 '좋은' 엄마로부터 갈라져 나온 '나쁜' 엄마에 대한 상상이 생겨날 수밖에 없다는 것이다.

소녀가 이미 일찍부터 질의 존재에 대해 알고 있다는 사실에 대해 클라인과 호르나이는 의견의 일치를 보고 있다. 즉, 아버지의 페니스를 욕망하는 작은 여자라는 문제시될 만한 호르나이의 전제 역시 공감한다. 여성의 성적 특성은 여성적 육체의 경험을 통해서만 해소되는 것이지 사회적인 영향에 의해 각인되는 것은 아니다. 프로이트의 모델을 수정하고 있기는 하지만 실제로는 그 모델을 거부하지 않은 일종의 타협 형성물들로 볼 수 있다.

70년대 들어서야 비로소 신여성운동의 영양하에 여성성 이론뿐만 아니라 성 특수적인 사회화 모델에 대한 비역사적이고 규정적인 서술을 수정하고자 노력했던 정신분석이 나타났다. 어린이의 자아는, 엄마를 가장 중요한 대상으로 삼는 이러한 자아 외부에 존재하는 대상들과의 상호작용에서 생겨난다고 한다. 전지전능한 팔루스적 엄마로서 어쩔 수 없이 아이의 무의식 속에 공포로 가득 찬 모습들을 남겨놓을 수밖에 없는데, 이러한 상이 가지고 있는 힘에 대항하여 자기 자신의 동일성을 형성하기 위해 남녀 양성은 남성적 팔루스라는 반대 세력을 맞세울 수밖에 없다는 것이다. 비록 엄마와의 관계가 이후의 모든 대상관계의 모범으로 간주된다고 할지라도, 아버지는 이러한 영향력 있는 모델의 모습으로 엄마와의 질식할 만한 공생관계로부터 해방시켜주는 구출자로 나타난다는 것이다.

미국의 도로시 디너스타인이나 낸시 초도로나 프랑스의 크리스티앙 올리비에처럼 성 차이가 인성 발전에 미치는 영향을 연구한 페미니즘 여성 정신분석가들은 이러한 상을 부분적으로 받아들인다. 이들은 개인의 역사를 그러한 역사가 각인되어 있는 사회의 역사로부터 더 이상 분리하지 않기 때문에, 그러한 상은 그들에게 있어 다른 의미의 중요성을 획득하게 된다. 소년의 관계는 차이에 의해 규정되는 반면 그러한 관련자와 소녀의 관계는 유사성에 의해 규정된다는 사실을 통해 상이한 관계 능력을 야기하는 성들 간의 불균등이 생겨나게 되는 것이다. 소위 여성 정신분석가들은 아이를 돌보는 데 있어 남성을 참여시킴으로써 사회적인 역할 분담을 변화시켜야 한다고 역설한다. 남자 어린이에게 있어 독자적 동일성의 형성은 초기에 발생하는 엄마와의 동일화의 거부와 연결되어 있다는 것이다. 이러한 거부는 소년의 인성 속에서 엄마가 차지하고 있는 감정적인 부분들에 대한 억압과 결합되어 있는바, 이러한 감정적인 부분들 속에서 소년 역시 처음에는 엄마와 스스로를 동일시할 수 있었던 것이다. 엄마와의 분리는 양가적이다. 한편으론 이러한 분리는 사랑의 대상과 자기 고유의 자아가 차지하고 있는 부분들의 근본적인 상실이며, 다른 한편으로는 그것은 전지전능한 엄마로부터의 해방을 의미하기도 한다. 남성의 발달이 방어적인 태도를 통해 자아가 가지고 있는 한계들을 안정화하는 데로 이르는 반면, 상호 주관적인 관계 내에서 스스로를 정의 내리고 있는 여성의 자아는 결합 능력, 감수성, 배려 등과 같은 의사소통적인 고유성들을 발전시킨다는 것이다.

벤저민은 주체가 자기동일성을 찾아나가는 데 있어서의 성공 여부는 다음과 같은 두 가지 대립적인 경향들을 통일하는 주체의 능력에 달려 있다고 보았다. 하나는 타자로부터 자신을 경계 짓는 것, 또 하나는 다른 한편으로 타자를 인정하는 것이다. 이는 타자의 입증에 자신이 의존하고 있다는 사실에 대한 인정이다. 헤겔에 따르면, 자기의식에는 자신의 의존성을 부정하고자 하는 불가피한 경향이 내재해 있다고 한다. 더군다나 자기의식은 타자를 남김없이 완전히 제거해서는 안 된다는 점을 배우게 된다고 한다.

조르주 바타유Georges Bataille는 개체와 타자를 (남성적으로) 경계 설정시키는 것을 '삶'과 동일시하며, 성적 특성에서 드러나는 (여성의) 헌신과 용해를 주체의 '죽음'과 동일시한다. 그러나 여기서 항상 남성은 주체로서 남아 있는 제식의 행위자인 반면, 여성은 남녀 두 성을 대표하면서 개인들의 경계 설정을 초월하고 '죽음'을 자기 것으로 감수해야만 하는 '희생자'로서 기능하고 있다. 벤저민은 바타유에 의해 이미 서술된 바 있듯이 마조히즘적인 굴복하에 있는 여성으로 하여금 자기 고유의 주체 상태를 부인하게 만드는 성적 역할 분담 기능을 입증하고 있다. 그러나 벤저민은 이러한 환상들에 대해 도덕적인 판단을 거부한다. 오히려 그녀는 거기서 소외된 형태로 표현되고 있는, 남성적 주체성의 초월에 대한 동경을 강조하고 있다. '성공한' 개인화 과정에서 자기주장과 타자에 대한 인정은 성적으로 특수하게 분리되는 것이 아니라 하나의 주체 속에서 실현된다는 것이다.

5. 융과 페미니즘에 관하여

1| 융의 기본 이론 정리

20세기 초 융(Carl Gustav Jung, 1875-1961)[8]은 정신분열증 환자에 대해서 심리요법적인 접근을 시도했다. 그는 분열증 환자의 환각이

---

8) 스위스의 정신의학자. 프로이트의 저서에 감명받아 프로이트의 해석자로 나섰으며, 1910년 국제정신분석학회의 창설에 공헌해 그 초대회장에 취임했다. 그 후 프로이트와의 차이가 명확해지면서 결별, 독자적인 분석심리학의 체계를 확립해갔다. 대표적인 저서로는 『리비도의 변환과 상징』이 있다. 이 저서에서 그는 프로이트 이론의 핵심이며 처음부터 문제 되었던 심리적 에너지에 대해 새롭게 정의(프로이트와 정반대로)한다. 융은 근친상간 문제를 예로 들어, 어떠한 인격적 착종으로 근친상간이 일어나는 경우는 드물며 그것은 대개 고도로 종교적인 어떤 내용을 표현한다고 보았다. 즉, 근친상간은 거의 모든 우주진화론과 무수한 창세신화들 속에서도 결정적인 역할을 한다고 본 것이다. 그러나 프로이트는 문자 그대로의 해석에 집착해서 하나의 상징으로 나타나는 근친상간의 정신적 의미를 파악할 수 없다고 보았다. 프로이트의 '상징'은 보다 더 인과적으로 해석될 수 있는데 융의 이해와 무엇보다도 차이를 드러내는 것은, 상징이라 지칭되는 것에 대해 프로이트는 개인적이고 구체적으로 이해한다는 점이다. 융이, 직접 표현할 수 없는 어떤 사실을 암시하는 표현으로 상징을 생각한다면, 프로이트는 이러한 암시를 사실 그 자체와 명백히 구분하지 않는다.

나 망상의 내용을 연구하면서 환자들의 환각이나 망상에는 가지각색의 신화·전설·민담 등과 상당히 흡사한 이미지나 주제가 있다는 사실을 깨닫게 되었다. 이것은 정신병자뿐 아니라 정상인에게도, 또 시대와 문화가 다른 사람들에게도 공통적인 마음의 층이 있다고 추론하고 그것을 '보편적인 무의식(집합적 무의식)'이라 명명했다. 프로이트의 무의식 개념이 개인적인 특질(개인의 억압되었던 과거와 연결)을 강조한 데 반해, 융의 보편적 무의식은 그보다 깊은 인류 공통의 보편적 층이다.

융의 견해에 따르면, 인간의 내면은 상호작용하는 세 가지 체계인 자아ego와 개인무의식personal unconscious, 집단무의식collective unconscious으로 이루어져 있다. 자기self는 무의식의 밑바닥에 놓여 있는 세계이다. 또한 그 세계는 집단무의식의 원형으로 모든 것을 포괄하는 세계이다. 그러나 '자아'는 자기의 세계보다 훨씬 작은 세계로, 의식과 분별의 세계이다. 누구나 '나(자아)'를 가지고 있고 '나'를 통하여 바깥세상과 어울리며 자기 마음 깊은 곳을 살핀다. 그런데 '나'를 통하여 통제하는 의식세계를 분석해보면 그 가운데 '우리'가 있음을 알 수 있다. '우리'라는 집단은 자아의식에 섞여 있지만 때로는 집단이 개인에게 강요하는 가치관이나 행동 규범을 자기 것으로 착각하는 경우가 생긴다. 분석심리학에서는 이렇게 집단에 의해서 요구되는 태도, 생각, 규범을 페르소나persona, 또는 외적 인격이라 부른다.

우리의 마음 깊은 곳에는 '내'가 모르는 더 깊은 마음인 무의식이 있다. 내면세계란 곧 무의식의 세계를 말하는 것이다. 사람이 외적 인격-페르소나를 가지고 외부세계와 관련을 맺는 것처럼 우리의 내면세계에도 외적 인격과 매우 대조되는 태도와 자세, 성향이 생기게 되는데, 이를 내적 인격이라 부른다.

그리고 이 무의식의 심층을 통해 태고부터 현대까지 전해져 온(유전되어온) 이미지(주제)가 바로 '원형元型, archetype'이다. 물론 이미지의 내용 그 자체가 유전될 리는 없다. 전해지는 것은 인간이 매일매일 경험하는 평범한 것들로부터 의식 또는 행동을 창출하는 경향(패턴)이다.

원형이란 태어날 때부터 가지고 나오는 인간의 가장 보편적이며 가장 원초적인 행동 유형의 여러 조건이다. 태초부터 인류가 되풀이해온 모든 경험의 침전으로 인종과 문화의 차이, 지리적 차이, 시대적 차이 등 시공의 차이를 넘어서서 인간이면 누구에게나 있는 가장 보편적인 행태를 일어나게 하는 선험적인 틀型, Type이다. 원형적 조건들은 체험을 통해서 상像, Image으로 표현된다. 이러한 원형상은 신화, 민담, 원시심성, 원시종교, 민간신앙, 그 밖의 종교현상, 문학예술, 그리고 정신병리현상과 그 체험에서 직접 경험할 수 있다.

2 | 아니마anima와 아니무스animus

(1) 남성과 여성의 무의식 측면

남녀는 생물학적으로 구분된다. 심리적으로 서로 다른 관심과 특성을 나타내고 사회적으로도 서로 다른 역할을 수행하도록 요구되어 왔다. 그렇게 사회적 요구에 맞추어가는 가운데 남성과 여성의 무의식에는 남성과 여성의 페르소나에 맞추어가도록 또 하나의 내적 인격이 형성된다. 그리하여 남성의 무의식에는 여성적 인격이, 여성의 무의식에는 남성적 인격이 내적 인격으로 자리하게 된다. 즉, 남성의 무의식에는 '아니마'라고 하는 여성의 인격이, 여성의 무의식에는 '아니무스'라고 불리는 남성의 인격이 자리하게 되는 것이다. 아니마/아니무스는 남성과 여성의 의식에서 억압된 것만으로 형성되는 것이 아니다.

우리가 보통 남성은 어떻고 여성은 어떻다고 말할 때 그것은 역사 속에서 드러난, 사회적 통념으로 굳어진 여성관/남성관이다. 사람들이 흔히 남자답다거나 여자답다고 말할 때의 남성성/여성성의 관념도 남성과 여성에 대한 집단적인 견해이다. 그것은 시대와 사회집단에 따라 그 강조점이 바뀔 수 있는 관념이다.

아니마/아니무스는 남성으로서 또는 여성으로서의 페르소나에 대응하는 무의식의 내적 인격이다. 그것은 태초부터 인류가 남성과 여성에 대해 상상하고 체험한 모든 것에서 우러나온 원형의 조건을 토대로 하는, 시대와 사회를 초월한 인류 공통의 보편성을 지닌다. 집단적인 사회적 남성관/여성관 속에도 원형적 바탕에서 나온 것이 끼어들 수 있다. 따라서 그러한 집단적 남성관/여성관에는 시대나 사회에 따라 변하지 않는 부분이 있을 수 있다.

융의 학설은 남성과 여성이 서로 다르다는, 자연스런 구별에서 출발한다.[9] 남녀의 의식이 다른 만큼 자기실현의 과정에서 남성과 여성은 각기 대조되는 성향의 내적 인격을 인식해나가야 할 과제를 안고 있다. 내적 인격이 충분히 인식되면 남성과 여성은 각각 남녀의 타고난 장점을 살리면서도 인식의 부족한 부분을 보충하여 비슷한 크기와 모양의 성숙한 인격으로 변할 수 있다.[10]

---

9) 이부영, 『아니마와 아니무스―분석심리학의 탐구 2』, 한길사, 2001, p.25.
10) 프로이트는 여성의 열등감을 남근 결손에서 온 남근 선망과 결부함으로써 여성 심리를 일방적으로 남성 우위의 관점에서 기술한다. 그러나 융의 아니마/아니무스 학설은 남녀를 동등한 선상에서 보면서 남녀의 서로 다른 특성을 의식과 무의식 측면에서 전체적으로 다루고 있다는 점에서 획기적이다.

융의 아니마/아니무스론은 남성은 여성적 요소를, 여성은 남성적 요소를 살려서 의식에 통합해야 함을 강조하고 있다. 내적 인격이 의식화되면 둘은 남성과 여성의 본성을 잃지 않은 채 전체정신의 중심에 거의 접근하게 된다.

(2) 아니마 · 아니무스의 상호관계

무의식 측면에서 여성과 남성의 다른 면을 지적하면 아니마는 기분mood, 아니무스는 의견opinion을 만들어낸다는 사실이다. 『자아와 무의식의 관계』에서 융은 남성의 무의식의 아니마, 여성의 무의식의 아니무스가 단지 남녀의 의식에서 배제된 내용만으로 이루어지는 것이 아니고 더 깊은 원형적 토대, 즉 선험적 전제에서 나온다는 사실을 말하고 있다.

외적 인격인 페르소나는 때와 장소에 따라서 카멜레온처럼 바뀐다. 대체로 남성답다, 여성답다고 하는 일반적인 페르소나에 자아를 동일시하고 있는 남성과 여성의 '아니마/기분'과 '아니무스/의견'은 다소 열등하고 미성숙한 면을 나타내게 된다. 이러한 페르소나는 내적 인격과 끊임없이 갈등을 일으키고 그런 겉모습은 시대와 문화, 상황에 따라 의식과 행동 방식을 적절하게 변화시킨다.

아니마는 남성의 변덕스러운 기분의 동요, 짜증, 때로는 폭발적 감정으로 표현된다. 융은 『의식의 뿌리에 관하여』라는 저서에서 다음과 같이 말하고 있다. 아니마가 강할수록 남자의 성격을 여성화하여 그로 하여금 예민하고 쉽게 자극받게 만들고, 짜증과 질투, 허영심을 부리게 하며 적응부전을 일으킨다.

이런 남성들은 자기의 약한 아니마에 해당되는 여성에게 호감을 느낀다(나긋나긋하고 알아도 잘 모르는 척하고 남성의 예민한 자존심을 건

드리지 않는 여성이 약한 아니마를 거느린 남성 집단에서 살아남는다). 반대로 약한 아니무스의 여성 역시 자신의 약한 아니무스에 해당되는 이성에게 호감을 느낀다.

　남성의 경우 아니마, 여성에게는 아니무스의 원형이 자리 잡고 있어서 무의식과 의식을 들락거린다. 이 이미지가 항상 무의식적으로 연인에게 투사되어 '정열적인 매력' 또는 '혐오감'을 야기하는 주요한 원인 중의 하나가 된다. 즉, 남성의 경우 여성에게 아니마를 투사하는데 '첫눈에 반하는' 경우는 그 여자가 남성의 아니마의 여성상과 동일한 특성을 가지고 있는 경우이고, 남성이 혐오감을 느끼는 경우는 그의 무의식적인 아니마상과 모순되는 성질을 가지고 있는 것이다. 여성의 경우는 그 반대이다.

　아니마와 아니무스의 관계가 항상 이렇게 적대관계이거나 긴장관계를 불러일으키는 것은 아니다. 이것은 아니마와 아니무스가 덜 분화되어 부정적 성격을 띠고 있을 때만 그러하다. 그러나 대부분의 경우에 무의식의 내적 인격은 제대로 인식되지 못한다. 아니마가 본래 개인적인 섬세한 감정, 자아의식을 넘어선 예감 능력을 지니고 있는 것처럼 아니무스 또한 창조적 싹을 지니고 있다. 융은 그것이 곧 '영감 있는 여인femme inspiratrice'이라는 말로 대변된다고 말한다. 아니마와 아니무스의 긍정적 측면 중의 하나로서 중요한 것은 의식과 무의식을 잇는 인도자의 역할이다.[11]

　융은 아니무스의 복수성과 아니마의 단일 인격이 남녀 의식의 특수한 태도와 관계있는 것 같다고 하였다. 여성은 의식의 태도에서 일

---

11) 단테의 『신곡』에서 주인공을 천국으로 인도하는 베아트리체, 괴테의 『파우스트』의 헬레나 등이 인도자로서의 아니마를 표현한다.

반적으로 남성보다는 개인적이다. 여성의 세계는 부모와 형제, 자매, 남편과 아이들로 이루어진 반면 남성의 세계는 민족, 국가, 증권가 등이다. 그에게 아내는 최소한 아내가 '내 남편, 내 남자mein Mann'라고 할 때 생각하는 것과 같은 의미를 지닌 '내 여자'가 아니다. 그에게는 일반적인 것이 개인적인 것보다 가까이 있다. 융은 남자에게서는 열정적인 절대성이 아니마에 결부되고 여성에게서는 끝없는 다수가 아니무스에 결부된다고 보았다. 아니무스는 남성 원리만을 표출하기 때문에 신의 전체성이나 전일의 인격, 자기self를 표현하는 데 적합지 않다. 아니무스는 거기에 이르는 전前 단계 혹은 중간 단계에서 만족해야 한다. 그런데도 아니마/아니무스를 자기와 동일시하는 것은 그림자, 즉 무의식적 측면을 충분히 통찰하지 못했기 때문이라고 융은 말한다.

(3) 모성원형

모성원형의 일차적 보유자는 어머니다. 어머니는 아이의 신체적인 선행 조건일 뿐 아니라 정신적인 선행 조건이다. 숙명적인 어머니의 보호와 보살핌 아래에서 남성이 어떻게 남자가 되고 인생으로 나아가는 길을 차단당하는지, 모성의 아들에 대한 헌신과 아들의 충성이 아들의 최초의 연인인 어머니를 배반하고 독립하고자 하는 모험심을 어떻게 약화시키는지에 대해 융은 모자간의 유대관계가 매우 오래된 모자의 결혼원형을 충족시킨다고 했다. 집단적 무의식의 본체를 잘 재현하는 아들과 어머니의 그와 같은 유대는 신화의 단계에서는 늙고도 젊은 어머니의 주제일 것이다.[12]

---

12) 이부영, 앞의 책, p.78.

어머니는 남성의 좌절과 실패한 삶에 위로를 주지만 동시에 위대한 환상을 자극하며 유혹하는 여인의 이마고imago[13]이다. 삶을 이성적이며 유익한 측면으로 이끌기보다 무시무시한 모순 속으로 인도하여 선과 악, 성공과 실패를 함께 저울질하며 남자의 의식으로부터 가장 큰 것을 요구하며 또한 받아내는 데 가장 위험함이 있다고 융은 말한다.

> 아들의 아니마는 어머니의 엄청난 힘 속에 붙들려 있고, 흔히 일생 동안 감상적인 유대를 남기고 남성의 운명을 심각하게 침해하거나 반대로 대담한 행동을 하고자 하는 그의 용기를 부추긴다.
> ─『의식의 뿌리에 관하여』에서

융은 이마고의 영향력을 위와 같이 설명하며 여성원형의 강력한 영향력과 그 복합성, 그리고 양면성을 말한다. 모성 이마고와 그 밖의 여러 여성원형들이 함께 어울려 남성의 무의식 속에서 작동할 때와 외부의 여성들에게 투사될 때 일어날 수 있는 숙명적인 사건의 빛과 어둠을 암시한 것이다. 이마고에 대해 덧붙이자면, 융은 1911년 『리비도의 변형과 상징Wandlungen und Symbole der Libido』에서 이마고를 집단무의식과 연결하여 신화적 형상 또는 원형 심상이라고 정의했다. 융에 의하면 이마고는 개인 경험의 산물이 아니라 누구에게나 있는 보편적 원형이기 때문에 고정관념으로 작용한다. 이 관념은 시각적 표상과 관계될 뿐만 아니라 느낌으로도 관여하는 주관적 결정

---

13) 스위스 시인 슈피텔러(Carl Spitteler)가 쓴 소설의 제목으로 '심혼의 여주인'이라고 이름 붙인 것에 해당된다.

체이다. 환자가 자상한 아버지에 대해서도 무서운 이미지를 가질 수 있는 것은 그 때문이다. 그는 인류의 집단무의식이 인격을 형성시키는 이마고의 원형Archtype이라고 보았다. 융이 말하는 이마고는 저절로 생긴 콤플렉스로서 의식과 무의식 사이에 놓이며 긍정적 또는 부정적으로 기능한다.

프로이트는 1912년 '무의식에 잠재돼 있는 콤플렉스'라는 뜻의 잡지 《이마고》를 창간했다. 프랑스의 철학자 자크 라캉은 여기에 착안해 '자기를 인식하는 최초의 이미지', '무의식이나 영혼 깊은 곳에 있는 최초의 자기영상'을 '이마고'라고 불렀다. 조작된 것일 수도 있는 이 최초의 영상은 '나는 어디에 있는 누구인가'라는 존재 인식이므로 대단히 중요하다. '나'를 발견하고 자기라는 주체를 독립적으로 인지하는 순간이기 때문이다. 라캉은 이 순간을 타자와 만나는 '최초의 나'로 설정하며 거울 속의 어린아이, 즉 '거울단계'에서 '저 이상한 존재'를 '나'로 인식하는 과정이라고 설명한다.

라캉은 가족 관계 속에서 어린아이가 형성하는 원형적인 억압의 콤플렉스가 이마고로 자리 잡는다고 주장했다. 그는 융과 달리 '이마고'를 부정적인 쪽에 더 무게를 두고 이해했다. 이마고는 기만적이고 파괴적이어서 인간에게 나타나는 최초 효과는 '주관적 소외' 형태로 자리 잡는다고 보았다. 1945년 라캉은 젖을 뗄 때의 이유離乳, weaning 콤플렉스, 거울단계의 침입intrusion콤플렉스, 아버지에 대한 오이디푸스콤플렉스로 이마고를 분류했다.

이처럼 콤플렉스는 가족 관계 속에서 부모라는 대상을 인지하고 '나'라는 주체를 형성하는 과정에서 생기며 그 콤플렉스가 이마고를 구성한다고 본다. 라캉에 의하면 가족 관계 속에서 형성된 최초의 이마고는 인간이 타자라는 대상을 대하는 원리이자 평생 간직하는 환상이 된다는 것이다. 남성 속의 여성원형들은 여성원형의 투사를 유도하는 여성의 의도적이거나 반의도적인, 혹은 완전히 무의식적인 반응에 의해서 자극되고 활성화될 수 있을 것이다.

아들로부터 투사되는 요소를 짊어지는 사람은 어머니이고 딸의 경우에는 아버지이다. 부녀 관계를 일률적으로 말할 순 없지만 여성의 경우 남성적인 존재로써 보상되므로 무의식에는 남성적인 징후를 갖는다. 융은 아니마가 모성적인 에로스에 해당된다면 아니무스는 부성적인 로고스에 해당된다고 말한다. 에로스, 로고스라는 용어는 개념적인 보조 수단에 불과하고 실제의 의미는 에로스의 맺는 기능과 로고스의 구별하는 기능을 지칭한다.

아니마/아니무스의 원천은 보다 깊은 인류의 원초적인 조건에 있다. 그 시대의 생활환경, 남성관, 여성관에 관련된 집단의식은 아니마/아니무스의 개인적 측면을 형성하는 데 영향을 준다. 가령 남성들이 여성적인 것을 될 수 있는 대로 억압하는 것을 미덕으로 여기고 여성들이 남성스러워지는 것을 탐탁지 않게 여기는 시대에는, 남성의 의식에서 여성적인 특성과 성향이 억압되면 이에 대한 무의식적 요청이 증대되고 이마고는 이런 요청을 수용하는 그릇이 된다. 여성의 의식에서 배제된 남성성 역시 심혼의 이마고의 성격을 결정한다.

융은 이 여성적인 심혼, 아니마상에는 개인적인 일회성이 아닌 초개인적이며 보편적이고 전형적인 것이 있고 이것은 마음의 깊은 층에 뿌리박고 있다고 말한다. 그것은 무의식의 유전된 집단적 여성상으로서 우리가 여성원형이라고 부르는 것이다.

6. 융의 이론과 페미니즘 ─ 프로이트의 무의식을 경험적으로 확장시킨 아니마/아니무스론

　프로이트가 여성의 열등감을 남근 선망의 심리라고 말하면서 여성의 심리를 남성 우위 관점에서 연구한 반면, 융은 남녀를 동등한 선상에서 보면서 남녀의 의식과 무의식의 차이를 이야기했다.

　남성과 여성은 생물학적으로나 심리적으로나 양성의 특징과 성격을 지니고 있다. 남성과 여성들은 시대와 상황에 따라 외적 인격인 페르소나에 의해 행동과 사고를 적절하게 변화시킨다. 페르소나는 그리스 어원의 '가면'을 나타내는 말로 '외적 인격' 또는 '가면을 쓴 인격'을 뜻한다. 융은 사람의 마음은 의식과 무의식으로 이루어지며 여기서 그림자와 같은 페르소나는 무의식의 열등한 인격이며 자아의 어두운 면이라고 말했다. 자아가 겉으로 드러난 의식의 영역을 통해 외부세계와 관계를 맺으면서 내면세계와 소통하는 주체라면 페르소나는 일종의 가면으로 사회집단의 행동 규범 또는 역할을 수행한다. 하지만 영화에서 페르소나는 종종 영화감독 자신의 분신이자 특정한 상징을 표현하는 배우를 지칭한다.

　융은 여성의 성격에는 남성적 무의식인 아니무스가, 남성의 성격에는 여성적 무의식인 아니마가 포함되어 있기 때문에 이러한 두 원형이 적절하게 조화를 이루어 표출되어야 한다고 보았다.

　융의 이론에 따르면 남성과 여성이 지닌 아니마(남성이 가진 '여성적 요소'의 원형으로 남성에게서 변덕스러운 정서를 만든다)/아니무스(여성이 가진 '남성적 요소'의 원형으로 여성에게서 강한 확신과 주장 등을 만든다) 원형은 무의식과 의식 사이를 오가며 무의식적으로 이성에게 자신의 아니마/아니무스의 이미지를 투사시킨다. 이것은 연인의 매력과 혐오감을 야기하는 원인이 될 수 있는데, 가령 남성의 경우 좋아하는 이성을 만난 것은 자신의 아니마의 여성상과 동일한 특성을 가지고 있는 경우이고, 여성은 그 반대이다. 융은 아니마/아니무스의 인격적 투사상의 되돌림이 자아와 집단적 무의식을 연결하는 역할을 한다고 했다. 융은 아니마/아니무스 원형이 비극적인 숙명성을 가지고 있다고 말하면서 이성과의 관계를 통해서만 이것이 인식된다고 보았다. 투사는 그곳에서만 효과적이기 때문이다.

융의 이론에서 남성의 아니마는 기분mood으로 표현되고 여성의 아니무스가 의견opnion으로 표현되는데, 융은 아니마가 미숙한 상태일 때 남성은 변덕스럽고 짜증스러운 모습을 보이며 여성은 폭력적이고 공격성을 보이고, 이럴 때 여성은 경직된 의견을 보이며 (무조건 나의 의견이 옳다고 주장하는 것-융은 여성의 진정한 성질은 에로스로 표현된다고 말한다. 구별하고 인식하는 로고스는 깊은 생각에서 비롯되지 않고 의견으로 이루어지기 때문에 독선적인 성향을 나타낼 수 있다) 남성은 이런 여성의 따지는 모습을 싫어하고 여성적인 논쟁으로 일관하거나 궁지에 몰리면 벌컥 화를 낸다고 주장한다.

로고스가 남성성(아니무스)으로 대변되고 에로스가 여성성(아니마)으로 대변되는 점에서 융의 이론은 페미니즘 관점에선 비판의 소지를 다분히 갖고 있는 것은 사실이다. 융의 궁극적인 결론은 성숙한 아니마와 아니무스의 발현으로 남성성과 여성성의 조화를 강조하는 점이지만 해석에 따라선 그의 의도와 사뭇 다르게(예를 들면 남자들이 갖고 있는 섬세한 내면과 감성이 여성성으로 말미암은 것이며 여성들이 보이는 이성적이고 분석적인 모습, 정확한 판단력은 그들 내부에 숨어 있는 남성성으로 말미암은 것이라는) 이해될 수 있다. 이론 전개 과정에서 보이는 남성과 여성의 특성들에서도 역시 가부장적인 측면이 드러난다. 아

들은 어머니의 이마고의 부정성을 극복해야 하고 딸은 아버지의 인
도에 의해 아니무스의 의식을 형성한다는 점이 그러하다.

제8장

디지털시대,
한국 TV
드라마의 미학

INSIGHT,
MODERN POP
CULTURE
AND ART

1. TV 드라마의 특성

텔레비전은 그 어떤 매체보다 많은 시청자를 갖고 있다. 이는 텔레비전이 일상생활과 밀접한 오락과 정보의 공급원으로서 잡다한 기능을 하고 있기 때문이다. 더구나 텔레비전은 사회가 복잡해지고 정신적 긴장이 더해가는 상황에서 개개인의 흥미와 욕구를 충족시키는 매체로서 무엇보다 강력한 힘을 발휘하게 되었다. 그러나 텔레비전은 초창기부터 그 특성이 매우 부정적으로 정의되었던 것도 사실이다. 1960년대의 맥도널드Dwight Macdonald 같은 언론학자는 '어른의 탈을 쓴 어린이adultized children', '아기처럼 구는 어른infantile adult'이라는 말로 텔레비전을 정의 내리기도 했다. 이 논리는 텔레비전의 순기능을 주장하는 사람들조차도 피해 갈 수 없는 문제이다. 텔레비전이 수많은 시청자들에게 사랑을 받으면서도 여전히 우려와 비난으로부터 자유로워지지 못하는 이유는 과연 무엇인가.

첫째, 텔레비전은 만인에게 개방되어 있는 매체이기 때문이다. 예를 들어, TV의 유아 프로그램은 0~5세를 시청 대상으로 하고 있으나 시청자의 시청 범위가 넓기 때문에 어른들도 즐기는 프로그램이 될 수 있으며, 성인을 대상으로 하는 토크쇼나 드라마 역시 어린이들이나 청소년들 누구에게나 개방돼 있어 성인/청소년용의 구분이 불분명하다. 따라서 텔레비전에 있어서 시청 대상의 구분은 거의 이루어지지 않는다고 해도 과언이 아니다. 게다가 불특정할 수밖에 없는 시청자들의 수준 또한 일률적이지 못하다. 비판 능력이 있는 시청자가 있는가 하면 다수의 무비판적 절대 수용자들이 혼재해 있다.

둘째, 텔레비전이 비판을 받는 이유는 '너무 쉽게 접근할 수 있는 대상'이기 때문이다. 집 안에 놓인 여타의 가구들처럼 텔레비전도 그

중 하나일 뿐이다. 또한 비싼 돈을 내고 입장권을 사지 않아도, 차를 타고 극장에 가는 수고로움을 전혀 들이지 않아도 안방에서 얼마든지 자유롭게 영상을 즐길 수 있다.

셋째, 노골적인 상업성은 텔레비전의 대표적 속성이다. 이는 텔레비전의 최대 목적이 오락 지향이라는 점에서 명백하게 드러난다. 연극이나 영화에 등급이 존재하듯이 텔레비전 프로그램에도 엄연히 등급이 존재하긴 하나 그 적용은 모호하기 짝이 없다. 연극과 영화는 관객들의 연령에 따라 등급을 구분하지만 텔레비전은 장르의 속성으로 구분한다. 한국의 방송법은 그 등급을 보도, 교양, 오락의 삼분법으로 구분하고 있는데 이는 영국적 기능 분류법이 우리나라에 들어와 정착된 것이다.

2. 디지털 환경의 변화

디지털digital은 21세기 과학기술의 상징적인 깃대로 인간의 삶에 많은 변화를 가져왔다. 1과 0의 신호로 이룩된 디지털 기술의 발달이 가져온 가장 큰 변화는 아날로그 방식에서는 쉽지 않았던 쌍방향 소통이 가능해졌다는 것이다. 발신 지향적인 일방통행성 정보 미디어가 발신-수신의 벽을 허무는 쌍방향interactive 체제로 바뀌고, 방송과 통신 그리고 컴퓨터가 하나로 통합된 이른바 멀티미디어 환경이 구축됨으로써 세상과의 소통 방식이 '발신 지향'에서 '수신 지향'으로 바뀌게 된 것이다.[1]

새로운 방식으로 무엇인가를 만들기 위한 '도구'가 아니라, 새로운 방식으로 사유하는 '도구'[2]로서의 지위를 획득한 디지털은 이제 과학의 차원을 넘어 예술의 존재 방식에까지 영향을 미칠 정도로 우리 사회 전반을 지배하는 용어로 자리매김하고 있다. 이에 따라 디지털 정보 기술 연구는 기존의 수동적인 경험이었던 이야기 듣기의 문화를 새로운 형태로 바꾸는 방법을 모색[3]하면서 예술의 존재 방식의 근본적인 변화를 이끌어내고 있는 것이다. 가장 핵심적인 변화는 하나의 예술 텍스트에 대한 단일한 해석과 고정된 의미를 허용하지 않게 되었다는 점인데, 이로 인해 예술의 미적 자율성을 포함해 순수성으로 옹호되었던 많은 영역에서 중대한 변화가 일어나게 되었다.[4]

쌍방향 소통의 상호작용은 그동안 영화에 비해 상대적으로 예술로서의 가치를 인정받지 못했던 TV 드라마를 새롭게 인식하는 계기가 되고 있다. TV 드라마, 특히 한국 TV 드라마가 하나의 예술 작품으로 제대로 평가받지 못했던 것은 '촬영'과 '방송'이 동시다발적으로 이루어지는 '연속극'이라는 특성 때문이었다. 한국 TV 드라마가 제대로 발전하기 위해서는 미국이나 일본의 경우처럼 '촬영'을 마무리한 뒤에 '방송'한다는 의미의 '사전 전작제'가 반드시 필요하다는 의견이 많다. 이것은 방송 일정에 쫓겨 방송 시간 직전까지 편집하는 경우가 많은 한국 TV 드라마의 제작 현실에 비추어 보았을 때 매우 중요한 문제라 할 수 있다.

---

1) 이어령, 『디지로그』, 생각의 나무, 2006, p.176.
2) 토마스 엘새서, 「영화의 미래 : 수렴, 발산, 차이」, 토마스 엘새서·케이 호프만 편, 김성욱 외 역, 『디지털 시대의 영화』, 한나래, 2002, p.20.
3) 박상찬·신정관, 「하이퍼텍스트와 미래의 미디어 기술」, 최혜실 편, 『디지털 시대의 문화 예술 : 통합의 가능성을 꿈꾸는 KAIST 사람들』, 문학과지성사, 1999, p.269.
4) 김진량, 『디지털 텍스트와 문화읽기』, 한양대학교출판부, 2005, p.25.

한국 TV 드라마에 비해 비교적 완성도가 높은 것으로 평가받는 미국 TV 드라마나 일본 TV 드라마의 경우에서 확인할 수 있듯이, '사전 전작제'가 작품의 질을 보장하는 것은 분명하기 때문이다. 그러나 이것은 어디까지나 '발신 지향'의 아날로그적인 생각에 지나지 않는다. '사전 전작제'는 시청자가 TV 드라마에 참여할 수 있는 폭을 제한한다[5]는 점에서 '수신 지향'의 디지털시대에는 어울리지 않을 수도 있기 때문이다.

영화나 연극처럼 고유한 미적 형식으로 짜여 있는 것이 아니라, 생산과 수용 과정 그리고 텍스트의 관습이 전혀 다른 프로그램들로 구성되어 있는 텔레비전[6]의 특성은 수신 지향의 쌍방향 체제를 지향한다. TV 드라마는 발신자와 수신자의 상호작용을 통해 존재하는 대중예술 양식이기 때문이다. 따라서 그동안 한국 TV 드라마의 예술적 완성도를 떨어뜨리는 주범으로 비난받았던 '촬영'과 '방송'의 동시성은 상호 소통의 쌍방향성을 추구하는 디지털시대에 적합한 특성이 될 수도 있다.

TV 드라마의 발신자와 수신자의 상호 소통은 '촬영·방송' 전에 이미 시작된다. 특히 대중적으로 잘 알려진 텍스트가 TV 드라마로 제작된다는 소식과 함께 어떤 배우가 주인공으로 캐스팅되었다는 기사

---

5) 미국의 시즌제 TV 드라마의 경우, 사전 전작제라 하더라도 하나의 시즌이 끝난 뒤의 시청자 의견이 그다음 시즌에 반영될 수 있다는 점에서 시청자의 참여가 제한적이나마 보장되는 경우가 있다. 그러나 2007년 〈궁〉의 두 번째 시즌을 표방했던 〈궁S〉의 실패 사례에서 볼 수 있듯이, 시즌제가 정착되지 않은 한국의 경우 '사전 전작제' 문제는 TV 드라마에 대한 시청자의 참여가 원천 봉쇄될 수 있다는 점에서 좀 더 많은 논의가 필요하다.
6) 주창윤, 「텔레비전 드라마의 미학적 성격」, 《한국극예술연구》 23집, 한국극예술학회, 2006, p.370.

를 접한 수용자는 인터넷의 '댓글' 형식을 통해 아직 제작되지도 않은 TV 드라마에 적극적으로 참여한다. 이처럼 디지털시대의 한국 TV 드라마 시청자는 완성된 TV 드라마를 단순히 소비하는 수용자 차원을 넘어 TV 드라마 텍스트에 직접 참여하는 경향이 강하다. 이 같은 경향은 TV 드라마야말로 발신자가 일방적으로 전권을 행사하던 아날로그에서 벗어나 상호작용의 쌍방향 소통을 중시하는 디지털 환경에 적합한 일상예술 양식임을 반증하는 근거이다.

TV 드라마 텍스트에 적극적으로 참여하는 '시청자'는 연극의 3요소의 하나인 '관객'과 같은 존재이다. 그럼에도 불구하고 연극에서의 '관객'만큼 TV 드라마의 '시청자'는 그동안 별로 주목받지 못했다. 오히려 선정적이고 통속적인 내용을 즐기는, 그래서 계몽해야 할 존재로 폄하되는 경향이 강했다. 여기서는 드라마가 건전한 삶을 추구하며 살아가고 있는 시청자들에게 과연 올바른 인간상을 제시해왔는지 분석하고, 그렇지 않다면 텔레비전 드라마에서 나타난 인간상은 얼마나 왜곡돼 있는지 살펴보고자 한다.

1│ 디지털 스토리텔링 – 여성상의 왜곡

드라마를 논하는 일은 '프로그램으로서의 드라마'로 불리는 일일드라마에서 그 뿌리를 찾지 않고는 불가능하다. 일일드라마는 수십 년간 폭넓은 시청자층의 사랑을 받으며 가족드라마의 기본이 되어왔다고 해도 지나치지 않다. 일일드라마는 주말·주간드라마에 기본 소재를 전수함으로써 오늘도 숱하게 쏟아져 나오고 있는 드라마 서사구조의 토대가 되고 있다.

1960년대 후반부터 1980년대 초반까지 일일드라마는 방송사 간의 과열 경쟁의 한가운데에 있었다. 당연히 드라마는 더욱 통속적으로 흐르게 되었고 일일드라마에 대한 사회적 규제까지 동원되기도 했다. 마침내 1976년 문화공보부는 TV 프로그램 건전화 시책의 일환임을 내세워 프로그램 편성 준칙을 행정적 협조 요청의 형식으로 방송사에 시달함으로써 편성에 타율적으로 간섭하기에 이르렀다. 이로 인해 각 방송사는 일일드라마에서 잃은 TV의 위상을 회복하기 위해 특집드라마를 늘리고 주간 미니시리즈와 대하드라마 등으로 이어지는 출구를 마련하기에 이르렀다. 그럼에도 불구하고 일일드라마가 지니고 있는 생명력은 매우 끈질기게 특집극과 주간드라마 등에 영향을 미쳤다.

특히 '스토리텔링story-telling'은 '과거'의 속성과 '일방적인' 특성을 지닌 '이야기story'와 달리 '현재성'과 '상호작용성'을 강조한 용어이다. 따라서 스토리텔링에서는 이야기에 참여하는 '현재성·현장성'이 중요하다.[7] 이 같은 디지털 서사의 특성은 스토리텔링이 "독백이 아니라 대화의 기술이며 제압이 아니라 소통"[8]을 지향하고 있음을 의미한다. 쌍방향 소통의 상호작용성은 촬영과 방송이 동시에 이루어지는 한국 TV 드라마의 단점을 장점으로 바꿀 수 있는 디지털 환경이다.

완성된 형태로 관객과 만나는 영화와 달리 진행형의 상태로 시청자와 만나는 한국 TV 드라마의 특성이 스토리텔링의 '현재성'을 담보하기 때문이다. 그리고 시청자는 수신자의 위치에서 발신자와 상호작용하면서 완결되지 않은, 연속 방송 중인 TV 드라마의 서사에 적극적으로 참여하는 즐거움을 만끽한다.

텔레비전은 현재성the present과 즉시성the immediate을 갖는다. 영화

---

7) 최혜실, 『문화 콘텐츠, 스토리텔링을 만나다』, 삼성경제연구소, 2006, pp.17-18.
8) 이어령, 앞의 책, p.59.

는 역사성the historic과 사진성the photographic을 갖고 있다. 이런 성격으로 인해 텔레비전은 시청자와 다른 관계를 맺게 된다. 게다가 텔레비전은 시청자들과 일상 속 현실을 함께 나눈다. 일상 현실에 대해 언급하고, 사람들이 하루하루 하는 일을 따라 간다. 종종 세속적이기는 해도, 훨씬 더 자주 영감을 받으면서, 평범한 일들로 치부되는 것들도 곰곰이 성찰할 거리로 만든다. 그리하여 텔레비전은 친밀함·친숙함이라는 요소를 예술 형식 속에 첨가했다. 이 점이 바로 텔레비전 미학의 기반이다. 때론 사적이면서도 공적이고, 가정이라는 공간 속에 완전히 편입되지 않으면서도 늘 함께 있다.[9]

일상생활의 한 부분으로 자리 잡은 텔레비전의 특성은 TV 드라마에서도 그대로 나타난다. 아침과 저녁의 일일연속극, 주말연속극, 미니시리즈 드라마 속의 등장인물들은 마치 가족이나 이웃처럼 시청자와 함께 생활하면서 '지금 현재' 일상의 일들을 이야기한다. 이렇게 TV 드라마는 시청자에게 끊임없이 '이야기하는' 존재로 자리매김했다. 시청자 역시 TV 드라마가 건네는 이야기에 대한 자신의 생각을 인터넷을 비롯한 디지털 매체를 통해 표현함으로써 대화를 나눈다. 그리고 대화 내용의 일부는 '시청자 의견'이라는 형태로 TV 드라마에 반영되고, 일부는 TV 드라마 텍스트 바깥에서 새로운 형태로 변주되면서 상호작용한다.

TV 드라마의 주 시청자는 여성이라 할 수 있다. 요즘 들어 일상생활에서 텔레비전의 비중이 커져서 반드시 여성만이 주 시청자라 할 수는 없지만 드라마에 관한 한 여성들의 채널 선택권은 가히 절대적

---

9) 존 엘리스, 「영화와 텔레비전 : 라이오스와 오이디푸스」, 토마스 엘새서·케이 호프만 편, 앞의 책, p.189.

이다. 그렇다면 여성이란 어떠한 존재인가. 최근 사회와 가정에서 여성의 목소리가 커졌듯이 방송에서도 여성의 위상은 높아졌다. 이런 현상을 두고 사람들은 인기 방송작가의 대부분이 여성이기 때문에 방송이 여성화되고 있다고 우려하기도 한다.

그러나 혹자는 이와 같은 현상을 조금만 주의 깊게 주시하면 이러한 우려가 얼마나 근거 없는 피상적인 담론인지 금방 알 수 있다고 말하기도 한다. 우선 우리나라 여성의 정계 진출은 세계적으로 최하위권에 속하며, 경제적으로도 여성은 남성과 같은 고용 기회도 누리지 못하고 임금의 평등도 이루지 못하고 있다.

여성의 사회적 지위는 아직도 매우 열악한 상태이다. 그런데도 시청자들은 방송을 보면서 여성의 지위가 매우 높아졌다는 허상을 본다. 그 '높아졌다'는 말은 여성의 사고방식과 생활 패턴 및 자기정체감의 확립이 어느 방향으로 가는가에 따라서 가족 및 사회의 의식구조가 달라진다는 뜻을 내포하고 있다. 여성의 지위가 높아졌다는 말을 할 때에는 반드시 이렇게 주체적인 자아로서 가족 내의 의사결정권과 사회적인 발언권이 높아졌다는 것에 주목해야 한다.

우리나라 TV 드라마가 소재의 개발에 발 빠르게 대처하지 못하는 이유 중 하나는 높아진 여성의 지위를 피상적으로만 이해하고 있기 때문이다. 여성을 향해 '최루성'의 영화로 호도했던 60년대식 영화가 아직도 그 소재를 반복하고 있는 것은 바로 이렇듯 '여성의 지위 향상'에 대해 안이한 분석을 하고 있는 데 큰 원인이 있다. 달리 말하자면, 시대가 바뀌고 삶의 질이 향상되었음에도 불구하고 여성 시청자에 관한 이러한 상투적인 평가 및 결론이 끊임없이 제기되는 한, 여성이 제 위상을 정립하는 일은 더욱더 힘들어질 것이다. 솝 오페라 (soap opera : 주로 낮 시간에 방송되는, 주부들을 대상으로 한 텔레비전, 라디오 연속극) 중 여성상을 왜곡하는 데 기여하는 소재들을 인기 드라마의 경우에 대입해보면 다음과 같다.

1. 극중 인물 가운데 하나가 주인공의 혼외婚外 자식임이 판명된다.
2. 누구인지는 모르나 극중 인물 가운데 한 사람이 주인공의 오래 잊고 있던 형제나 이복동생으로 밝혀진다.
3. 누군가가 떳떳지 못한 전력으로 인해서 위협받고 시달리게 된다.
4. 20년 정도 계속돼온 결혼이 어느 한쪽의 지병이나 바람, 의심으로 파경의 위기를 맞는다.
5. 누군가가 잘 진행되고 있는 혼사를 방해한다.
6. 누군가가 자기 아닌 다른 사람을 사랑하고 있는 사람과 결혼한다.

이 소재들은 솝 오페라에서 차용한 일일드라마 및 주간드라마의 단골 소재로서 과거로부터 여성들이 처해왔던 현실을 과장과 극단을 통해 표현한 것이다. 오늘날 TV 드라마의 대부분은 가족을 중심으로 한 이야기들의 반복이라 할 수 있다. 여성은 아무런 이의 없이 혼외 자식을 폭넓게 수용해야만 하고, 과거의 전력 때문에 늘 고통스러워하며, 혼사 때문에 고민하고, 남편의 바람기에 대응하여 언제나 숨죽인 삶을 살아야 한다는 내용이 빈번하게 나타난다.

이는 드라마의 소재를 가족 중심으로 국한해왔으며 여성의 사회와 이웃에 대한 폭넓은 이해와 참여를 저해하는 요인이 되기도 한다. 이러한 요소들은 나아가 사회 현실에 대한 왜곡된 반응으로 이어져 '다 함께 어우러져 살아야 한다'는 당위성에서 벗어나 가족이기주의와 흑백논리를 부추기는 현상을 초래했다. 또한 이런 현상은 '드라마 망국론'을 잉태하는 요인이 되고 있는데 전문가들은 텔레비전 드라마의 지적 사항으로 첫째, 기존 사회의 권위주의적 전통적 가치를 너무 일방적으로 강조하고 있으며 둘째, 드라마의 주제가 편중되어 있고 셋째, 갈등적 내용이 과다하며 넷째, 인간관계 묘사에 있어 사회 현실과의 관련성이 미흡한 점 등을 꼽는다.

이런 배경을 가지고 있는 텔레비전 드라마는 아무리 시대가 변했다고 하지만 여전히 세태 성향을 무시한 채 전통적인 여성상만을 되풀이하고 있다.

2 | 가족이기주의의 희생양

방송사는 주부를 주된 시청 대상으로 하는 각 한 편의 아침드라마를 연속적으로 편성하고 있는데, 각 방송사가 방영하고 있는 모든 아침드라마는 모두 복잡한 애정 관계가 주된 갈등을 이루는 멜로드라마로서, 오전 시간대의 주 시청자인 주부들에게조차도 비난을 받고 있다. 특히 비정상적인 가족 관계를 모티브로 하여 별거, 이혼, 미혼모, 사생아 등을 주된 소재로 다룬다.

저녁 시간대의 일일드라마는 주로 평범한 가족의 일상사를 다루었으나 9시 뉴스의 시청률에 지대한 영향을 미친다고 판단, 인기 드라마를 연장 방송함에 따라 무리한 상황 설정이 문제로 지적되기도 했고 고부 관계와 남녀 관계에 대한 묘사에 있어서 무조건 상명하복식의 구태를 노출, 이해되지 않는 상황으로까지 몰아가기도 한다는 지적을 받아왔다. 어쨌건 여성상의 왜곡은 이들 드라마의 주된 특징이다. 특히 일일드라마에서 비일비재하게 나타난다.

저녁 8시대의 시청자들은 대개 노인층이거나 중년의 주부들이다.

이들의 문화 활동은 대부분 TV 시청이라 할 수 있다. 따라서 저녁 일일드라마에는 대부분 가족이 등장하고 양 집안의 혼사 문제, 고부 갈등, 가정의 위기를 극복하는 맏며느리가 등장한다. 둘째 며느리는 대체로 맞벌이를 하는 여성으로서 집안 살림에 도움이 안 되며 맏동서에게 자녀 양육을 부탁하는 경우가 많다. 또 어김없이 속을 끓이는 시누이나 올케, 노인 문제까지 거론되는 등 교과서적인 전개가 주류를 이룬다. 특히 가족드라마에서 두드러지는 특징은 전통 가족이 아닌 확대가족이라는 점이다. 직계 2, 3대 외에 삼촌이나 고모가 같이 살거나 결혼한 딸 가족이 함께 살고, 장모와 처남까지 한집에 같이 살기도 한다.

또한 여자에게 있어서 결혼은 여전히 한 남자와의 결합이 아니라 그를 둘러싼 가족과의 결합으로 나타난다. 이 관계의 가장 대표적인 것이 고부간의 갈등이다. 대체로 남자는 항상 고민하고 갈등을 해결하지 못하는 역할이기 때문에 그럴수록 신세대의 겉모습으로 분한 여자는 고달프며 모든 갈등을 홀로 짊어지고 나가게 된다. 이 경우 해결책은 결국 여자가 양보하고 자신을 포기하는 것이다. 저변에는 여전히 굳건한 가부장제의 이데올로기가 도사리고 있다. 그래서 아직도 드라마 속의 여성은 순종적인 아내이고 헌신적인 어머니로서 희생과 봉사를 다하고 있는데, 이는 한 여성의 삶이 희생되어야만 다른 가족들이 편안한 삶을 추구할 수 있다는 전통적인 가정상을 되풀이하는 것이다. 남편 하나만을 믿고 시집온 한 여성이 그 가족의 구성원으로 편입되기 위해서는 엄청난 자기희생이 뒤따름을 암시하는 일이다. 나아가 희생을 강요당한 여성은 자식들에게 그 보상심리를 전이하고 이에 따라 가족이기주의는 자연스럽게 그 뿌리를 내리게 되는 것이다.

이런 상황은 온 가족을 시청 대상으로 하는 주말드라마에 있어서도 마찬가지다. 콩쥐팥쥐신드롬을 연상케 하는 주말드라마, 여주인공이 가난하다는 이유 하나만으로 결혼의 고민 대상이 되며, 그룹 회장이라는 신분으로 여자 운전기사를 재혼 대상으로 삼지만 재혼에 있어서도 여전히 여성은 남성의 선택을 기다리는 존재라는 소극적 성향을 강조하는 드라마, 여성은 결혼하면 장미에서 콩나물로 전락되고 만다는 여성 비하의 제목 때문에 논란이 일기도 했던 드라마 등 주로 여성상에 대한 다각적인 묘사가 주된 주제였다.

이렇게 무차별적으로 쏟아져 나오는 드라마의 홍수 속에서 여성은 비록 이야기를 이끌어가는 주체자이지만 한결같이 새로운 시대를 창조하는 여성상과는 거리가 있고, 비록 시대와 함께 호흡하는 여성상을 제시하고 있다 하더라도 시청률이라는 미명하에 다시 원점으로 되돌아가는 일을 반복하고 있다. 더러는 다소곳하고 정숙한 여인들이 점점 사라지고, 힘차고 적극적인 여인들이 브라운관에 늘어나고 있긴 한다. 하지만 겉모습이 그렇다 할지라도 뿌리 깊게 자리한 가족 이기주의의 희생양으로 각인된 여성상이 과연 옷만 갈아입었다고 쉽게 변화할 것인가 하는 의구심도 여전한 과제로 남는다.

3. 현실에 대한 반응―TV 드라마의 현재성

아침드라마를 보면 여성은 사랑과 결혼에 집착하는 인물로 그려지며 사회적 금기에 갇혀 있고 자신의 정체성을 자각하지 못한 채 오로지 남성을 통한 감정적 성취감으로 살아가는 캐릭터들이 대부분이다. 그리고 드라마 속에서 여성의 '일과 사랑'이 다뤄질 때 일과 사회와 현실은 항상 주변을 맴도는 상황으로 위치해 있다. 더구나 여성은 소모적이고 조잡한 감정싸움으로 하루를 소비하는 것으로 그려지는 경우가 많다. 그러니까 여성은 사랑과 결혼 이외에 사회적 성취감이나 사회에 대한 기여 등에 대해서는 전혀 사고하지 못하는 존재로서 그려지고 있는 것이다.

이러한 현상은 오늘날 우리 드라마의 여주인공을 가정 밖으로 한 걸음도 나가지 못하도록 하는 것과도 같다. 물론 요즘 드라마 속에서는 현 세태를 반영하듯 많은 맞벌이 부부가 등장하고 전문직 여성이 등장한다. 남성은 권위적으로 여성은 순종적으로 표현되곤 했던 종래의 전통적 가치관은 오늘의 드라마를 보면 완연히 달라졌음이 느껴진다. 과거와 같이 권위적인 남성에 순종적인 여성을 부부로 설정해놓거나 집에서 살림만 하는 여자를 등장시키면 요즘 젊은 사람들, 특히 여성들은 그 드라마에 이내 식상해한다. 이제는 서로 존댓말을 사용하는 부부, 남편의 사회생활에 대해 깊은 관심을 보이는 아내, 남편에게 고분고분하지는 않지만 사랑도 받는 아내, 전문직에 종사하면서 남편의 사회적 고충을 이해하며 동반자적인 관계를 맺어가는 아내, 명예퇴직 등으로 고민하는 남편에게 기꺼이 힘이 되어주고자 애쓰는 아내 등 드라마에서 선보이는 남과 여의 모습은 예전과는 많이 달라져 있다. 하지만 아직도 여성들은 한결같이 정신적인 독립을 이루지 못하고 있는 것으로 표현되고 있다. 그 달라진 모습 속에서 여성은 외형상으로는 바뀌었지만 내면적으로는 여전히 사회성이 부족한 존재로 그려지고 있는 것이다.

이러한 점에 있어서는 미혼 여성의 경우도 마찬가지다. 여성에게는 사회적 자아실현보다는 애환이 강조되고, 경력과 일의 과정에 대한 묘사보다는 성공의 결과만이 강조된다. 사랑하는 남자를 차지한데 대한 여자의 안도감이 강조되고 사랑하는 여자를 잃은 남자의 슬픔은 곧 절제된 적응으로 보다 고귀한 것으로 승화되어버리는 것이다. 여성은 사회적인 존재로 그려지고 있다고 해도 여전히 가정 내에서 야기되는 갈등의 굴레를 벗어나지 못하는 것으로 표현되고 있으며 사회적인 성취감보다는 남성과의 관계 속에서 빚어지는 갈등이 더 심각하게 내재화되어 있는 것이다.

한국 TV 드라마에서 현실감을 부여하기 위해 사용하는 전략적 요소들은 대개 세 가지로 정리할 수 있다. 첫째, 현실과 계절을 일치시키고, 현실 문제를 반영하고, 당대 유행어나 농담, 유행가, 광고 등을 반영하는 방식으로 시청자와의 공통된 시간 감각을 유지하려 한다. 둘째, 민간의 인생철학이나 흔히 하는 상투적인 평가문들을 수용하여 간접화법으로 제시함으로써 시청자들의 공감대를 형성한다. 셋째, 일상생활에서 느끼는 불만거리로부터 더 나아가 사회적인 문제들에 이르기까지 요즘의 세태에 대해 일반적으로 느껴온, 그러면서 드러내 놓고 비판되지는 않는 문제들을 대리해서 표출한다.[10]

이러한 드라마들은 신세대화 된 여성상을 더욱 심각하게 왜곡한다. 더러는 남성 위주의 사회에서 남성의 기득권을 여전히 옹호하고 보장하는 분위기를 연출하기도 한다. 이러한 소재들은 일일드라마 및 주말·주간드라마, 시추에이션드라마 할 것 없이 공통적으로 등장한다.

---

10) 박명진, 「TV드라마가 생산하는 '즐거움Pleasure'의 다원적 기능에 관한 연구」, 『방송문화진흥회 연구 보고서』, 방송문화진흥회, 1992, pp.4-5.

1 | 주변 인물과 이웃에 대한 무관심

언제나 절대 물러서는 법이 없는 시어머니, 이해심 없는 시누이, 사고뭉치 시동생, 무능하거나 실직했지만 아버지 위상만큼은 확실히 지키는 남편, 철부지처럼 보이는 조카나 생소한 방식으로 연애하는 자식, 그리고 그 한복판에 위치한 며느리. 우리가 숱하게 봐온 많은 일일드라마는 위와 같은 도식적 인물 설정을 크게 벗어나지 않는다.

문제는 이러한 가족 내의 갈등이 극도로 표면화되어 있는 드라마의 설정은, 여성 캐릭터의 주변 인물이나 이웃에 대한 무관심이나 적대감으로 표출되어 나타난다는 점이다. 이웃에 눈을 돌릴 만한 감정상의 여유가 없음을 보여주는 일이다. 세상이 변하고 시대가 변했음에도 불구하고 드라마의 여성들은 한결같이 '친정 식구에 대한 무관심'을 매우 익숙하게 드러내는 남편을 용서하고 있으며 남편은 그러한 일을 하나의 해프닝으로 넘기고 있다. 또한 시댁 식구들은 그러한 남성 캐릭터에 대해 매우 무비판적인 행동을 보이고 있으며 나아가서는 그것을 남성스러움에 비유하기까지 한다. 이를테면 시시콜콜 장모의 생일이나 외우고 있는 사위는 무능하기 짝이 없는 남성으로 비춰지고 있는 것이다.

여성을 가족의 희생양으로 표현하고 여성의 사회적 욕망을 억제시켜온 여성상의 왜곡은 결과적으로 주변 인물과 이웃에 대한 무관심이라는 가족이기주의의 근원으로 나타나고 있다. 특히 일일드라마나 주말드라마에서의 주요 여성 캐릭터는 이웃에게 무관심을 넘어 매우 큰 적대감을 가지고 있다. 더구나 사돈을 향한 적대감은 가장 두드러지는 현상 중 하나라 할 것이다.

4. 디지털 스토리텔링 – 남성상의 왜곡

남성은 권위적이고 여성은 순종적으로 표현되곤 하던 전통적 가치관도 많이 달라졌다. 젊은 남녀의 사랑을 드라마 줄거리의 중심에 두는 것에는 변화가 없지만 안팎의 가족 구성원들 사이에서 벌어지는 중년, 노년의 문제까지 복합적 구도로 올려놓고 있어 드라마의 폭이 훨씬 넓어졌다는 평가를 받기도 한다. 더 나아가 드라마에서의 부부상, 가족 관계, 그리고 남녀 관계에 대한 영상 표현은 현 시대의 사회상을 잘 말해주고 있다. 권위적인 남성과 그 권위에 복종하는 여성의 구도가 점차 희석되어가고 있는 것도 부인할 수는 없을 것이다.

그러나 겉모습만 달라졌을 뿐, 아직도 국내 텔레비전에서의 남성상의 전형적 인물 구축은 여전하다고 할 것이다. 여성상의 왜곡은 자연스레 남성상의 왜곡으로 이어지기 때문이다. 최근 드라마의 성향 중에서 가장 두드러지는 것은 과거 권위주의적 남성상이 많이 수그러졌다는 점이다. 그럼에도 여전히 여성의 순종과 인내가 강요되고 있는 전근대적 드라마의 유형에서 남성에 대한 완곡한 표현은 가히 획기적인 일이기까지 하다.

한국의 가부장적 사회구조 속에서 남성상에 대한 인물 전형이 새롭게 창조된 것은 〈전원일기〉에서부터라고 할 수 있다. 극중의 '김 회장'(최불암 분)은 정 많고 느긋한 인상을 잃지 않는 한 가정의 든든한 무게중심이다. 그는 어쩌면 종래의 부정적인 한국의 아버지상을 바꾼 인물이기도 하다. 사실 오랫동안 우리의 뇌리를 지배해온 한국의 아버지상이 '벌이에는 관심이 없고 술, 여자, 도박 등에서 벗어나지 못하는 무기력한 폭군'으로서의 존재였다면 〈전원일기〉의 김 회장은 매사에 다정다감하며 책임감이 강한 남편이자 아버지로서 한국의 아버지상에 일대 혁신을 가져왔다고 해도 과언이 아니다. 텔레비전 드라마가 끼친 영향은 이처럼 대단한 것이다.

하지만 또 한편으로 〈전원일기〉의 여자들은 여전히 하루도 빠짐없이 일을 한다. 한 시간 내내 드라마 안에 등장하는 주요 여성 인물들은 1초도 쉬지 않고 빨래를 개거나 부엌에서 반찬을 만들거나 밭일을 하며 고구마 순을 다듬거나 이불을 넌다. 비록 김 회장이라는 캐릭터가 전형적인 한국의 아버지상을 새롭게 만들어냈다고는 하지만 그는 모든 여자들이 일할 때 방 안에서 신문을 보면서 속 좁은 여자들을 못마땅해한다. 남성의 권위를 다시 한번 확인하는 소재로서 솝 오페라는 여전히 우리 안방에서 기승을 부리고 있다.

오늘날 방송 드라마에서 남성 인물들이 많이 달라져 있는 게 사실이다. 그러나 부드러움과 다정다감 속에서도 여전히 남성은 종래의 권위의식을 답습하고 있다. 남성이 부드럽게 변했지만 여전히 권위적이라는 말의 의미는 무엇일까? 솝 오페라의 소재는 여성상을 비롯해서 남성상을 왜곡하는 데에도 상당한 영향을 미치고 있다. 그렇다면 이런 소재로 인해 텔레비전 드라마 내의 남성상은 어떻게 표현되고 있는지 살펴보기로 하자.

1│ 삼각관계의 선택권자

요즘 텔레비전 드라마는 남성을 '부드러움'과 '자상함'으로 표현하는 데 전혀 인색하지 않으면서도 부드러움과 자상함에 내재돼 있는 남성적 '힘의 논리'는 여전하다. 텔레비전 드라마에서 가장 빈번히 발견되는 서사 전략은 한 남성을 사이에 둔 두 여성의 대비를 다루는 삼각관계를 통한 '선택과 배제의 전략'이다.

이 서사 전략의 특성은 여성을 선택하는 결정권은 남성이 가지고 있으며, 대립 또는 경쟁 관계에 있는 여성들은 정반대의 특성을 지니고 있다는 점이다. 이때 선택받는 여성은 가부장제가 선호하는 미덕을 갖춘 온유형의 여성이고 그렇지 않은 여성은 배제된다.

남성의 선택을 받는 여성은 흔히 남성에게 의존적이며 가부장적인 여성성을 극대화한 온유형의 여성이다. 또한 자신이 사랑하는 남자를 위해서라면 모든 것을 희생할 준비가 되어 있는 여성이다. 이러한 여성은 결혼 후 가부장적 가정에 잘 순응할 수 있는 자질을 지니고 있음을 암시하기도 한다. 또한 남성의 선택에서 배제되는 여성은 자신의 매력을 무기로 하여 남자를 자신의 목적을 위해 마음대로 조종하는 형이다. 이는 미국의 솝 오페라에서 흔히 보이는 여성형인데 흔히 부도덕하고 악의에 차 있으며 인간관계가 순수하지 못하기 때문에 지탄의 대상으로 부각된다. 그러나 요부형은 일반 수용자에게 반감을 사지만 자신의 인생을 스스로 개척해나간다는 점에서 의존적인 온유형보다 여성의 주체성 확립에 있어 적극적인 태도를 취한다고 볼 수 있다. 이런 유의 여성은 모든 드라마에서 자주 등장한다. 그리고 온유한 여성은 비록 남성에게 배반당했다고는 하지만 반드시 다른 남성으로부터 보상을 받기도 한다.

아침드라마와 주간드라마뿐 아니라 온 가족이 시청하는 주말드라마에도 같은 현상이 자주 일어난다. 이 드라마들의 특징은 판이하게 대비되는 두 여자를 주된 인물로 설정, 시청자에게 혼선을 빚게 한다는 점이다. 마치 이런 삼각관계의 갈등 구조가 한 남성에 의한 것이 아닌 '두 여자'의 알력으로 잉태된 것으로 보이게 하는 것이다. 이 서사구조에 있어서 남성은 단지 '사랑의 참뜻을 알고 삶에 대한 뚜렷한 소신이 있는 결정권자'로 비춰질 뿐, 권력을 손에 쥔 인물이거나 권위주의의 소산물이라는 혐의에서는 비켜나 있다. 또한 삼각관계의 구도를 가진 드라마에서 남자 주인공은 명예와 부를 함께 가지고 있으나 여자를 편하게 해줄 줄 아는 부드럽고 자상한 남성으로 표출되어 시청자들에게 전혀 의심을 받지 않는다.

2 │ 불륜의 정당화

흔히 드라마 작법 등에서 강조하고 있는 플롯 중 하나가 '유혹에 빠지는 복잡한 인물을 설정하고 그 주인공을 반드시 유혹에 지게 하라'인데, 여기서 로널드 B. 토비아스는 "유혹의 플롯은 인간의 약한 본성에 관한 이야기이다. 죄를 짓는 것이 인간적이라면 유혹에 지는 것도 인간적이다. 그러나 세속의 법칙은 유혹에 이기지 못한 대가를 치르도록 하고 있다. 유혹을 받을 때 에너지가 발생한다. 이 에너지에서 행동이 발생한다"라고 말하고 있다.

유혹에 대한 설정은 드라마를 쓰는 작가들에게나 연출자에게 매우 매력적인 플롯이다. 뿐만 아니라 모든 시나리오와 희곡 등에서 갈등을 일으키고 위기와 절정을 맛보게 하는 매우 중요한 장치라 할 것이다. 그러나 유독 드라마에서 이 유혹의 플롯은 불륜을 빼놓고는 이야기될 수 없을 정도로 자주 사용되어왔다. 이제 시청자들은 '왜곡된 사랑'과 '왜곡된 가정'을 너무 많이 보아왔기 때문에 웬만한 관계에 대해서는 무덤덤한 반응을 보이기도 한다. 왜곡을 넘어선 '비정상적'인 관계는 무덤덤한 시청자들에게 자극적인 소재가 되어 날이 갈수록 심화·확산된다. 그래서 불륜은 언제나 비관습적 남녀 관계에서 탄생한 풍속적 갈등을 말한다. 파괴 심리를 바탕으로 한 불륜은 한국 TV 드라마의 가장 강력한 소재가 되어왔는데, 소재 자체가 드라마적 긴장을 유도할 수 있기 때문이다.

불륜의 주체는 유부남 아니면 유부녀이고 대상은 미혼녀이거나 미혼남이다. 국내 TV 드라마에서 드러난 삼각관계의 대표적 유형은 유부남과 미혼녀의 사랑 이야기이다. 그동안 남자의 불륜은 자연스럽게 드라마에 용해되어왔다. 부부간의 성격적 갈등으로 인해 결혼 생활의 파경을 암시하는 분위기 속에서 남성에게 새롭게 나타나는 젊은 여성과의 새로운 만남은 불륜이기 이전에 사랑 이야기로서 시청자들에게 강력한 소구력을 갖는다. 불륜을 포용하고 있는 가족드라마라는 장르는 그 중심에 '사랑'을 갖다 놓고 있기 때문에 영원한 멜로의 원형으로 자리하게 된 것이다.

드라마에 있어서 불륜이 단골 주제인 이유는 불안정한 가정생활의 대안으로서 이 소재가 시청자들에게 상당한 카타르시스를 주기 때문이다. 불륜의 원인은 모두 여성 혹은 남성 중 어느 한쪽의 인격 장애로 불거져 나오기 때문에 텔레비전 드라마 속의 불륜은 차라리 자연스러운 귀결이기도 하다. 문제는 남성의 불륜이 미화되고 있다는 사실이다. 이 역시 삼각관계의 구도로서 제멋대로 구는 아내에 대한 보상심리로 설정된 서사구조다. 마찬가지로 불륜을 저지르는 남자 주인공은 삼각관계의 결정권자인 남성과 마찬가지로 이상적인 성격과 조건을 갖추고 있다.

대부분의 아침 일일드라마는 이 '불륜'에 초점을 맞추고 있다. 우선 이러한 드라마가 주부를 대상으로 한 아침 시간대에 만연하는 이유로 이중적인 도덕들이 지배하는 현실 세계에서 맛보는 좌절감의 해소와 숨은 욕망의 대리만족을 들 수 있다. 표면적으로는 일부일처제이지만 유흥 산업의 번창으로 인해 실제로는 일부다처제인 현실 때문에 평범한 가정주부들이 느끼는 심리적 소외감을 진정시킨다. 원하기만

하면 언제든지 돈으로 성을 살 수 있는 남자들의 세계에 대해 상당수의 여자들이 피해의식 섞인 환상을 갖고 있는데, 드라마 속 여주인공의 아슬아슬한 외도를 보면서 자신의 소외를 치료해보기도 하는 것이다. 혹자는 평범한 일상을 '낯설게 하기'라는 기제를 통해서 드라마 속의 사랑을 성찰해보고자 함이 그 제작 의도로 작용했다고 설명하고 있지만, 불륜은 이제 가장 낯설지 않은 기제가 되고야 말았다.

오전 시간대로 방송 시간이 늘어나면서 등장한 아침 일일드라마는 전적으로 직장에 다니지 않는 전업주부를 대상으로 하는 동시에 가족 시청 시간대의 내용 규제로부터 자유롭기 때문에 갈등의 정도가 매우 심한 멜로드라마성 내용을 담고 있다. 미니시리즈와 10대를 대상으로 하는 주간·주말드라마가 가족 간의 갈등과 남녀 관계의 애증을 다루면서도 배경과 인물의 설정에 심혈을 기울이는 반면, 아침 일일드라마들은 낮은 시청률을 감수하면서 일일드라마를 제작해야 한다는 조건, 그리고 전적으로 여성 시청자를 대상으로 한다는 점에서 두 남자와 한 여자 또는 한 여자와 두 남자의 삼각관계, 형제인지도 모르는 친오누이 간의 사랑, 시동생과 형수의 사랑, 남편과 친구의 외도, 고부간의 갈등 등 새로울 것이 하나도 없으나 강한 갈등을 설정하고 그 갈등의 정도를 심화할 수 있는 모든 관계를 극화하고 있다. 이에 따라 가족 관계 속의 여성상 또한 변형되어 드러날 것을 추정할 수 있다.

그러나 위의 다양한 관계보다 비정상적인 사랑으로 가장 많이 등장하는 건 다름 아닌 '두 번째 여자' 또는 '숨겨진 여자'이다. 이것은 작가의 입장에서 볼 때는 시청자를 자극하는 가장 손쉬운 방법인지도 모른다. '숨겨진 여자' 하나만 설정되어도 드라마의 갈등 구조는 너무도 쉽게 만들어지기 때문이다. 문제는 '불륜'이라는 소재를 놓고도 여자의 경우와 남자의 경우가 판이하게 다른 결과를 초래하는 것이 우리나라 텔레비전 드라마의 해결 방식이라는 것이다. 또한 오늘날 아무리 시대가 바뀌었다 해도 텔레비전 속에서 불륜은 계속되고 있고 남과 여에 대한 불륜의 사회의식 또한 바뀌지 않고 있다. 여자에게는 정조를 지켜 가부장인 남편의 자손을 낳는 것이 최대의 덕목으로 되어 있다. 그런데 아내의 외도는 그 첫째 조건을 깨뜨리는 행위이며 따라서 가부장으로서 할 수 있는 최대의 처벌을 하는 것이다. 더불어 정조 이데올로기의 양면성인 '남편의 외도는 쉽사리 인정·용서되고 아내의 외도는 절대 용서할 수 없다'라는 것은 모순이 아니라 자명한 질서로 자리 잡는다.

극소수를 제외한 우리 사회의 대부분의 사람들은 정상적인 인간관계를 가지고 있다. 그런데 사회 현실을 반영한다는 드라마가 비정상적인 인간관계를 그리는 데 주력하는 건 분명 문제가 있다고 봐야 할 것이다. 여성이 불륜을 저지르면 반드시 이혼이라는 결론에 도달하고 남성이 불륜을 저지르면 두 여자 간의 갈등이 큰 흥밋거리를 유발한다는 것, 그것은 바로 우리의 남성상을 왜곡하고 갈등을 일으켜 시청자를 자극하겠다는 상업주의적 발상이 아닐 수 없다.

3 | 희화화 · 왜소화된 현대 남성

칼 융은 인간의 영혼이 '아니무스(남성성)', '아니마(여성성)'로 이루어졌다고 말한다. 그에 따르면 '아니무스'는 합리적이고 이성적인 행위를 통해 인간을 밖의 세계로 나가게 하는 힘이고, '아니마'는 부드러움을 특징으로 하는 여성적 영혼으로서 삶의 원형 그 자체다. 그리고 남자는 전적으로 '아니무스'이고 여자는 전적으로 '아니마'인 것이 아니라 남자에게도 어느 정도 여성적인 요소가 있고 여자에게도 남성적인 요소가 있다고 한다.

그러나 최근 텔레비전 드라마에 있어 남성상 왜곡의 문제는 남성 캐릭터를 전적으로 여성적인 요소인 '아니마'의 절대적 전이물로 다룬다는 데 있다. 특히 이러한 남성 캐릭터는 여성성 중에서도 부정적인 '아니마'를 부각함으로써 남성과 여성 시청자 모두에게 거부감을 주고 있다. 멜로드라마를 제외한 타 장르의 드라마에서 나타난 남성은 매우 나약하고 희화화된 모습으로 등장하는 것을 볼 수 있다. 요즘 드라마에 등장하는 남성들은 대개 중성화되어 있어 박력이 없음은 물론이고 눈물까지 흔하게 흘린다. 여자보다 상처를 쉽게 받고 우유부단하며 신념과 확신이 없다. 멜로드라마에서는 삼각관계, 불륜 등에서 비난의 여지를 비켜 가는 왜곡된 남성상을 보여준다면, 기타 드라마에서 대부분의 남성 캐릭터는 이처럼 작고 보잘것없으며 사건이나 일으키는 인물로 표현되고 있다.

또한 횡설수설만 거듭하는 남성부터 좌충우돌의 사기 행각을 벌이는 남성, 대의명분을 위해 칼을 갈던 과거 남성의 모습과는 달리 자신을 버린 옛 애인에 대한 복수의 일념을 불태우는 남성의 모습이 자주 보인다. 요즘 드라마 속에서 이러한 남성의 모습이 자주 보이는 것을 두고 혹자는 작가의 대다수가 여성이라는 점을 이유로 꼽기도 한다. 여성의 감수성과 예민함, 치밀함 등이 대본을 쓰고 극을 만들어가는 데 적당할 뿐만 아니라 결국 드라마를 보는 시청자 대부분이 여성들이라 여성 시청자의 취향에 맞는 글을 쓰다 보니 그렇게 되었다는 것이다.

그러나 여성 작가는 오히려 멜로나 불륜에 대한 드라마를 즐겨 쓰고, 남성을 희화화하는 드라마를 쓰는 작가는 남성이 많은 것으로 드러났다. 이러한 남성 캐릭터는 남자 작가에 의해 쓰인 드라마에서 여지없이 드러난다. 매사에 잔꾀를 부리고 많은 사람에게 야단이나 맞으며 누나 집에 더부살이를 하는 '남자'를 비롯해서 짝사랑하는 여자의 환심을 사기 위해 갖가지 해프닝을 벌이는 '또 다른 남자'와 그의 친구, 또한 젊은이들 역시 한결같이 직장이 없고 여자들의 틈새에 끼여 울고 웃으며 여자처럼 행동하는 캐릭터가 대부분이다.

이렇게 남성들이 가벼운 인간상으로 표현되는 이유에 대해서도 그 시청자들 중 대부분이 여자라는 점이 거론된다. 남자들의 모습을 희화적으로 다룸으로써 그간 남성에 짓눌려온 여성들의 잠재적인 스트레스를 풀게 해 시청률을 올려보자는 의도가 깔려 있다는 것이다. 하지만 여성들은 오히려 서로에게 도움이 되도록 상호 보완하려고 노력하는 남자를 더 좋아한다. 여자는 남성다운 매력을 가진 남자를 보면서 스트레스를 푼다는 것을 감안할 때 이런 논의는 별로 도움이 되지 않음을 알 수 있다.

요즘 시청자들은 갈수록 무거운 주제보다 가볍게 웃어넘길 수 있는 드라마를 선호한다. 이 같은 드라마들은 방송사의 제작비 절감에도 크게 기여하므로 왜곡된 남성 캐릭터를 앞세운 시트콤 혹은 코믹 드라마들을 앞다투어 만들어내고 있음도 사실이다. 가족드라마에서는 여성의 희생이 강조되듯이 코믹드라마에선 대다수의 남성이 희생양이 되고 마는 것이다.

드라마의 현실이 지금과 같은 이때, 여성의 시각과 입장에서 남성의 멋이나 남성의 역할, 남편 · 애인 · 친구에 대한 새로운 해석 및 재평가를 내리는 일이 또 다른 형태의 드라마 창출에 가장 필요한 요소라는 의견은 매우 시사적이라 할 것이다. 또한 다수의 어린이와 청소년이 방송 드라마를 즐겨 본다는 점에서 남성이 점점 왜소해지는 것에 대한 우려의 목소리는 어느 때보다 높다. 그런데 이렇게 왜소화된 '아니무스'로서의 남성성은 코믹드라마와 시트콤뿐 아니라 온 가족이 시청하는 가정극에서도 흔히 볼 수 있다. 우선 최근의 드라마에 나타난 3, 40대 남편들은 자상하고 따뜻하게 그려진다. 권위적이고 위압적인 남편보다 일요일엔 아내를 위해서 빨래도 하고 앞치마도 두르는 남편이 많이 등장하는 것이다. 이를 두고 우리 사회가 마침내 남녀평등이 이루어지고 있으며 남자들의 권위주의도 많이 누그러졌다는 평가를 하는 것은 섣부른 판단이다. 이는 한국에서 남성으로 산다는 것이 얼마나 힘든가 하는 것을 반영하는 일이기도 하다. 사회나 직장으로부터의 경쟁 스트레스, 아내의 비난, 자식들의 불신 등 무엇보다 시원하고 신나는 삶을 사는 사람이 드물다는 데 기인하는 일이라는 것이다.

그러므로 드라마에 등장하는 '아내에게 최선을 다하는 남편'의 모습은 우리 사회가 나아가야 할 길이며 바람직한 쪽으로 달라져 가는 남성상이라기보다는, 사회에서 버림받고 아내와 가족에게 미안한 마음으로 살아야 할 그때를 대비하기 위한 왜곡된 남성의 이미지라는 혐의를 버릴 수가 없다. 학교에서는 평등을 가르치고 가정이나 사회에서는 종전의 윤리를 강요하는 혼재된 가치 체계 속에서 여성들이 살고 있듯이, 그 반대의 경우에서 갈등하는 것이 우리 남성의 모습이다. 이는 바로 우리의 현실이다. 드라마는 이를 정면으로 인식하고 보다 적극적으로 그 문제점을 풀어가야 할 것임에도 불구하고 여전히 기저에 몇 겹씩 감추고 숨기면서 인간성을 왜곡하는 서사구조를 반복하고 있다.

아내를 위해 앞치마를 두르고 빨래를 하는 모습으로 자상함을 보여주는 남성 캐릭터보다는, 중년의 시기는 커다란 전환점이며 이전까지의 시기를 거치면서 잃어버렸던 자기 자신을 되찾고 인격을 완성해야 할 내향화의 시기임을 더 솔직하게 호소하는 남성 캐릭터가 차라리 진솔하다 할 것이다.

5. TV 드라마의 상호작용성

텔레비전 텍스트는 수용자와의 만남을 통해 다양하게 해석되는 특성을 가지고 있다. 다시 말해 텔레비전에는 아이러니, 은유, 모순, 과장, 상호 텍스트성 등이 혼재해 있어 수용자들이 다양하게 해석할 여지가 많다는 것이다.[11] 시청자가 TV 드라마와 대화하면서 텍스트의 의미를 해석하는 것은 '상호텍스트성'이나 '대화주의적' 특성이다. 바흐친Mikhail Bakhtin에 따르면, 상호 텍스트성이나 대화주의는 문화적 실천에 의해 생길 수 있는 모든 열린 가능성을 의미하는데, 이는 한 텍스트를 둘러싼 언술들의 모든 얼개를 말한다. 그리고 여기에는 언술의 확산 및 유포 과정과 그 안에서 발견되는 영향력들도 포함된다. 예술적인 텍스트는 당대의 전체적인 문화의 맥락에서 이해되어야 하며, 텍스트가 문학적이든 비문학적이든, 구어적이든 아니든, 고급이든 저급이든 간에 관계없이 상호 텍스트성은 적용될 수 있다.[12]

TV 드라마의 상호작용성은 TV 드라마 구성 요소들의 텍스트 내

---

11) 원용진, 『텔레비전 비평론』, 한울아카데미, 2000, pp.258-264.
12) 로버트 스탬, 원용진 역, 「바흐친과 대중문화비평」, 여홍상 편, 『바흐친과 문화이론』, 문학과지성사, 1995, pp.329-330.

적인 대화, TV 드라마 텍스트와 컨텍스트의 외적인 대화로 구분할 수 있다. TV 드라마 텍스트 내적 대화와 외적 대화의 상호작용이 활발하게 이루어질 때 TV 드라마의 스토리텔링으로서의 특성이 보다 분명하게 드러날 것이다.

1 ┃ 텍스트 외적 대화

텍스트 외적 대화는 텍스트와 컨텍스트의 대화 방식을 의미한다. 드라마 〈환상의 커플〉은 시청자에게 익숙한 영화나 드라마의 한 장면을 패러디[13]하거나, 관습적 표현(클리셰, Cliche)을 비트는 방식으로 텍스트 외적 대화를 시도한다.

패러디는 한 작가의 스타일이나 습관을 흉내 내어 원작을 우스꽝스럽게 개작하거나 변형한 작품을 가리키지만, 좀 더 넓은 의미에서 원작에 대한 풍자뿐만 아니라 단순한 흉내 내기를 포함하기도 한다.[14] 드라마에서 사용되는 패러디는 단순한 흉내 내기에 그치고 있다. 하지만 이것은 TV 드라마의 상호작용성 측면에서 매우 중요한 역할을 담당하기 때문에 특별히 주목할 필요가 있다. 다만 한국 TV 드라마의 '불치병'이라 비판받는 '불치병' 모티프에 대한 패러디는 한번쯤 반성해볼 일이다.

---

13) 광고 패러디가 TV 드라마의 현재성을 나타내는 기표라면, 영화나 드라마 패러디는 현재성보다는 시청자에게 익숙한 장면을 통해 보다 경제적으로 상황을 설명하고, 동시에 웃음을 유발하기 위한 장치로 사용된다.
14) 한용환, 『소설학사전』, 고려원, 1992, pp.443-445.

2 | 참여의 즐거움, TV 드라마

텍스트의 의미를 명료하게 고정하지 않고 느슨하게 풀어놓는 텔레비전의 전략은 수용자의 적극적 참여를 통해 의미 해석이 이루어진다는 점에서 '열린 텍스트' 개념과 맞닿아 있다. '열린 텍스트'는 수용자가 마치 발신자인 것처럼 텍스트를 재구성하기 때문에 '저자적 텍스트writerly text'라고도 불린다.[15]

초고속 인터넷을 비롯한 네트워크 구축은 열린 텍스트로서 텔레비전의 특성을 담보해주는 디지털 환경이다. 실시간 대화가 가능한 디지털 환경에서 TV 드라마와 시청자의 상호작용은 즉각적으로 이루어진다. 일일 혹은 주간 단위로 '연속' 방송되는 TV 드라마에 대한 시청자의 참여로 TV 드라마의 이야기 구조가 바뀔 정도로 디지털 환경은 TV 드라마의 존재 양식에 커다란 영향을 미치고 있다. 한국의 정보 마인드가 최남선의 말처럼 수신 지향적이라는 것은 언어의 레벨을 비롯한 여러 가지 서브컬처에서 많이 발견된다. 한국 사람들은 일반적으로 '머리카락을 깎는다'라고 하지 않고 '머리를 깎는다'라고 말한다. 즉 '머리head'와 '머리카락hair'을 구분하지 않는 경우가 많다. 즉, 정보 전달 양식에서 정보의 정확한 전달성보다는 정보 그 자체를 서로 협력하고 공유하는 참여성을 더 중시하는 경향 때문이다.[16]

아날로그와 디지털의 결합을 의미하는 '디지로그'라는 용어를 통해

---

15) '열린 텍스트'를 '저자적 텍스트(writerly text)'로 부르는 것과 달리, '닫힌 텍스트'는 수용자의 적극적인 개입을 유도하지 않고 수동적인 입장에서 텍스트를 대하도록 구성되어 있기 때문에 '독자적 텍스트(readerly text)'라고 한다. 원용진, 앞의 책, pp.259-260.

16) 이어령, 앞의 책, p.171.

한국 문화를 설명하는 방식에 따르면, 한국 사람들은 유독 참여를 통해 즐거움을 느끼는 경향이 강하다. TV 드라마를 즐기는 방식도 마찬가지이다. 때로는 극중 등장인물의 입장이 되기도 하고, 때로는 객관적 입장에서 극적 상황을 비판적으로 분석하기도 한다. 아날로그 시절의 시청자는 혀를 차면서 TV 드라마에 간접적으로 참여하는 즐거움을 느꼈다. 그러나 쌍방향 소통이 가능한, 상호작용성이 작동하는 디지털 환경의 구축 이후 시청자는 스토리텔링의 자장磁場 안에서 TV 드라마의 의미 해석에 직접 참여하여 등장인물의 극적 비중에 영향을 주거나 결말 구조를 바꾸기도 한다. 디지털 매체와 우리 고유의 '참여하는 놀이' 문화가 어우러지면서 TV 드라마의 존재 양식에 변화가 일어난 것이다. 즐거움은 TV 드라마에 본래적으로 내재되어 있는 정태적인 요소로서 시청자에게 일방적이고 자동적으로 전달되는 것이 아니라, 시청자와 TV 드라마의 상호작용 속에서 비로소 생산되는 감정이다.[17] 시청자가 TV 드라마 텍스트에 참여하는 방식은, TV 드라마 텍스트 속으로 들어가는 것과 TV 드라마 텍스트 밖에서 대화하는 것으로 구분하여 살펴볼 수 있다.

3 | 텍스트 속으로 들어가기

시청자는 등장인물을 통해 극적 상황을 받아들이고 이야기 전개 과정에 동참한다. 따라서 시청자는 주로 TV 드라마 텍스트 속에서 '등장인물'과 '결말 구조'에 대해 적극적으로 참여함으로써 즐거움을 느낀다. 시청자들은 고립된 하나의 인물에 대해서가 아니라 전체 이

---

17) 박명진, 앞의 글, p.33.

야기 구조 내에서 다른 인물들과의 관계 속에 놓인 인물에게 공감하고 동일시[18]됨을 느끼면서 TV 드라마 텍스트 속으로 들어간다.

4 | 텍스트 밖에서 대화하기

텍스트 밖에서 TV 드라마를 재해석하는 것도 시청자가 느끼는 참여의 즐거움이다. 방송사의 인터넷 홈페이지는 텍스트가 "발신자로부터 일방적으로 송출되는 것이 아니라 수신자에 의해서 정보가 재처리되고 가공됨으로써 비로소 완성"[19]되는 과정을 잘 보여준다. '시청자 의견', '네티즌 사진방', '이미지 공작소', '어록 게시판' 등은 시청자가 텍스트 밖에서 드라마에 참여하는 통로이고, 제작진에게는 시청자를 대상으로 펼치는 이벤트 항목이 될 것이다. 이러한 다양한 통로는 TV 드라마에 참여하는 시청자의 즐거움을 보장해준다. 드라마 주인공의 뇌 구조도를 통해 등장인물을 새롭게 재구성하거나, 대중적으로 인지도가 높은 영화 포스터를 패러디하는 것도 텍스트 밖에서 TV 드라마를 즐기는 하나의 방식으로 자리 잡았다. 이런 과정을 통해 TV 드라마의 의미 해석이 지속적으로 이루어진다. 시청자의 적극적인 참여 속에서 끊임없이 재해석되는 TV 드라마는 UCCUser Created Contents 열풍과 맞물려 스토리텔러로서 TV 드라마의 가능성을 더욱 높여주었다.

이렇듯 TV 드라마는 작가와 연출자, 배우가 함께 만들어 시청자에

---

18) 백경선, 「TV 드라마 〈꽃보다 아름다워〉 연구」, 《한국극예술연구》 23집, 한국극예술학회, 2006, pp.305-307.

19) 이어령, 앞의 책, p.173.

게 평가받는 일상예술 양식이다. 작가가 만든 극본을 연출자가 영상으로 옮기는데 그 과정에서 전면에 등장하는 것은 배우다. 따라서 TV 드라마를 만드는 4주체의 역할과 조화가 무엇보다 중요하다. '희곡·배우·관객'이라는 연극의 3요소를 그대로 적용한다면, TV 드라마의 3요소는 '극본·배우·시청자'라고 할 수 있다. 여기서 '극본'은 '작가'가 쓰고 '배우'는 '등장인물'을 연기하고, 그렇게 만들어진 드라마를 '시청자'가 본다. 그런데 여기에 하나 더 첨가한다면, 작가가 쓴 극본을 영상으로 옮기는 연출자를 빼놓을 수 없다. 왜냐하면 작가의 극본과 완성된 영상에는 작지 않은 차이가 있기 때문이다. 따라서 '극본·배우·시청자'라는 TV 드라마의 3요소는 '극본·연출·배우·시청자'라는 4요소로 수정할 필요가 있다.

달리 말하자면, TV 드라마는 작가와 연출자, 배우와 시청자를 중심축으로 네 갈래의 방향에서 대화를 나누면서 상호작용한다. 첫째, '작가-연출자-극본', 둘째, '연출자-영상-시청자', 셋째, '작가-등장인물-배우', 넷째, '배우-등장인물-시청자'가 그것이다. 이렇게 네 갈래 방향의 대화가 상호작용하면서 하나의 TV 드라마 텍스트를 완성한다. '작가·연출자·배우'가 스토리텔러의 역할을 수행하면서 '시청자'에게 영상 이야기 'TV 드라마'를 전달한다. 비유적으로 표현하자면, '작가-설계, 연출-시공, 배우-현장 인력, 시청자-감리'의 역할이라고 할 수 있다. TV 드라마를 만드는 4주체의 역할이 제대로 조화를 이룰 때, 디지털시대 스토리텔러로서 TV 드라마의 매력을 새롭게 인식할 수 있을 것이다.

이상에서 살펴본 바와 같이 디지털시대의 스토리텔러로서 TV 드라마의 존재 양식을 제대로 이해하기 위해서는 TV 드라마에 대한 인식의 전환이 필요하다. TV 드라마의 완성도를 저해하는 결정적 요소로 비판받았던 '촬영'과 '방송'이 동시에 이루어지는 열악한 제작 환경은 반드시 개선되어야 한다. 하지만 그 대안으로 완전한 '사전 전작제'를 주장하는 것은 역설적으로 시청자의 참여를 막는 부작용을 가져올 확률이 높다. 따라서 '작품성'에 대한 패러다임의 변화를 전제로, 일괄적으로 사전 전작제를 고집할 것이 아니라 작품에 따라 다양한 선택을 할 수 있도록 해야 한다. 이 과정에서 '영화=예술(작가주의)영화'라는 등식처럼, '드라마=예술(작가주의)드라마'라는 등식이 성립될 것이다. 그리고 이 같은 등식에 따라 천편일률적인 드라마의 풍토에 다양성이라는 새로운 바람이 불어올 것이다. 이러한 과정을 통해 TV 드라마는 디지털시대의 스토리텔러로서 새롭게 자리매김할 것이다.

5 ｜ TV 드라마와 스토리텔링, 그리고 위기

21세기 들어 드라마 제작에 영향을 미치는 두 개의 파워 집단이 있다. 하나는 네티즌이고 하나는 스타를 소유한 연예기획사다. 이 두 압력단체의 힘이 드라마의 스토리텔링에도 적잖은 변화를 가져온다. 실제로 프로그램을 만드는 건 제작진이지만 없애는 건 엄밀히 말해 시청자이다. 가장 영향을 미치는 잣대는 물론 시청률이지만 네티즌 의견도 프로그램 '살생부' 작성에 큰 역할을 한다. 인터넷 게시판이 때로는 팬클럽 게시판이 되는 일도 있다. 그렇다. 제작진이 독을 품으면 시청자는 사랑을 품는다. 네티즌의 영향력이 커진 만큼 그들은 이야기 전개에까지 깊숙이 관여하려 한다.

인터넷 게시판에는 달콤한 찬사도 있지만 쓰고 짜고 매운 꾸지람도 수두룩하다. 지금 텔레비전의 음식들은 너무 달거나 너무 닳아서 문제이다. 누가 소금을 좀 뿌려야 하는데 그 역할의 일부를 네티즌이 맡아주어야 한다. 제작진이 주목하는 네티즌의 발언은 대체로 4제提의 영토에 속해 있다. 문제를 제기提起하고 정보를 제보提報하고 방향을 제시提示하고 아이디어를 제안提案하는 네티즌이야말로 반갑고 고마운 존재다.

더구나 시청자는 행복한 이야기보다 성공하는 이야기를 좋아한다. 행복이야 평화로운 시대에 유복한 가정에 건강하게 태어나는 걸로 족하지만 성공은 다르다. 성공에는 게임적 요소가 필수다. 반드시 성공을 가로막는 걸림돌이 있어야 한다. 그걸 제거하는 과정에 동행하거나 곁에서 숨죽이며 지켜보는 일이야말로 흥미진진한 체험이다.

드라마는 감동받으려고 보는 사람보다 재미있어서 보는 사람이 훨씬 많다. 깨달음은 즐거움의 문을 통과한 후 만날 때 그 외연外延이 더 커진다. 무릇 재미있는 이야기들에는 공통점이 있다. 그것들은 이른바 '재미의 4C'로 요약할 수 있다.

(1) 매력 있는 인물Character
(2) 그를 둘러싼 갈등Conflict
(3) 그것을 제거하기 위한 도전Challenge
(4) 그것이 과연 성공할 것인가에 대한 궁금증Curiosity

재미있는 이야기에도 공식이 있는 듯하다. 선과 악의 대립이 분명하고 그 줄기는 신분 상승의 성공 스토리여야 한다. 사람들은 보복을 즐긴다. 핍박받던 주인공이 최후의 승리자가 되는 모습에서 사람들은 카타르시스를 경험한다. 물론 사랑은 삼각 구도여야 좋다.

사람들이 좋아하는 재미의 유형 때문에 세상이 나빠진다고는 보지 않는다. 오히려 교육에 도움이 될지도 모른다. 콩쥐팥쥐 이야기를 들려줄 따뜻한 할머니의 품은 이제 없다. 그 자리를 텔레비전이 차지한 것이다. 미국 교포가 부지런히 한국의 드라마 시청을 자식들에게 권하는 배경에는 '언어 습득은 말할 것도 없고 권선징악을 확실하게 가르쳐준다'라는 이유가 버티고 있다.

드라마가 대중에게 사랑받는 데는 저마다 그럴싸한 이유가 있다. 볼거리가 풍성한 드라마가 있고 줄거리가 곡진한 드라마도 있다. 잔칫상의 음식에 비긴다면 드라마의 줄거리(스토리)는 밥이요, 볼거리(영상미)는 반찬이다. MBC에서 방송한 〈대장금〉이나 〈주몽〉이 소문난 잔치가 된 데는 그럴 만한 이유가 있다. 사람의 마음을 끄는 '쫀쫀한' 이야기와 눈길을 사로잡는 '촉촉한' 풍경이 사이좋게 어울렸기 때문이다. 섬세한 시청자라면 고난의 길―결국은 성공하고 말지만―에 동행하는 음악의 자취나 미술적 배려 또한 소홀하게 흘려버리지 않아야 한다.

문학예술과 영상예술은 상상의 디테일보다는 동선의 스케일에서 차이가 난다. 소설가는 불과 몇 줄로 수천 명의 군사를 절벽에서 싸우게 할 수 있지만 영상으로 옮기는 연출가는 그들을 모아서 입히고 분칠하고 칼을 쥐여주고 동작을 지시해야 한다. 무엇보다 그들이 함께 움직일 절벽을 찾아야 하고 카메라와 조명과 마이크는 높거나 낮은 곳에 숨도록 배치해야 한다.

한편으론 드라마의 위기를 거론하지 않을 수 없다. 드라마가 성공하려면 3박자가 갖추어져야 한다는 게 정설이다. 그 세 가지 요소는 바로 대본·연출·배우이다. 물론 그 세 가지 중 어느 한 요소가 유난히 더 빛을 발하는 경우도 더러 있다. 이를테면 언어의 연금술사라고 불리는 김수현 작가가 대본을 쓴 드라마는 김수현표 드라마라고 흔히 말해진다. 작가에 대한 기대감과 신뢰감이 시청자를 끌어모으는 큰 요인이 된다. 연출가의 힘이 크게 작용하는 드라마도 있다. 역사 드라마의 거장인 이병훈 PD의 경우가 그렇다. 그는 〈조선왕조 500년〉을 시작으로 〈허준〉〈대장금〉〈서동요〉 등의 드라마를 만들어 시청자를 사로잡았다. 최근 들어서는 배우의 역할이 가장 중요하게 작용한다. 일본에서 한류 드라마 선풍을 일으킨 〈겨울연가〉의 경우 주인공 역을 잘 소화한 배용준이나 최지우의 영향이 매우 컸다고 보는 게 일반적인 평가다. 그러나 그럼에도 불구하고 드라마는 대본·연출·연기의 하모니가 가장 중요하다. 마치 오케스트라에서 작곡(대본)·지휘(연출)·연주자(배우)가 앙상블을 이룰 때 비로소 관객이 감동하는 것과 비슷한 이치다.

문제는 배우와 그 배우를 관리하는 연예기획사의 비중이 지나치게 커지면 작가나 연출가의 상상력이 도전을 받고 최종적으로는 시청자의 권리까지도 침해를 받는다는 사실이다. (물론 예외는 더러 있다. 작가가 난공불락의 권위를 가지고 있거나, 드라마가 현대극이 아니어서 따로 요구 사항을 주문하기가 근본적으로 어려운 경우다.) 이 때문에 요즘 드라마 외주 제작사들과 방송사 간에 언성이 갈수록 높아간다. 외주란 외부에 주문한다는 뜻이다. 외주 제작사에서는 주문을 받으면 받을수록 손해라는 비명까지 들린다. 한국드라마제작사협회의 김승수 전 사무총장이 '방송사에서 받는 제작비의 절반 이상이 주연배우와 작가의 몫'이라고 말한다. 이유가 있다. 드라마의 두 가지 히트 요인은 볼거리와 줄거리다. 볼 만한 스타, 그리고 즐길 만한 스토리를 만드는 작가가 돈을 챙기는 건 당연하다. 외주 제작사의 불만에 대해 '시장 논리를 들먹이며 스타의 몸값을 부풀릴 땐 언제고 이제 와서 딴소리한다'라고 방송사 측은 비난한다. 미니시리즈 한 편의 제작비가 실제 방송사에서 지급하는 액수의 두 배라는 말도 들린다. 최종 고객인 시청자는 방송사가 자체 제작한 것인지 외주 제작사가 만든 것인지 관심이 없다. 드라마가 끝나고 제작사 이름이 올라갈 때는 이미 채널을 배반한 후다.

오늘날의 드라마가 직면한 위기는 제작진의 창작성 결여뿐 아니라 방송 제작 환경, 즉 배우를 중심으로 한 스타 시스템이 가져온 부산물이라는 데 문제의 심각성이 있다. 요즘 드라마에 동네 이웃은 물론이고 예전처럼 주인공의 고모나 이모, 삼촌 등이 왜 한꺼번에 사라졌는가 생각해보면 그 이유를 짐작할 수 있을 것이다. 심지어 주인공 남녀의 부모가 모두 등장하지 않는 드라마도 생겨날 정도다. 이른바 스타 주인공들의 개런티가 너무 치솟으니까 이야기 흐름상 반드시 필요한 배역이 아니면 애초에 제작진은 작가에게 단출한 인간관계 설정을 주문하는 것이다. 가령 주인공의 가족이 여럿 등장하면 출연자가 늘게 되고 결국은 제작비가 많이 드니까 주인공은 가급적 오피스텔에서 혼자 사는 걸로 대본을 쓰도록 유도하는 식이다. 작가의 상상력은 이래저래 위협받고 있다.

스타 시스템이 야기한 또 하나의 문제는 스타에게 제공할 막대한 출연료를 지불하기 위해 드라마 안에서 간접광고가 불가피하다는 점이다. 간접광고는 다음과 같은 예로 나타난다. 첫째, 주인공의 직장은 최근에 리모델링한 백화점으로 선정한다. 드라마 제작에 필요한 협찬금을 많이 받았으므로 가급적 그 백화점의 외경이 많이 등장하도록 주인공의 이동 장면을 고려하는 경우이다. 둘째, 휴대전화 제조사로부터 협찬을 받았으니까 주인공이 전화를 걸거나 받는 장면을 한 회에 몇 번 이상 넣어주는 경우이다. 셋째, 음반사로부터 협찬금을 받았을 경우 배경음악을 길게 쓸 수 있는 장면, 이를테면 주인공이 빗길을 천천히 걸어가는 장면이나 거리를 오래도록 방황하는 장면을 넣는 경우이다.

가상이라고 단정 지을 수만은 없는 현실이 이미 수면 위에 떠오르고 있다. 일전에는 검찰이 수뢰 혐의로 전직 PD를 입건하면서 간접광고PPL의 윤리적 문제가 수면 위로 떠오르기도 했다. 간접광고는 인기 드라마를 통해 자사 상품을 노출하고 싶은 기업과 스타 연기자의 출연료 급등 등으로 제작비 압박을 받는 방송사(또는 외주 제작사)의 이해가 맞아떨어지면서 자주 등장하고 있으며, 이는 '드라마의 광고화'를 부추기고 있다. 문제는 스타급 배우의 경우 1회 출연하는 데 몇천 단위가 넘는 출연료를 받아 몇몇 주요 배역의 출연료만 해도 제작비의 절반이 훌쩍 넘어간다는 것이다. 도저히 '납품 단가'를 맞출 수 없는 외주 제작사는 특정 기업으로부터 돈을 받고 상품을 은근히 비쳐주는 방식으로 제작비를 벌충하고 있다. 스타급 출연자를 요구하면서도 비용을 제대로 지불하지 않는 지상파 방송사, 이 과정에서 뒷돈을 챙기는 일부 PD가 더해지면서, 결국 시청자들의 시청권은 침해받고 있는 것이다.

6. 나오며

이상에서 살펴본 대로 우리나라의 텔레비전 방송, 특히 드라마는 방송 외적 발전을 가늠할 수 있는 시설, 기재, 인력, 예산 등은 어느 정도 이루어냈다. 그러나 방송 내적으로는 방송인과 프로그램의 겉모습만 화려해졌을 뿐 내실을 기하지 못하고 있음이 오늘의 현실이다.

한국의 텔레비전 드라마를 자세히 살펴보면 지속적으로 가부장적 이데올로기가 재생산되는 장소라는 혐의를 지울 수 없다. 한국 사회는 유교적 전통이 미처 사라지기도 전에 급격히 진행된 산업화에서 초래된 자본주의적 가부장제가 서로 상충하는 상태로 흘러왔다. 그에 따라 모순을 안고 있는 가족 관계와 불안정하고 위태한 남녀 관계를 형성해왔는데 텔레비전 드라마는 이와 같은 현상을 긍정적인 방향으로 발전시키지 못하고 그대로 답습하거나 오히려 퇴행을 일삼아 왔다고 볼 수 있다. 이러한 현상은 변화해가는 수용자의 기호와 필요에 선도적 입장에서 능동적으로 대처하지 않았다는 데에 원인이 있다. 시청자를 그저 시청률의 도구로만 인식, 변화하는 기호와 취향을 바람직한 방향으로 선도하려 노력하기보다는 수용자의 기호에 맹목적으로 영합하려 했다는 비난을 피할 수 없다.

1년이면 100편이 훨씬 넘는 TV 드라마가 전파를 타고 매일 우리의 안방으로 찾아든다. 그러나 제작진의 열의와 노고에도 불구하고 대다수의 수용자를 만족시키는 빼어난 작품들은 그리 많지 않은 형편이다. 극적 긴장감이나 흥미뿐만 아니라 우리가 처한 오늘의 시대상을 진솔하게 담아내고 바람직한 가치관을 심어주며 모두에게 공감과 감동을 주는 드라마들이 오히려 줄어들고 있다는 우려가 높아진 것도 사실이다. 또한 시청자의 생활 패턴이 많이 달라지고 있다. 어린이들에게 있어서 텔레비전은 더 이상 그들의 친구가 아니라, 교육자이자 양육자라 해도 과언이 아니다. 그들의 관심사는 텔레비전을 기초로 하여 수없이 늘어난 통신 등의 매체로 분산되기에 이르렀다. 또한 드라마를 선호하던 주부들도 더 이상 과거의 주부가 아니다. 그들은 고학력에 여가를 활용하겠다는 의지가 있는 계층들이다. 지루하게 반복, 복제되는 소재의 드라마를 한가하게 보고 있을 주 시청자들이 점점 줄어들고 있는 것이다. 시청자의 안목은 수준이 낮은 드라마를 감시, 비판하고 대안을 제시할 수 있을 만큼 높아졌다. 특히 최근 들어 인터넷, SNS를 자유자재로 활용하는 세대들에 의해 텔레비전은 공개 토론의 대상이 되기도 한다. 새로운 세대들은 새로운 감각으로 즉각적인 감시체계를 만들면서 드라마에 대해 신세대적 모니터 그룹을 형성해나가고 있는 것이다.

게다가 스포츠, 뉴스, 다큐멘터리 등에 거액의 제작비를 투입, 상품 가치가 높은 장르로의 개발이 성공적으로 이루어지고 있어 더 이상 드라마에만 촉각을 곤두세우던 시대는 지났다. 그러나 여전히 대다수의 시청자들이 드라마를 보고 있다는 데에는 아무도 이의를 제기할 수 없을 것이다. 그러므로 이 수업에서는 작가 정신을 가로막는 여러 가지 요소, 즉 시청률 경쟁에 따른 방송사 간의 긴장이 얼마나 심하게 작용하는지, 작가의 창조성을 저해하는 제작 기간의 단축 및 짜맞추기식 편성, 국적 불명의 드라마를 잉태하게 하는 방송사의 상업적 편향 등이 얼마나 심각한지를 그 문제점으로 파악하고자 했다. 이러한 문제점들은 시대상을 반영하는 인간상 왜곡의 주원인으로 작용하고 있었으며, 작가 정신 구축에 대한 스스로의 성찰 부족까지 합세하여 미래 영상을 주도해야 할 드라마의 앞날을 어둡게 하고 있었다.

결국은 스타 의존도가 문제이고 더 파헤치면 시청률 지상주의가 문제이다. 그 두 가지 문제의 개선이 요원하다면 적어도 작가의 창작권을 엄격하게 보호하는 특단의 조치가 이루어져야 한다. 해답은 드라마 사전 전작제와 작가 교육에 있다. 드라마 사전 전작제의 사전적 의미는 방송 전에 편집까지 마친 완제품이 나와 있어야 한다는 것이다. 지극히 당연한 일 같은데 현실은 이상과 큰 차이가 있다. 그렇다면 적어도 촬영에 들어가기 전에 전체 대본만큼은 미리 나와야 한다. 하지만 현실은 그것조차 여의치 않다. 작가가 쓴 쪽지 대본이 도착하기만을 기다리며 리허설도 못 한 채 촬영장에서 속만 태우는 제작진과 연기자가 부지기수이다. 대본 전작제만이라도 이루어진다면 자연히 연장 방송의 폐해는 사라질 것이다. 간접광고 때문에 삽입되는 불필요한 장면의 개입도 현저히 줄어들 것이다.

달리 말하자면, 드라마의 기본은 대본이다. 집을 짓는 일이 연출이라면 대본은 설계도와 같다. 훌륭한 연기자와 스태프를 골라 집의 형상을 만드는 건 연출자의 몫이다. 그 집에 들어가 사는 사람이 바로 시청자이다. 대본臺本은 드라마의 뼈대이자 토대이다. 그 뜻이 원래 그렇다. (한자로 써보면 명료해진다.) 대본이 부실하다는 건 집의 설계에 근본적 문제가 있다는 것이므로 세심하고 양심적인(야심적이 아닌) 연출가는 대본을 고르고 보완하는 데 전력해야 마땅하다.

방송 중인 드라마의 대다수가 비슷비슷한 느낌을 주는 데는 다 까닭이 있을 것이다. 누구의 책임이 제일 클까. 겉보기만 그럴싸한 집을 지은 건축가에게 왜 이따위 집을 지었느냐고 따지면 그는 당연히 세상엔 그런 집을 원하는 사람이 많기 때문이라고 변명할 것이다. 팔리지도 않을 집을 짓는 건 전문가가 할 일이 아니라고 말할 것이다. 심지어 자신이야말로 진정 거주자의 행복을 위해 공을 들였노라고 강변할지도 모른다. 맞는 말인 것도 같은데 사실은 근본을 잊고 있는 것이다. 좋은 집은 사람이 살 만한 집이다. 장삿속으로 지은 집은 조금 살다 보면 금방 티가 난다.

재미의 공식에 대입만 하는 것은 작가가 일류가 아님을 고백하는 일이다. 일류는 새로운 틀을 만드는 사람이다. 새로운 가치관, 새로운 인간관계, 새로운 캐릭터의 창조야말로 방송을 예술로 승화하는 일이다. 금기시된 소재까지 확대하려는 실험 정신과 도전 정신이 밑바탕이 되어야 한다. 그냥 뒹굴며 살 집도 좋지만 인간답고 품위 있게 주거할 쾌적한 집을 궁리하는 게 작가의 역할이다.

그러나 드라마란 '인간상을 창조하는 일'이다. 역사적 소산물로서의 인간, 사회적 소산물로서의 인간, 그리고 가족적 소산물로서의 다양한 인간상이 과연 드라마에서 어떻게 창출되는가 하는 문제는 분명히 영상시대의 드라마 작가에게 주어진 임무이다. 그렇기 때문에 산적한 문제들은 드라마 작가가 주체가 되어 그 해결 방안을 찾아나가야 한다. 그러므로 이 논의는 앞으로도 계속 연구되고 모색되어야 할 과제라 할 것이다.

부록

이 부록은 전공 불문하고 모든 학생이 수십 번은 쓰고 교정해야 하는 자기소개서 작성법을 위해 마련한 장이다. 특히 〈현대대중문화와 예술〉을 수강하는 학생들이 취업을 위해 또는 졸업을 한 뒤에도 종종 자기소개서를 검토해달라는 메일을 많이 보내왔다. 하여 자기소개서 글쓰기를 하고자 할 때 도움이 되는 이론적 정보와 실질적 기술을 제공하는 데 그 목적이 있다.
〈현대대중문화와 예술〉 과목이 학생들의 지적 교양을 높이고자 하는 학습 목표를 가지고 있다면, 본 부록은 자기소개서 쓰기를 돕는 일이라 할 수 있다.

자기 성찰적 글쓰기 방안 모색 연구
－자기소개서 쓰기 지도를 중심으로

1 | 머리말

이 글에서는 글쓰기의 다양한 분야 가운데에서도 자기 성찰적 글쓰기 능력을 함양하기 위한 지도 방안을 모색한다. 자기 성찰적 글쓰기는 자신의 사고와 표현을 논리적으로 정립하고 설득력 있게 제시함으로써 타인과의 원활한 소통을 목적으로 하는 행위이다. 다시 말해 자기소개서 쓰기란 자신을 포함하여 사회적인 것 전반에 관련된 의미를 파악하고 해석하는 모든 글쓰기를 의미하는 것이다. 이와 관련된 기존 연구들도 주로 이에 대한 답을 찾기 위한 노력으로부터 시작되었다고 해도 과언이 아니다.[1] 따라서 이 글에서는 학습자들의 글

---

1) 자기 성찰적 글쓰기 연구는 다양한 논의에서 살펴볼 수 있는데, 서연주는 스키마 전략을 바탕으로 자기 주도적 학습 이론과 대화주의 작문 이론을 구체적으로 실행하기 위한 글쓰기 전략을 논했다. 구체적인 방법으로, 계획하기→내용 생성하기 전략→내용 조작하기 전략→표현하기 전략→고쳐 쓰기 전략→조정하기 전략의 순으로 볼 수 있다고 했다. 이는 기존의 작품 절차를 주로 주제 설정→글감 선정→내용 마련→개요 작성→글쓰기→퇴고로 보던 관점에서 조금 더 그 과정을 세분화하여 설명한 것이다. 그의 견해를 바탕으로 접근해보면, 자기 성찰적 글쓰기란 학습자에 의해 해석되고, 자기 스스로 사고와 표현을 외부로 표현하는 글이 될 수 있으며, 이것은 결국 쓰기 기능과 표현 기능은 순환되며 서로 연결되어 있음을 의미하는 것이다. 서연주, 「창의력 개발을 위한 글쓰기 교수 모형 연구」,《한국문예창작》제10권 제3호, 한국문예창작학회, 2011, p.194.

쓰기 능력 향상에 도움이 될 수 있는 방안을 모색하고자 한다. 이는 글쓰기의 일반적인 목표 가운데 하나일 뿐만 아니라 대학 생활은 물론, 앞으로 사회생활을 영위하는 데 있어서도 매우 중요한 능력이다. 더불어 합리적이고 타당하게 자신의 의견과 소신을 표현할 수 있는 능력을 기르는 것이 대학 교육에서 중요한 목표가 될 것이다. 이에 글쓰기의 다양한 분야 가운데서도 특히 자기 성찰적 글쓰기에 주목하고자 한다. 그 이유는 다음과 같다.

자기 서사를 활용한 글쓰기나 자기소개서 쓰기 연계 교육 방안과 같은 자기 성찰과 통합적 글쓰기는 학습자에게 자신을 되돌아보고 자신의 앞날을 설계해보게 하는 계기가 된다는 점에서 매우 유익한 체험이 된다. 특히 자기 성찰적 글쓰기는 학습자의 현실적인 관심과 요구를 반영한 실용적인 글쓰기이다. 이 글은 실제의 사례들을 중심으로 대학생 글쓰기에서 어떤 방식의 글쓰기가 가능한지 방향을 제시해준다.

자기소개서 쓰기의 목표와 방향은 자신과 사회적 의사소통의 기능을 가져야 한다. 자신과 사회는 현재의 이슈에서 사소한 뉴스거리에 이르기까지 매주 다양한 주제와 관련되어 있으므로 이를 이해하기 위해서는 배경지식을 갖출 필요가 있다. 이때 학습자의 목표 인식이 보다 구체적이고 현실적인 것이 되게 하기 위해서는 글쓰기 원리나 원칙을 확인하는 데까지 나아가야 하며, 아울러 이를 바탕으로 자신이 무엇을 어떻게 해야 할지에 대한 구체적인 행동 내용을 담고 있어야 한다. 달리 말하자면 우선 강의 현장에서 학습자의 글쓰기에 대한 목표와 내용이 바르게 설정되어야 하고, 이를 위해 다양한 자료를 찾는 과정에서 학습자와 사회문제에 대한 보다 폭넓은 관심을 유발시켜야 한다.

자기 성찰적 글쓰기의 구체적인 지도 방안은, 학습자의 글쓰기 활동이 자발적이고 능동적인 수업이어야 한다는 것이다. 즉, 세부적인 각 단계의 글쓰기 전략을 안내하거나 알맞은 시범 보이기를 통해 학습자의 자기 주도적 글쓰기를 가능케 하는 단계이다.

이 글에서는 자기 성찰적 글쓰기 과정에서 현실적으로 지도를 가능케 할 만한 구체적인 이론, 프로그램이나 지도 방법에 대한 고민을 요구하고 있다. 우선 교육 현장에서 지도할 몇 가지 방법을 제안하고자 한다.[2] 이는 자기 성찰적 글쓰기 지도에서 효과적인 글쓰기의 의미가 무엇인가를 살펴보고자 하는 데 목적이 있다.

2 | 자기 성찰적 글쓰기의 지도 현황

자기 성찰적 글쓰기는 문자언어 행위이다. 뿐만 아니라 일종의 의사소통 행위이기도 하다. 또한 자기 성찰은 사고 능력과 표현 능력을 향상하는 데 도움이 된다는 점에서 상호 보완적 행위로 이해될 수 있다. 따라서 이들을 개별적으로 지도하는 것보다는 통합적으로 다루는 것이 보다 합리적일 것이다. 최성실[3]은 기억의 구조화는 사람의 행동과 판단에 큰 영향을 주는 '마음의 구조화 과정'이라고 했다. 자기 성찰적 글쓰기에 대한 언급은 박순원[4]에서도 찾아볼 수 있다. 그

---

2) 조선대학교 기초교육대학은 1∼4학년까지 〈사고와 표현 1·2〉를 교양 필수 과목으로 운영하고 있다. 앞으로 분석할 자료는 2013년 2학기 〈사고와 표현 2〉 러시아학과 1학년 오혜지 학생 외 45명의 자기소개서 쓰는 법을 기준으로 삼았음을 밝힌다.
3) 최성실, 「자기 성찰과 인지 과학적 프로네시스의 통섭적 글쓰기」, 《한국문예창작》 제11권 제3호, 한국문예창작학회, 2012, p.289.
4) 박순원, 「자기 형성 과정으로서의 글쓰기 방법 연구−자기소개서 작성을 중심으로」, 《우리어문연구》 제43집, 우리어문학회, 2012, p.170.

는 자기 성찰이란 늘 어떤 상황과 조건에서도 이루어지며, 글쓰기는 그 상황과 조건을 이해하는 데서 출발한다고 보고, 이 관점을 확대해서 자기소개서뿐만 아니라 모든 글쓰기를 '자기 형성 과정'이라고 정의했다. 또한 김수이[5]는 공동체 지향 글쓰기의 방법론을 구체적으로 설명하기 위해 두 가지 예를 들었는데, 그 하나가 '글쓰기 공동체의 순환 구조 속에서 자기소개서 랜덤 바꿔 쓰기'이다. '자기소개서 랜덤 바꿔 쓰기'는 공동체 지향 글쓰기의 1단계인 〈타자에게 다가가 '나'를 이입하기〉 중 '타자의 잡음을 듣고 쓰기 2 – 받아쓰기'에 적용되는 '자기소개서 바꿔 쓰기'의 목적과 방법의 중요성에 주목했다.

정기철[6]은 과정 쓰기process writing와 자유롭게 쓰기free writing 기법을 제시하고 있다. 즉, "나를 소개하는 글을 쓰시오"라고 주문하지 않고 모두 8개의 내용 요소를 담은 문장을 먼저 작성하게 하는 것이다. 8개 내용 요소를 담은 문장은 "나는 _____입니다", "나는 _____ 좋아합니다", "나는 _____ 싫어합니다", "나는 _____(에) 자신 있습니다", "나는 _____ 잘 못합니다", "나는 _____ 희망합니다", "나는 _____(사람이) 되고 싶습니다", "나는 지금 당장 _____ 하겠습니다" 등으로, "나는 _____입니다" 문장은 10개, 나머지 문장은 각각 5개씩 완성하기를 실시하고 있다. 그리고 정해준 문장을 다 쓰도록 강요한다든지 쓰기를 재촉하지 않고 최대한 자유롭게 글을 쓰도록 좋은 분위기의 유지를 강조하고 있다. 그는 이러한 과정과 기법에 따라 수업을 진

---

5) 김수이, 「'공동체 지향 글쓰기' 이론 정립을 위한 시론 – 인성 교육의 가능성 및 교육 방법론 개발을 위한 시론」, 《한국문예창작》, 제12권 제2호, 한국문예창작학회, 2013, p.237.
6) 정기철, 「창작을 위한 자아 발견 글쓰기」, 《한국문예창작》, 제9권 제2호, 한국문예창작학회, 2010, p.231.

행하고, 한 학생의 글과 글을 쓰고 난 후의 소감을 통해 과정 중심의 글쓰기와 자기 성찰적 글쓰기를 함으로써 이루어지는 진정한 의미의 자기 성찰에 대한 본질적인 질문을 던지고 있다. 정기철은 자기 성찰이란 늘 상황과 조건을 이해하는 데서 출발한다고 보고, 그 관점을 확대해서 자기 발견 글쓰기뿐만 아니라 모든 글쓰기는 '자기 형성 과정'이라고 밝히고 있다.

이렇듯 글쓰기 능력과 관련하여 학습자에게 필요한 것은 오히려 어떻게 하면 고등 정신 기능으로서의 문식성[7]을 내면화할 것인지에 대한 고민이다. 나아가 학습자에게 요구되는 것은 특정 담화 공동체의 일원으로서 주체적인 참여를 위해서 필요한 담론 규칙들인 경우가 많다. 그러므로 대학생들에게 글쓰기를 지도할 때 '과제와 맥락'에 따른 글쓰기 과정을 단계화시킨 다음, 각 단계에서 해야 하는 사고 행위가 무엇인지 설득력 있게 제시할 필요가 있다. 당연한 이야기이지만 이 설득력은 정교한 모델의 설정과 적절한 통합 지도 방안의 제공으로부터 이루어질 수 있는 것이다. 예를 들어 특정 주제와 맥락에 놓인 글쓰기에서 필요한 글쓰기 전략이 무엇이며, 그 전략을 실제 글쓰기에서 어떻게 적용할 것인지, 나아가 이들 글쓰기 전략들을 어떻게 지도하는 것이 좋은지 등에 대한 구체적인 이론과 사례 연구들이 필요하다는 것이다.[8] 당연히 이 모델은 교수자들의 역할을 규정

---

7) 노명완, 『문식성 연구』, 박이정, 2006, p.155.

8) 최상민, 「대학생 글쓰기 지도에서 평가 준거의 설정과 활용 문제」, 《작문연구》 제13집, 한국작문학회, 2011, p.235. 그는 대학 글쓰기 교육의 동향, 기존 평가에서 준거의 설정과 활용에 대한 검토, '과정' 평가와 '결과' 평가에서 준거의 설정과 활용 문제 등을 살피고 있다. 이를 바탕으로 대학에서 글쓰기 교육이 나아가야 할 방향을 제안하는 논의를 했다. 특히 '글쓰기 능력 향상'과 '교수 학습의 개선'을 담보할 수 있어야 한다는 점을 강조하고 있다.

하고 안내하는 데에까지 그 범위가 확대되어야 한다.

최성실[9]은 그의 논문에서 나은미[10]가 제시한 설문조사에 대해 언급하고 있다. 학습자의 글쓰기를 바른 방향으로 유도하고 지원하기 위해서는 적절하고 명확한 자아를 형성할 필요가 있다며, 심리적 영역에서의 성찰적 글쓰기에 나타나는 특징을 소개하고 있다. 사회적 인지 과정은 글쓰기 수업에서 중요한 부분이다. 그가 제시하는 사회적 인지 과정과 분류의 예를 보자.[11]

〈인지 과정의 예〉

대인 지각	얼굴 신체, 움직임
성격 지각	진실성, 유능함, 우호성, 공정성, 수줍음, 모험성 등
구성원 지각	인종, 성, 연령, 정치적 입장, 종교 등
사회적 믿음	편견, 고정관념, 사회적 행동 목록 등
사회적 메커니즘	자기와 다른 사람 구분, 응시 탐지, 입장 바꾸기, 공감, 의도 탐지 등
마음 읽기	정동, 신체감각, 의도, 욕망, 믿음 등
사회적 태도	선망, 동정, 경멸, 존경, 호오, 수치, 신뢰 등
사회적 작용	모방, 경쟁, 소통, 협동, 벌, 복수, 도움, 기만, 보수, 배제 등

위의 인지 과정의 예처럼 대학 수업에서 경험적 체험을 재구성하는 표현 주체의 서사적 글쓰기는 쉬운 일이 아니다. 이성적인 사고가 미미한 과거의 파편에 의지하여 나머지 부분들을 어두운 과거의 구석으로 숨겨놓을 때, 이것을 완전하게 끌어내어 전체를 구성하게 하는 것은 '감동'과 연관된 '체험'의 영역이다. 그러나 어떤 경우에도 구체적

---

9) 최성실, 앞의 글, p.284.
10) 나은미, 「대학 글쓰기 교육에서 자서전과 자기소개서 쓰기 연계 교육 방안」,《화법연구》, 한국화법학회, 2009, p.124.
11) 김정오, 『마음의 탐구』, 시그마프레스, 2011, p.155 재인용.

인 상황과 맥락 속에서 일반화하여 적용할 수 있는 유형이 있을 수는 없다. 다만 글쓰기에 있어서 몇 가지 전제되어야 할 점은 있다. 모든 글쓰기 수업에서의 학습자는 과제 해결에 기여할 수 있어야 하며, 교수자의 정련된 사고와 언어에 기반하여 과제에 대해 적합한 접근을 보장할 만한 모형을 포함해야 한다. 나아가 학습자 스스로 과제에 대한 이해나 해결 모형을 내면화하도록 조작될 필요가 있다는 점이다.

이상에서 살펴본 바와 같이, 자기 성찰적 글쓰기 지도의 필요성과 교육적 가치는 많은 학자들에 의해 강조되고 있다. 특히 최성실의 「자기 성찰과 인지 과학적 프로네시스의 통섭적 글쓰기」는 글쓰기 연계 지도와 통합 지도의 차이에 대해 살피고, 자기 성찰과 통섭적 글쓰기의 유형 등에 대해 자세히 분석하고 있어, 글쓰기 지도에 대한 깊이 있는 이해와 탐색을 가능하게 한다.

이 글에서는 자기소개서 쓰기를 통해 보다 긴밀하고 유기적으로 연관된 글쓰기 지도 방안에 대해 모색하고자 한다. 자기소개서 쓰기는 대학생으로서의 자아 정체성을 분명히 하고, 나아가 졸업 이후 사회 진출에 대한 관심을 구체화하도록 이끈다는 점에서 의의를 갖는다. 자기소개서 쓰기는 자신을 '표현'하는 글쓰기이기도 하지만 취업 또는 진학이라는 명확한 목표를 갖는 목적 지향적 커뮤니케이션의 일종이다. 지금까지 연구된 자기 성찰적 글쓰기 지도 현황을 참고로, 본 글에서 제안하는 지도 방안[12]은 다음과 같다.

---

12) 필자는 취업을 위한 자기소개서 쓰기와 나를 찾아가는 글쓰기 혹은 자아 발견 글쓰기에 대한 지도 방안과 방향을 연구하게 되었다. 이 글에서는 혼합의 성격을 띠고 있으나 전자에 입각해 논하도록 하겠다.

1. 계획 단계
(1) 범위 설정(취업 목적의 자기소개서 혹은 나를 찾아가는 여정)
(2) 자기소개서에 들어갈 항목 작성
2. 진단 단계
(1) 전체적 접근－관련 경험 재생
(2) 부분적 접근－내용, 표현 탐구
(3) 활동적 접근－다시 생각하기(가족, 학창 생활, 경력, 이상, 목표하는 회사, 기관 등)
3. 평가 단계
(1) 자기 평가
(2) 상호 평가

　　지도 방안의 3단계(계획, 진단, 평가)는 꾸며 쓰는 형식적 글쓰기가 아니라 자기 성찰을 통해서 자신의 삶을 진솔하게 담아내는 것이 목적이다. 그럼으로써 글쓰기 능력 배양은 물론이고, 주체성을 확립하는 데도 도움을 줄 수 있다. 나아가 한 사람의 교양인으로서 필요한 의사소통 능력을 길러주어야 한다. 자기소개서 쓰기는 이런 관점에서 매우 중요한 기회가 된다. 더욱이 자기 성찰적 글쓰기의 목표와 방향에 있어 학습자들의 3단계 지도 방향이 고루 반영될 수 있어야 하며, 쓰기와 지도 방안이 유기적으로 통합되도록 해야 할 것이다. 이에 각 단계를 구체적인 활동의 유사성을 중심으로 연결해보았다. 이를 정리하면 다음과 같다.

〈교수용 자기소개서 수업 자료〉

1. 계획 단계
1) 자기소개서를 효과적으로 쓸 수 있다.
2) 기존의 자기소개서의 형식적 특징을 차용하여 써본다.
2. 평가 항목 작성
1) 자기소개서의 의미를 잘 이해하고 있는가?

2) 자기소개서를 효과적으로 표현하였는가?

3. 진단 단계

1) 자기소개서 쓰기에 대한 관심도는?

    ① 매우 많다(38명) ② 많다(5명) ③ 관심 없다(3명)

2) 자기소개서를 써본 적이 있는가?

    ① 그렇다(2명) ② 아니다(44명)

3) 자기소개서 쓰는 법을 알고 있는가?

    ① 잘 알고 있다(1명) ② 약간 안다(3명) ③ 잘 모른다(42명)

이상으로 알아본 진단 결과, 학생들은 자기소개서 쓰는 법에 대해 관심은 보이나 자기소개서를 써본 경험이 거의 없었다. 그리고 자기소개서를 쓸 수 있다는 학생은 소수였으며, 대부분 그에 대해 어려워하거나 자신감을 보이지 못했다. 따라서 기존의 샘플을 활용해 다양한 글쓰기 방법과 표현법을 자연스럽게 습득하게 하여 학습자들이 부담 없이 자기소개서를 쓸 수 있도록 지도해주어야 한다.

4. 탐구 단계

1) 자기소개서 쓰는 수업을 안내하고 성찰적 글쓰기란 무엇인지 설명한다.

2) 수업을 위해 준비한 샘플을 나누어주고 함께 토론해본다.

3) 자기소개서에 꼭 필요한 표현상의 특징이나 내용상의 특징 등을 생각해본다.

4) 개인별로 자기소개서를 쓰게 한다.

5) 읽어보고 고쳐 쓰기를 반복한다.

6) 개인별로 쓴 자기소개서를 발표한다.

전체적 접근 단계에서는 자기소개서를 읽어보고 자연스럽게 이야기할 수 있게 했다. 그리고 학생들은 상황을 상상해가며 여러 가지 관점에서 자유롭게 토론하면서 핵심 주제를 찾아나갔다. 또한 학생들이 자기소개서를 가다듬고 주제와 느낌을 잘 파악할 수 있도록 했다.

자기소개서를 쓰기 위해서는 글의 형식적인 요소를 파악하여 그대로 써보는 것이 큰 과제이지만 학생들의 성찰적 글쓰기가 잘 전달되는 것이 최우선이다. 이렇듯 글쓰기 지도 현장에서 필요한 지도 방안에는 두 가지 양상이 존재한다. 하나는 교수자와 학습자 사이의 상호작용을 통하여 이루어지는 자기 성찰적 글쓰기의 목표와 방향의 글쓰기이고, 다른 하나는 주제의 선택과 배열을 통한 수업 계획의 조정과 같은 자기 성찰적 글쓰기의 구체적인 지도 방안의 글쓰기이다. 전자는 학생들의 실제 요구를 확인할 수 있는 객관적인 데이터를 제공하여, 개별적이고 맥락 중심적인 과제 해결 과정 안에서 교수자와 학습자 사이의 상호작용적인 관계를 통하여 당위성을 확인하고 좀 더 구체적이고 실질적인 교수-학습자 모형을 제시한다. 반면에 자기 성찰적 글쓰기의 구체적인 지도 방안은 명확한 교수 목표, 성찰적 글쓰기와 관련된 수사적 상황에 대한 이해가 필수적이다. 이는 학습자의 현재 능력과 지식수준에 대한 이해, 해결 모형에 대한 세밀한 구안 능력 등에 대한 제반 사항들을 망라한다.

3 │ 자기 성찰적 글쓰기의 목표와 방향

글쓰기는 구제적인 사실을 바탕으로 가설을 세우고 이를 논리적으로 검증하는 모든 과정을 포함한다. 대개 논문이나 보고서의 형태로 제시되는바, 글쓰기 교육은 사고력 발달과 의사소통 기능의 신장을 목표로 이루어져야 한다. 이는 선택의 과정이자 의사소통 행위이기 때문이다. 달리 말하자면 자기 성찰적 활동에는 삶의 통일을 추구하고자 하는 출발점을 구축하고 이를 실천하고자 하는 의미 작용이 내포되어 있다.[13] 최성실은 그의 논문에서 자기 성찰이란 "의식 사실의 전체 존립과 연관"을 "분석하고 의식"하는 것이며, 인간은 이를 통해 인식의 영역에서의 고유함을 얻고 인간 위상의 가장 심오한 입지들과 자기 자신을 바라보는 방식에 대한 의미도 만들어진다[14]고 하였다. 이는 대상 텍스트를 통해 이해 능력을 높이고, 기존 텍스트를 바탕으로 합리적이고 논리적인 글쓰기 과정을 익히도록 하는 것이다.

먼저 교수자는 학생들이 보편타당하며 자신이 잘 알고 있는 내용을 써야 한다는 것을 강조하고, 학생들이 졸업 후 진출할 회사, 기관, 대학원에 대한 사전 조사를 해 왔는지 확인한다. 글쓰기에서 필요한 지식은 '명제적인 지식'이 아니라 '절차적인 지식'이다. 그러므로 글을 잘 쓰게 하기 위해서 필요한 것은 우선 글쓰기에 필요한 이런 절차적 지식과 원리들—예컨대 주제와 목적을 정하고 아이디어를 생성하며 효율적인 수행 능력을 길러주는 것이다.[15] 이 단계에서 교수자는 자기소개서 쓰기에서 주제의 내용을 정확하고 분명하게 드러낼

---

13) 최성환, 「딜타이의 자기의 해석학—자기 성찰과 자서전을 중심으로」, 《해석학연구》 제27집, 한국해석학회, 2009, p.174. 이 글에서 주목하는 글쓰기의 일반적인 절차는 '삶의 객관적인 표현 형태에 반성적으로 접근하는 과정 중심 쓰기'로 이해된다. 필자는 성취 기준의 내용 요소들이 여전히 과정 중심 쓰기 이론의 요소로 구성되어 있다고 보고 '성찰적 글쓰기는 우리가 삶의 이해와 조우하는 가장 유익한 형식'이라고 받아들인다.

14) 최성실, 앞의 글, p.296.

15) 최상민, 「대학 〈글쓰기〉 교과 운영 실태와 개선 방안—전남대의 경우를 중심으로」, 《한국어문학》 제62집, 한국어문학회, 2012, p.174. 그는 현행 '글쓰기' 교재에 대한 검토에서, '계획하기—내용 생성하기—내용 조작하기—표현하기—고쳐 쓰기' 혹은 '쓰기 전—쓰기—쓴 후' 등의 과정 중심으로 이루어지는 글쓰기 절차를 소개하고 있다. 그 글에서는 단순히 글쓰기 과제를 부여하고 학생이 제출할 결과물에 대한 첨삭만이 글쓰기 교육의 전부라고 생각하는 태도를 지양할 필요가 있다고 강조한다. 또한 글쓰기의 각 단계에서 발생할 수 있는 학습자의 장애를 적절히 통제하고 이끌어가려는 구체적인 방법으로 적절한 '시범 보이기'는 유용한 수단이라고 주장한다.

수 있도록 강조한다. 이런 과정은 학습자들에게 자기소개서에 들어갈 내용에 대한 메타 인식을 갖게 함으로써 글쓰기 능력 정도를 파악할 수 있게 하고, 각 단계별 성과도 알 수 있게 해준다. 그리고 부족한 점이 발견되었을 시 문제점을 파악하고 피드백할 수 있는 근거가된다. 이제 구체적인 교수―학습 지도 방안을 제시하도록 하겠다.

〈자기소개서 쓰기 교수용 수업 자료〉[16]

---

1. 학습 목표 : 수업 시간에 자기소개서 쓰기를 위해 학생이 진출할 회사에 대한 조사 내용을 확인하고, 자기소개서 쓰기를 위한 구체적인 절차나 학습 방법을 살펴본다.

---

2. 강의 주제 : 작성된 줄거리와 개요 확인 및 자기소개서 쓰기를 안내한다. 학생들이 여러 단계의 쓰기 과정을 거치며 직접 자기소개서를 써봄으로써 자기소개서란 무엇인지를 인지하고, 그것이 왜 필요하며, 어떻게 써야 하는지에 대해 알게 한다.

---

3. 개념 정의 및 성격 규정 : 최근 자기소개서의 중요성이 강조되고 있다. 짧은 시간 동안 한 사람에 대해 알기 위해 본인이 직접 쓴 자기소개서만큼 도움이 되는 것도 없기 때문이다. 하지만 요즘 들어 자기소개서의 중요성이 강조되는 가장 중요한 이유는 무엇보다도 많은 기업들이 신입사원을 채용할 때 이력서와 함께 자기소개서를 요구하기 때문이다.

---

4. 동기 유발 : 자기소개서 작성의 왕도는 없다. 특별한 형식이 있는 것도 아니다. 하지만 국가기관이나 기업체에서 신입사원을 선발할 때 짧은 시간 안에 해당 지원자의 됨됨이와 장점을 파악하기 위해 자기소개서를 받는다는 점을 생각하면 자기소개서에 어떤 내용이 담겨야 할지는 충분히 짐작할 수 있을 것이다. 자기소개서에 담기는 내용은 자신을 소개하는 상황과 관련해서 결정된다. 취업 현장에서는 능동적인 활동을 수행할 수 있는 창조적 인물을 요구한다. 따라서 이 새로운 유형이 자기소개서에 요구하는 것은 '무엇을 배웠느냐'보다 '무엇을 할 수 있느냐'는 생산적 경험을 증명하는 일이다.

---

5. 학습 목표의 제시 : 회사마다 자기소개서에서 기대하는 내용이 다르다. 어떤 회사는 특별한 양식을 통해 자기소개서에 들어가야 할 내용을 항목화하여 제시하기도 한다. 하지만 특별한 양식 없이 분량만 제시하는 경우도 있다. 이런 경우에는 자기 나름의 내용을 구성해야 한다. 따라서 여기서는 자기소개서에 반드시 들어가야 할 내용을 알아보기로 한다. 즉, 자기소개서 쓰기의 일반적인 절차는 자신이 지원하고자 하는 곳에 관한 정보를 수집하는 일로부터 시작한다. 충분한 정도의 정보가 확보되면 이제 자신의 장단점을 확인하여 자기소개서의 주제를 어떻게 가져갈 것인지에 대한 구상이 이루어져야 한다.

---

6. 과정 절차 안내 : 이런 절차들이 마무리되면 일단 거칠지라도 초고를 작성해본다. 성장 과정, 학력 및 경력 사항, 성격, 지원 동기 및 장래 포부, 특기 사항 등을, 수강하는 학생들과 교수자가 서로 상의하면서 다듬어나간다.

---

7. 수업의 전개 과정
1) 내용면－어떤 국가기관이든 회사든 거짓말을 잘하는 사람을 원하지 않는다. 그러므로 자신의 경력 사항 등을 쓸 때는 정직하게 쓰는 것이 제일이다.
(1) 정직하게 써라. (2) 경력. (3) 자신의 장점을 분명히 부각해라. (4) 지원 동기.
2) 형식면－우선 지원하고자 하는 국가기관이나 회사의 자기소개서 양식이 있는지 확인하고 만일 있다면 그 양식에 맞추어 쓰면 된다. 하지만 특별한 양식이 없는 경우는 다음과 같은 점에 유의해서 자기소개서를 작성하게 한다.
(1) 개성 있게 써라. (2) 간결한 문장으로 써라. (3) 구체적으로 써라. (4) 역동적인 느낌을 줄 수 있도록 써라. 그리고 학생이 지원할 곳에 대해 자기소개서를 발표해보도록 한다.

교수자는 위의 텍스트를 통해 문제의 발견과 해결 과정이 논리적이야 하고, 자신이 내세우고자 하는 주장이 명확해야 하고, 이를 이치에 맞게 전개해야 한다는 점을 강조한다. 이는 자기 성찰적 글쓰기에 있어 목표와 방향의 기본적인 밑그림이라고 생각한다. 그것은 체험과 앞으로의 목표를 구체화하며, 보편타당하고 합법칙적인 틀에서 삶을 표현하고 파악하려는 노력과도 통하는 것이다.[17] 그러므로 합법칙성에 따라서 자신의 내적, 외적 경험을 통일성 있게 구축하기 전에 선행되어야 하는 것은 바로 자신에 대한 성찰이다. 성찰에는 반드시 경험적 자아를 되돌아보는 자아가 개입되게 되어 있다. 이는 글

---

16) 오성호, 『대학 글쓰기』, 새문사, 2012, pp.225-229. 본고에서 논구하고자 하는 자기 성찰적 글쓰기 방안 모색 연구 — 자기소개서 쓰기 지도를 중심으로 — 는 위에서 제시한 두 양태가 혼합되어 있다는 사실을 밝힌다.(나를 찾아가는 여정, 혹은 취업 목적의 자기소개서)
17) 최신한, 『지평 확대의 철학－슐라이어마허, 점진적 자기발견의 정신탐구』, 한길사, 2009, p.52.

전체의 요약문 쓰기를 유도하고, 비판적 수용을 결정하도록 한다. 더불어 '고쳐 쓰기'와 '새로 쓰기'가 이루어지는 단계로 넘어간다. 그런 면에서 본다면 자기 성찰적 글쓰기에서 표상하고 있는 내적 경험의 균열들이 보편타당하고 합법칙적인 수사학으로 재탄생하는 글쓰기가 바로 자기소개서인 것이다. 특정한 목적을 위해 내적으로 자신의 삶의 법칙을 만들어가는 과정을 보여주고, 이를 통해 자신의 경험을 보편타당한 근거 위에서 기술하는 형식인 것이다.

다만, 시간의 안배가 필요하므로 교수자는 학습자로 하여금 강의를 들은 후 자신이 무엇을 할 수 있는지 하는 것들을 구체적으로 제시하도록 한다.[18] 또한 학습자 스스로가 성찰적 글쓰기를 미리 써 오도록 하고, 이에 대한 배경 자료를 수집해 오도록 한다. 이는 학습자로 하여금 자신이 지원할 곳에 대한 관심과 본격적인 글쓰기 단계에 해당한다. 구체적인 교수-학습 방안은 다음과 같다.

〈진단 단계〉[19]

1. 자기소개서를 써본 소감이 어떤가?
① 좋다(31명) ② 보통이다(6명) ③ 잘 모르겠다(9명)
2. 좋은 자기소개서와 그렇지 않은 자기소개서를 구별해낼 수 있는가?
① 그렇다(2명) ② 못 한다(39명) ③ 잘 모르겠다(5명)
3. 자기소개서를 쓸 때 가장 자신 없는 부분은 무엇인가?
① 성장과정(3명) ② 성격(4명) ③ 지원동기 및 장래포부(31명) ④ 특기사항(8명)
4. 공동으로 자기소개서를 써보고 나면 개인 글쓰기가 더 쉬울 것 같은가?
① 그렇다(41명) ② 아니다(2명) ③ 잘 모르겠다(3명)

이상으로 진단 단계를 분석해본 결과 학생들은 전반적으로 자기소개서를 써본 경험이 없거나, 글쓰기 자체를 어려워하고 있었다. 학생

들은 자기소개서를 써봄으로써 대학 생활을 어떤 목표로 설정하고, 어떤 각오로 글쓰기 공부를 해나갈 것인지에 대해 관심과 의욕을 갖게 되는 부수적 효과를 기대할 수도 있다. 학습자들은 자신의 선택과 조사에서 앞으로 펼쳐질 대학 생활에서 자신이 어떤 분야에 관심을 집중해야 하며 어떤 공부를 해나가야 할지에 대해 깨닫게 되는 것이다. 이런 맥락 속에서 학습자는 동료 집단과의 의견 교환을 통하여 자신의 과제 해결 전략을 스스로 모색하는 계기로 삼을 수도 있다.[20]

여기에서 중요한 것은 자기 성찰적 글쓰기에서 자신의 사고와 표현을 문자로 형상화하는 과정을 거친다는 것이다. 이를 위해 우선 선택지가 비슷한 업종이나 기관을 묶어 3~5명 정도로 조를 만들고, 지원 대상 기관에 대한 정보를 교환케 하는 방법도 '자기 성찰적 글쓰기'를 유기적으로 통합하는 기반을 제공할 것이다.

18) 최상민, 「대학생 글쓰기 지도에서 비계설정하기—실용적 글쓰기를 중심으로」, 《국제어문》 42집, 2008, p.576. 그는 과정 중심 글쓰기에서 교수·학습과 비계설정, 실용적 글쓰기 수업에서 비계설정 방법과 단계적 문제 해결 과정을 안내하는 단계를 논의했다. 설명 내용은 학습자로 하여금 강의 후에 자신을 어떻게 해야 할지에 대한 구체적인 행동 내용을 담고 있어야 함을 강조했고, 각 단계의 활동 전략을 안내하거나 알맞은 시범 보이기를 통해 학습자의 자기 주도적 글쓰기를 가능케 하는 단계를 모형으로 제시하고 있다.

19) 교양 과목으로서 글쓰기는 학과와 분반에 따라 다르게 적용될 수 있다. 조선대학교에 개설된 〈사고와 표현 1·2〉는 보통 학과별로 분반이 편성된다.

20) 이때 교수자는 가능하면 관련 분야에 지원하고자 하는 학생들을 한 조로 묶어 각자 준비한 자료를 돌려 읽고 평가하게 하도록 한다. 이 장면에서 교수자가 제시할 수 있는 비계는 상호 평가의 기준들이다. 다음은 그 구체적인 내용이다. 1.내가 조사한 정보는 나의 취업에 실질적인 도움이 되는가? 2.내가 조사한 정보는 충분히 구체적인가? 3.내가 조사한 정보는 일정한 체계와 기준에 의해 분류·정리되어 있는가? 최상민, 앞의 논문, p.575.

4 | 자기 성찰적 글쓰기의 구체적인 지도 방안

자기소개서는 매우 복잡한 쓰기 상황을 포함하는 글쓰기 유형이다. 나은미가 논문에서 제시한 설문조사에 따르면 취업 목적의 자기소개서[21]의 경우 준비하는 과정에서 가장 어려웠던 부분이, "나에 대한 '무엇을' 써야 할지 몰라서"가 28%에 해당하는 가장 높은 지수를 보이고 있다.

자기소개서를 준비하는 과정에서 힘들었던 점을 3가지만 고르시오.

나에 대해서 잘 몰라서	→ 7.5%
나에 대한 무엇을 써야할지 몰라서	→ 28.3%
'회사'에서 어떤 사람을 요구하는지 몰라서	→ 18.9%
자기소개서를 어떻게 쓰는지 몰라서	→ 9.4%
글쓰기 자체에 대한 두려움 때문에	→ 9.4%
기타	→ 3.6%

위의 표는 강의 도중에 이루어지는 '내용을 예측하거나 해결 전략을 안내하는 따위의 활동들, 나아가 자기 성찰적 글쓰기의 구제적인 지도 방안'의 활동이라고 볼 수 있다. 종래의 결과 중심적인 글쓰기 지도에서는 '사고 이양의 과정'이 없었다. 학습자는 타인의 도움 없이 모범 예문에 암시된 숙련된 필자의 사고 과정을 추측해야 한다. 때문에 교수·학습의 방법에 있어서 종종 모범 예문을 읽고 '모방'하도록 하는 방식이 주를 이룬다. 그러나 과정 중심적 글쓰기 교수·학습에서는 교수자와 학습자의 적극적인 상호작용을 통한 글쓰기를 강조한

---

21) 나은미, 앞의 글, p.23.

다. 이때 학습자의 글쓰기를 지원하기 위해서는 교수자의 사고 이양 과정이 필수적이다. 이제는 글쓰기 과정에서 학습자의 의미 구성이 풍부하고 능숙한 것이 되도록 지원하는 작업이 바로 '자기 성찰적 글쓰기의 구체적인 지도 방안'이다.

수업의 '전개 단계'에서 교수자는 먼저 학습자와의 적극적인 의사소통을 통해서 해결 전략을 안내해야 한다. 이때의 해결 방안은 "어떤 기업, 기관에 제출할 자기소개서인가?"와 같이 개별 학습자가 봉착해 있는 구체적인 맥락이 고려되어야 한다. 이는 자기소개서의 중요한 일부가 되는 '자신의 장단점 쓰기'에서 명확히 알 수 있다. 자신의 장점이란 결국 상대가 원하는 인재상과 부합되는 어떤 면이고, 자기소개서를 쓰는 일은 적절한 증거나 논거들을 통하여 이 점을 증명하거나 설득해가는 과정임을 깨달아야 한다. 반대로 자신의 단점은 상대가 원하는 것 가운데 지금 내게 없는 것이다. 때문에 단점을 직접적으로 언급하는 방식의 글쓰기보다 앞으로 자신이 보완하거나 극복하기 위해 현재 하고 있는 자신의 노력을 강조하는 글쓰기가 바람직한 글쓰기 전략이 될 것이다. 글쓰기 지도는 바로 이런 사실들에 초점을 두고 학습자가 객관적으로 자신의 정체감을 확인하도록 돕고 이끄는 데 맞춰져야 한다. 객관적인 자기 분석을 위한 점검표를 미리 만들어 활용하는 방법도 한 대안이 될 수 있다. 다음은 '자기 성찰적 글쓰기의 구체적인 지도 방안' 단계에서 제공된 교수자의 지도 방안이다.

교수 : 자기소개서의 중요성을 인식하고 항목별 기재 사항을 분석하여 기본적인 작성 요령을 숙지한 다음 담당자에게 강한 인상을 남길 수 있는 자기소개서에 대해 생각해보는 기회를 제공하고자 한다. 이를 통해 자신이 원하는 것을 이루기 위해 학창 시절에 어떤 경험과 역량을 쌓았는지 구체적으로 계획하고 실천할 수 있기를 바란다. 자신이 입사하고 싶은 기업에 제출하기 위한 자기소개서를 작성해보자.[22]

1. 자신이 입사하고 싶은 기업에 대한 정보를 수집하시오.
　① 기업 명칭
　② 기업의 사훈이나 경영 이념
　③ 기업의 연혁
　④ 기업을 대표하는 기술 또는 최근 개발한 신기술

2. 자신이 지원할 기업체의 업무에 어떠한 능력이 필요한지 정리해보시오.
　① 회사가 요구하는 일을 하는 데 나는 어떤 능력을 갖고 있는가?
　② 내가 이 회사에서 얻을 수 있는 최고의 목표는 무엇인가?
　③ 나는 회사가 발전하는 데 어떤 공헌을 할 수 있는가?
　④ 나의 성장 과정이나 체험 가운데 어떤 점이 이 회사의 특성(요구)과 맞는가?
　⑤ 회사에서 일하면 어떤 점이 나의 성장 발전에 도움이 될 것인가?

3. 자기소개서를 완성해보시오.(단, 입사할 회사의 자기소개서 형식에 맞게 쓸 것)

　　그러나 대개의 학습자들은 문어보다 구어에 더 익숙하므로, 학습자가 자신에 대해 직접적으로 어떤 사항들을 정리하게 하는 것보다 학습자의 아이디어들을 소리 내어 말하게 한다든지, 학습자가 자신이 쓸 내용을 먼저 구술하게 하는 것이 효과적인 방법이 될 수도 있다. 이는 동료들과의 의견 교환 효과가 있어서, 상호작용적인 글쓰기를 위해 필요한 의견 교환 효과까지 기대할 수 있기 때문이다. 다음은 한 기업에 입사하기를 원하는 학생과 교수자 사이에 이루어진 수업 내용이다.

1. 교수 : ① 자기소개서란 취업을 목적으로 자신을 알리기 위해 작성한 글이다. 기업은 지원자의 지원 동기와 장래성, 성장 배경을 통해 입사 지원서만으로는 확인할 수 없는 성격과 가치관, 대인 관계, 조직 적응력, 기본적인 의사 전달 능력 등을 확인하고자 한다. 자기소개서에는 자신이 기업에서 꼭 필요한 인물이며, 업무에 적합한 능력을 가졌다는 내용을 중점적으로 담아야 한다.

2. 학생 : ① 자신이 입사할 기관의 자기소개서 형식 확인하기. ② 지원할 기관의 성

22) 고문주 외, 『사고와 표현 2』조선대학교출판부, 2009, pp.164~166의 연습문제에서 발췌.

격과 업무 파악하기. ③ 업무에 적합한 능력을 보여줄 하나의 주제로 한정하기. ④ 자기소개서에 담을 내용 생성하기. ⑤ 자기소개서 작성하기. ⑥ 학생들과 돌려 읽기.

3. 교수 : ① 개성 있는 자기소개서가 무엇인지 설명한다. ② 입사 지원 동기를 구체적으로 확인한다. ③ 기업체별로 새로 작성해보게 한다. ④ 내가 아닌 지원 회사와 직종이 중심이 되어야 한다는 점을 강조한다. ⑤ 퇴고의 중요성을 설명한다. ⑥ 추상적인 표현, 일관되지 않은 표현은 삼가도록 한다.

4. 학생 : ① 설득력 있게 피력하려면 데이터나 수치가 필요하다. ② 한 번에 강하게 흥미를 끌게 해야 한다. ③ 자신에 대해 성실하고 진솔하게 표현한다. ④ 지원자(학생)가 얼마만큼 준비되었는지 상세히 묘사한다.

위의 수업 내용으로 글쓰기를 지도한 결과 학생들은 지원하고자 하는 기업, 기관의 요구를 잘 파악하고 있었고, 구체적으로 이를 글로 연결하기 위한 전략적인 의미 구성 능력이 향상되었다. 특히 글쓰기와 관련하여 단어, 문장에 주목할 필요가 있다. 부적절한 어휘, 비문 등을 찾고 이를 수정토록 한다. 또한 글의 구성적 차원에 주목하여, 단락 간의 유기성, 통일성, 일관성 등을 판단하여 읽고 문제를 찾아 조정할 수 있도록 한다. 학습자 스스로 찾아낸 단편적인 문제들을 대상 텍스트에 통합하여 하나의 글로 완성하게 함으로써 일관성과 통일성 있는 글을 쓰는 훈련이 될 것이다. 그런 일련의 과정을 통하여 자기소개서 쓰기가 무엇인가를 인식하고 글쓰기에 대한 자신감과 흥미를 높일 수 있다. 마지막으로 학습자들 상호 간의 글을 읽고 이를 피드백하도록 한다. 피드백을 받은 학습자는 피드백 결과를 반영하여 자신의 글을 수정한다. 첨삭이 마무리되면 개인별로 나누어준다. 교수자의 피드백을 받은 학습자는 이를 반영한 최종 원고를 정리·완성한다.

5 맺음말

자기 성찰적 글쓰기의 과정은 반성적인 자아의 개입을 통하여 보다 나은 삶의 의미를 사유하고, 이를 계기로 공동체와 함께 살기 위한 실천의 의미를 탐구하는 것이다. 그리고 이것은 자신의 삶이 어떻게 구성되어왔는가를 이야기로 풀어내는 서사적 글쓰기이기도 하다. 대학생 글쓰기 수업에서 주어진 과제를 학습자 스스로가 내면화된 지식이나 능력을 바탕으로 자동적으로 해결할 수 있는 단계가 있는가 하면, 전혀 그렇지 않은 경우도 있다. 이는 특히 글쓰기 능력과 관련된 학습자의 수준이 이질적일 수밖에 없는 대학생 글쓰기 수업에서 두드러진 특징이다. 전자의 경우 글쓰기 수업은 대학이라는 공동체의 담화 습관이나 규칙들을 내면화하여 보다 쉽고 빨리 그 일원이 되도록 이끄는 데 초점을 맞추어야 할 것이다. 글쓰기 교육은 의사소통 능력을 향상시키고, 문제 해결 및 사고력 함양을 추구해야 한다. 이에 자기소개서 쓰기를 통하여 글쓰기의 지도 방향을 제안했다. 이 글을 통해 확인된 결과는 다음과 같다.

첫째, 자기 성찰적 글쓰기의 지도 현황과 목표를 통하여 학습자들의 현재 글쓰기 능력과 자신에 대한 관심, 자신감 등을 파악했다. 이 단계를 통해 연구자는 자기소개서 쓰기 지도의 필요성과 함께 수업 전개 방법에 대한 상세한 계획을 세울 수 있었다. 나아가 학습자의 목표 인식이 보다 구체적이고 실감 있는 것이 되게 하기 위해서 설명 내용은 학습자로 하여금 강의 후에 자신이 무엇을 어떻게 해야 할지에 대한 구체적인 행동 내용을 담고 있어야 할 것으로 파악되었다. 더불어 사회와 자신의 모습을 새로운 시각과 진지한 모습으로 돌아보고 반성해보는 계기를 만들어 자신의 주체성을 확립해나갈 수 있으리라 여겨진다.

둘째, 자기 성찰적 글쓰기의 구체적인 지도 방안을 통하여 수업 방법과 글쓰기 능력을 향상시키는 문제다. 자기 성찰적 글쓰기의 구제적인 목표와 방향 설정은 세부적인 각 단계의 활동 전략을 안내하거나, 알맞은 대화 기법을 통해 학습자의 자기 주도적 글쓰기를 가능케 하는 단계이다. 이를 통해 자기소개서 쓰기를 수행하는 과정에서 자기 성찰적 글쓰기 능력이 향상되었을 뿐만 아니라, 비문의 수도 상당히 줄어든 것을 확인할 수 있었다. 다시 말하자면 학생들이 주도적으로 수업할 수 있는 분위기가 조성되었고, 학생들에게 자신의 생각을 마음껏 표현할 수 있다는 자신감을 심어주었다. 이러한 연구를 통해 글쓰기 과정에 배태되어 있는 상상력과 과학적 사유의 글쓰기가 보다 심화·확대되기를 바란다.

___ 제1장

기호학연대, 『대중문화 낯설게 읽기』, 문경, 2003.

박만준, 『대중문화와 문화연구』, 경문사, 2002.

발터 벤야민, 반성완 역, 『발터 벤야민의 문예이론』, 민음사, 1999.

아리스토텔레스, 천병희 역, 『시학』, 문예출판사, 2002.

아서 단토, 이성훈·김광우 역, 『예술의 종말 이후』, 미술문화, 2004.

주디스 윌리엄슨, 박정순 역, 『광고의 기호학 : 광고 읽기, 그 의미와 이데올로기』, 커뮤니케이션북스, 2007.

존 버거, 최민 역, 『다른 방식으로 보기』, 열화당, 2012.

존 스토리, 박이소 역, 『문화연구와 문화이론』, 현실문화연구, 1999.

___ 제2장

박이문, 『더불어 사는 인간과 자연』, 미다스북스, 2001.

_____, 『문명의 위기와 문화의 전환』, 민음사, 1996.

_____, 『자연, 인간, 언어』, 철학과현실사, 1998.

_____, 『환경철학』, 미다스북스, 2002.

정한조, 『사진 감상의 길잡이』, 시공사, 2006.

진동선, 『한국 현대사진의 흐름』, 아카이브북스, 2005.

진중권, 「팝에서 디지팝으로」, 《월간미술》, 2007년 4월호.

래리 쉬너, 김정란 역, 『예술의 탄생』, 들녘, 2007.

마크 애론슨, 장석봉 역, 『도발』, 이후, 2002.

베른트 비테, 안소현·이영희 역, 『발터 벤야민』, 역사비평사, 1994.

___ 제3장

고갑희, 「1990년대 성 담론에 나타난 성과 권력의 문제」, 《세계의 문학》 1997년 봄호.

김형주, 「섹스, 젠더, 섹슈얼리티의 새로운 패러다임 모색」, 《중앙영어영문학》 제4호, 1999.

박동찬, 「위반의 신, 에로스 : 사드와 바타이유를 중심으로」, 오생근 외, 『성과 사회』, 나남, 1998.

서동진, 『누가 성정치학을 두려워하랴』, 문예마당, 1996.

양해림 · 유성선 · 김철운, 『성과 사랑의 철학』, 철학과현실사, 2001.

랠프 에이브러햄, 김중순 역, 『카오스 가이아 에로스』, 두산동아, 1997.

제프리 윅스, 서동진 · 채규형 역, 『섹슈얼리티 : 성의 정치』, 현실문화연구, 1994.

Boyd, D. M. and Ellison, N. B., *Social Network Sites : Definition, History, and Scholarship. Journal of Computer-Mediated Communication*, 2008.

___ 제4장

강상대, 「디지털 스토리텔링 창작 연구」, 《한국문예창작》 제6권 제1호, 한국문예창작학회, 2007.

김채환, 『디지털과 미디어』, 이진출판사, 2000.

배식한, 『인터넷, 하이퍼텍스트 그리고 책의 종말』, 책세상, 2000.

이인화 외, 『디지털 스토리텔링』, 황금가지, 2006.

전경란, 「디지털 내러티브에 관한 연구」, 이화여대 신문방송학과 박사학위논문, 2003.

최병우, 『다매체 시대의 한국문학 연구』, 푸른사상, 2003.

데이비드 버킹엄, 기선정 · 김아미 역, 『미디어교육 : 학습, 리터러시, 그리고 현대문화』, 제이앤북, 2004.

스티븐 데닝, 안진환 역, 『스토리텔링으로 성공하라』, 을유문화사, 2006.

S. 채트먼, 한용환 역, 『이야기와 담론 : 영화와 소설의 서사구조』, 고려원, 1990.

___ 제5장

김지영, 「비판적 사고 함양을 위한 시각문화 학습」, 《교양교육연구》 제5권 제2호, 한국교양교육학회, 2011.

김춘규, 「자기 성찰적 글쓰기 방안 모색 연구 – 자기소개서 쓰기 지도를 중심으로」, 《어문학》 제125집, 한국어문학회, 2014.

박일우·기정희, 「인문학·예술 융복합 신규 교과목 〈그림읽기로 세상보기〉 개발」, 《교양교육연구》 제7권 제6호, 2013.

손동현, 「융복합시대 의사소통교육의 외연」, 《작문연구》 제21집, 한국작문학회, 2014.

이원숙, 「미술작품 감상과 창의력 증진을 위한 글쓰기」, 《교양교육연구》 제7권 제2호, 한국교양교육학회, 2013.

홍병선, 「회화예술에서의 상상력과 그 교육적 적용을 위한 대안모색」, 《교양교육연구》 제8권 제4호, 한국교양교육학회, 2014.

황영미, 「영화를 활용한 이과생 대학 글쓰기 교육 방법 연구」, 《교양교육학회》 제7권 제4호, 한국교양교육학회, 2013.

___ 제6장

강연안, 「자크 라캉 : 언와와 욕망」, 김욱동 외, 『포스트모더니즘과 포스트구조주의』, 현암사, 1996.

임정식, 「김기덕 영화의 타자성 연구」, 고려대학교 대학원 문예창작학과 석사학위논문, 2008.

주유신, 「한국영화의 성적 재현에 대한 연구 – 세기 전환기의 텍스트들을 중심으로」, 중앙대학교 첨단영상대학원 영상예술학과 박사학위논문, 2004, 2004.

홍준기, 『오이디푸스 콤플렉스, 남자의 성, 여자의 성』, 아난케, 2005.

딜런 에반스, 김종주 외 역, 『라깡 정신분석 사전』, 인간사랑, 1998.

자크 라캉, 민승기 역, 『욕망이론』, 문예출판사, 1994.

___ 제7장

안혜련,『페미니즘의 거울』, 인간사랑, 2001.

양연선,「여성의 공동의존에 대한 페미니즘 접근-정신분석 페미니즘과 포스트모던 페미니즘 시각 비교」, 한림대 대학원 석사논문, 2001.

이부영,『아니마와 아니무스-분석심리학의 탐구 2』, 한길사, 2001.

로즈마리 통, 이소영 역,『페미니즘 사상』, 한신문화사, 1995.

엘리자베스 라이트, 박찬부·정정호 외 역,『페미니즘과 정신분석학 사전』, 한신문화사, 1997.

조세핀 도노번, 김익두·이월영 역,『페미니즘 이론』, 문예출판사, 1993.

한나 시걸, 이재훈 역,『멜라니 클라인의 정신분석학』, 한국심리치료연구소, 1999.

___ 제8장

김진량,『디지털 텍스트와 문화읽기』, 한양대학교출판부, 2005.

박명진,「TV드라마가 생산하는 '즐거움Pleasure'의 다원적 기능에 관한 연구」,『방송문화진흥회 연구 보고서』, 방송문화진흥회, 1992.

박상찬·신정관,「하이퍼텍스트와 미래의 미디어 기술」, 최혜실 편,『디지털 시대의 문화 예술 : 통합의 가능성을 꿈꾸는 KAIST 사람들』, 문학과지성사, 1999.

백경선,「TV드라마〈꽃보다 아름다워〉연구」,《한국극예술연구》23집, 한국극예술학회, 2006.

원용진,『텔레비전 비평론』, 한울아카데미, 2000.

이어령,『디지로그』, 생각의 나무, 2006.

주창윤,「텔레비전 드라마의 미학적 성격」,《한국극예술연구》23집, 한국극예술학회, 2006.

최혜실,『문화 콘텐츠, 스토리텔링을 만나다』, 삼성경제연구소, 2006.

한용환,『소설학사전』, 고려원, 1992.

로버트 스탬, 원용진 역,「바흐친과 대중문화비평」, 여홍상 편,『바흐친과 문화이론』, 문학과지성사, 1995.

토마스 엘새서·케이 호프만 편, 김성욱 외 역,『디지털 시대의 영화』, 한나래, 2002.

___ 부록

고문주 외, 『사고와 표현 2』, 조선대학교출판부, 2009.

김수이, 「'공동체 지향 글쓰기' 이론 정립을 위한 시론 – 인성 교육의 가능성 및 교육 방법론 개발을 위한 시론」, 《한국문예창작》, 제12권 제2호, 한국문예창작학회, 2013.

김정오, 『마음의 탐구』, 시그마프레스, 2011.

나은미, 「대학 글쓰기 교육에서 자서전과 자기소개서 쓰기 연계 교육 방안」, 《화법연구》, 한국화법학회, 2009.

노명완, 『문식성 연구』, 박이정, 2006.

박순원, 「자기 형성 과정으로서의 글쓰기 방법 연구 – 자기소개서 작성을 중심으로」, 《우리어문연구》 제43집, 우리어문학회, 2012.

서연주, 「창의력 개발을 위한 글쓰기 교수 모형 연구」, 《한국문예창작》, 제10권 제3호, 한국문예창작학회, 2011.

오성호, 『대학 글쓰기』, 새문사, 2012.

정기철, 「창작을 위한 자아 발견 글쓰기」, 《한국문예창작》, 제9권 제2호, 한국문예창작학회, 2010.

최상민, 「대학 〈글쓰기〉 교과 운영 실태와 개선 방안 – 전남대의 경우를 중심으로」, 《한국어문학》 제62집, 한국어문학회, 2012.

_____, 「대학생 글쓰기 지도에서 비계설정하기 – 실용적 글쓰기를 중심으로」, 《국제어문》 제42집, 2008.

_____, 「대학생 글쓰기 지도에서 평가 준거의 설정과 활용 문제」, 《작문연구》 제13집, 한국작문학회, 2011.

최성실, 「자기 성찰과 인지 과학적 프로네시스의 통섭적 글쓰기」, 《한국문예창작》 제11권 제3호, 한국문예창작학회, 2012.

최성환, 「딜타이의 자기의 해석학 – 자기 성찰과 자서전을 중심으로」, 《해석학연구》 제27집, 한국해석학회, 2009.

최신한, 『지평 확대의 철학 – 슐라이어마허, 점진적 자기발견의 정신탐구』, 한길사, 2009.

통찰, 현대대중문화와 예술

1판 1쇄 발행 2021년 2월 28일
1판 2쇄 발행 2023년 3월 30일

지은이 김춘규

발행인 양원석
펴낸 곳 ㈜알에이치코리아
주소 서울시 금천구 가산디지털2로 53, 20층 (가산동, 한라시그마밸리)
편집문의 02-6443-8842   **도서문의** 02-6443-8800
홈페이지 http://rhk.co.kr
등록 2004년 1월 15일 제2-3726호

ISBN 978-89-255-8898-8 (03300)